明朝果然很有料

第二卷

小院之观
著

中国工人出版社

目录

第一章　“奉天靖难” / 001

朱允炆的昏着儿 / 001
告密者 / 006
天命 / 007
“奉天靖难” / 010

第二章　真定之战 / 012

第一关：宋忠 / 012
第二关：耿炳文 / 015
真定之战 / 017
“捧毂推轮” / 020
都督同知 / 022

宁王朱权 / 025
宁王善谋 / 027

第三章　李景隆为何会输 / 030

古代是如何攻城的 / 030
北平保卫战 / 034
战场应激反应 / 038
白沟河之战 / 042
朱棣的运气 / 046

第四章　铁铉坚守济南 / 050

为天地立心 / 050
战争的真相 / 054

第五章　朱棣胜利的真正原因 / 057

两个人的较量 / 057
斩首行动 / 059
镇守武将的态度 / 062
如何进入应天 / 064

第六章　朱棣清算建文遗臣 / 068

朱允炆的命运 / 068
报复 / 071
杀孝孺，天下读书种子绝矣 / 074

第七章　开疆拓土 / 080

奴儿干都司 / 080
永宁寺 / 085
建州卫 / 087

第八章　明越战争 / 089

安南之役 / 089
张辅平定安南 / 091

第九章　大明的第十三个行省 / 095

西南大开发 / 095
朱棣的机会 / 096
贵州的“南京人” / 099

第十章　大明第一才子解缙 / 100

旷世奇书 / 100
解缙的成败得失 / 104
缙犹在耶 / 108

第十一章　郑和七下西洋 / 111

郑和下西洋 / 111
六百年前的壮举 / 116

第十二章　迁都北京 / 120

迁都 / 120
迁都的利与弊 / 122

第十三章　永乐扫北 / 125

鞑靼的威胁 / 125
飞云壑之战 / 128
瓦剌的麻烦 / 131

第十四章　明朝的锦衣卫 / 136

强化法制 / 136
北镇抚司 / 139
宦官的崛起 / 143

第十五章　朱允炆的生死之谜 / 146

胡濙的报告 / 146
无足虑 / 148

第十六章　“永乐盛世” / 150

最后的北征 / 150
“永乐盛世” / 151

第十七章 夺嫡之争 / 154

谁来即位 / 154
忠于太子的人们 / 155
朱高炽的表现 / 162
张辅的使命 / 163

第十八章 明朝皇帝为何普遍短命 / 166

短寿的秘密 / 166
徐达家族的短寿基因 / 167

第十九章 朱高炽的历史评价 / 169

“仁政” / 169
“仁君” / 171

第二十章 大明王朝的运行曲线 / 173

“仁宣之治” / 173
皇权的发展趋势 / 177

第二十一章 朱瞻基的集权之路 / 181

朱高煦的闹剧 / 181
王朝的累赘，高贵的囚徒 / 184
收回军权 / 186

第二十二章　朱瞻基决策团队的核心成员 / 189

朱高炽的遗产 / 189
“含弘善断”夏原吉 / 190
“简重善谋”蹇义 / 193
“明达有为”杨荣 / 194
“爱人以德”杨溥 / 196
“博古守正”杨士奇 / 197

第二十三章　明朝文官的权力 / 200

文官的权力 / 200
大明第一起废后事件 / 202

第二十四章　明朝太监为何那么厉害 / 207

如何成为一名太监 / 207
司礼监的崛起 / 210

第二十五章　全线收缩的“治世” / 215

弃置交趾 / 215
大明北部边防的消极防御 / 217
全面收缩的后遗症 / 220

第二十六章　明宣宗的宫廷娱乐生活 / 222

玩乐天子 / 222

朱瞻基能算个好皇帝吗？ / 223

第二十七章　太监王振 / 225

第一个大太监 / 225

四征麓川 / 227

王振的梦想 / 231

第二十八章　土木堡之战 / 235

可怕的对手 / 235

御驾亲征 / 239

第二十九章　“土木堡之变” / 242

明军回师的路线问题 / 242

明军为何非要在土木堡扎营 / 246

皇帝去哪儿了 / 249

“夜不收” / 252

第三十章　力挽狂澜的两个人 / 254

是战是守 / 254

为什么要当文天祥 / 259

朝堂斗殴 / 263
于谦的应对 / 267
也先的失误 / 272

第三十一章　京师保卫战 / 274

这个险必须冒 / 274
京师保卫战 / 276
石亨一战成名 / 281
一将无能，累死三军 / 285

第三十二章　朱祁镇的漫漫回家路 / 287

最危险的叛徒 / 287
形势的变化 / 293
漫漫回家路 / 296
也先的宿命 / 299

第三十三章　双面诡臣徐有贞 / 302

成功洗白身份 / 302
徐有贞官运亨通 / 305

第一章『奉天靖难』

朱允炆的昏着儿

决心下定，朱棣开始招募死士，打造兵器，准备造反。

北平城已遍布建文帝的眼线，为了掩人耳目，在道衍的建议下，朱棣在王府挖掘了硕大的地下室，并加厚加高墙垣，在墙根下埋上许多大大小小的水缸，以将发出的异响降到最低。

即便如此，这种事也只能瞒得了一时。很快，燕王有不轨之心的消息如插了翅膀一样飞向全国，大臣们开始议论纷纷。甚至远在四川的一个官员程济也来凑热闹，他上书指出：明年北方（暗指燕王）将有叛乱！

朱允炆听了哑然失笑，明年？明年黄花菜都凉了，于是传下密旨，命北平官员严密监视燕王府异动，只要燕王露出马脚，朝廷将随时进行抓捕。

刀已经架到了脖子上，很多人认为燕王将步周王朱橚、湘王朱柏后尘，成为下一个牺牲品。

情急之下，朱棣想出了一个大胆的主意。

建文元年（1399年）二月，在没什么大事的情况下，燕王殿下突然提出要进京朝觐。按说来就来吧，老实点，也许还能博点同情。可这位燕王居然在众目睽睽下一反常态，“行皇道入，登陛不拜”。

右侍中黄观大喜，他当面弹劾道：虎拜朝天，殿上行君臣之礼；龙颜垂地，宫中叙叔侄之情。意思是就算你燕王是头猛虎，在殿上也要知道君臣之礼；要讲叔侄辈分，请到宫中。朱棣乱了君臣之礼，按律法是犯了“大不敬”，是要受到处罚的！

许多大臣和黄观的想法相同，既然送上门来了，那还客气什么？就此拿下燕王，省得夜长梦多。

朱允炆想了想，说：“没事，燕王是至亲……”

户部侍郎卓敬看在眼里，急在心里，他密奏道：“燕王智略超人，跟先帝很像，至少皇上该把他迁到南昌去以绝祸患。”

朱允炆看罢没说话，把奏章塞进袖子里，第二天他回复卓敬：“燕王是骨肉至亲，不应该这么做……”

卓敬无奈道：隋文帝杨坚和杨广还是父子呢（隋文、杨广非父子耶），不还是……

建文帝默然良久，来了句：“你快别说了（卿休矣）。”

朱棣平安回到北平，朝中大臣悔恨不已，好在两个月后，机会又出现了。

同年四月，到了太祖朱元璋“小祥”（去世一周年的祭拜）之日，朱棣这次没敢亲自去，打算派世子朱高炽和他两个弟弟朱高煦、朱高燧替他参加。

有人劝阻，说不能把仅有的三个儿子都送入虎穴。朱棣却大大咧咧地说：“这样不正好打消朝廷的怀疑吗？”

齐泰非常高兴，请求将三人扣在京师当作人质。朱允炆举棋不定，请教了一下黄子澄。

黄子澄明确反对：“不行，这样正好让燕王有所准备，我们的行动不就危险了（疑而备之，殆也）？还是把他们放回去。”

徐达长子、朱棣的大舅子徐辉祖一听着急了，他说：“我这三个外甥里，朱高煦是最大的隐患，他非但不会忠于您，连他父亲他也敢背叛，将来必定会成为大患。”意思很明显，朝廷就算不扣全部，至少也要把朱高煦扣下来。

但是黄子澄又认为此举于礼法不合，建文帝则犹豫不决，他决定再听听另外两个皇亲国戚的意见。

这两个人叫徐增寿、王宁。

徐增寿，徐达第三子，徐辉祖的弟弟。要说才干，徐增寿可能并不逊于大哥，史载他勇敢善骑射，曾被朱元璋选为带刀侍从。但他不是长子，又是庶出，自然没有继承爵位的资格。

洪武二十一年（1388 年），徐辉祖袭爵魏国公。洪武二十三年（1390 年），朱元璋作出一个安排，命令徐增寿跟从燕王征讨北元大将乃儿不花。

这一战，时年三十岁的朱棣表现出了出众的军事素养。他率领明军顶风冒雪、长途奔袭，悄悄进抵乃儿不花的大本营，敌军尚且毫无察觉。正当将士们摩拳擦掌打算发起突袭时，朱棣却下令，没有他的命令，谁也不许进攻！随即，他派出指挥观童前往乃儿不花大营劝降。

朱元璋派给朱棣的是一帮精兵强将，包括晋王朱棡、开国名将傅友德，灭掉乃儿不花可以说是易如反掌。

可兵法上是这么说的：“是故百战百胜，非善之善者也；不战而屈人之兵，善之善者也。”谁都知道乃儿不花不是精锐明军对手，消灭他们只是一场屠杀，上兵伐谋才是王道。

乃儿不花很受感动，果然顺利地接受了招降，朱棣不费一兵一卒便收降数万蒙古铁骑。朱元璋得到捷报，高兴地对群臣说：“清沙漠者，燕王也，朕无北顾之忧矣。”

燕王朱棣从此在众兄弟中崭露头角，逐渐成长为父亲可以倚重的重要力量。

徐增寿目睹燕王有勇有谋，深为折服，从那时起，他与朱棣建立了亲密的战友关系。

兄长徐辉祖是建文帝的忠臣，徐增寿站队的却是朱棣。“靖难之役”中，徐增寿十分卖力地为姐夫效力，他利用自己的身份屡次向朱棣密告京中部署。在燕王朱棣的情报网中，徐增寿是个很重要的人物。

建文帝将徐增寿召来，想听听他的意见。徐增寿赶紧跪在地上连连叩头，信誓旦旦地说：“燕王与先帝（朱标）是骨肉兄弟，况且富贵至极，为什么还要造反呢？请陛下勿信小人谗言！”

朱棣的卧底不只有徐增寿，还有驸马王宁（怀庆公主之夫），两个人都一个劲儿地帮朱棣说好话（皆庇之）。

两位皇亲的话还是比较有分量的，仁弱的朱允炆听信了这番话，把朱高炽三人放回北平，再次错过了绝好的机会。

把儿子们送走后，朱棣立马清醒了——三个儿子被一网打尽怎么办？我打下江山来谁来继承？有人说儿子可以再生，但朱棣已经力不从心了，他这一生仅有这三个儿子，此后直到去世再没有过一男半女。

当他得知儿子们竟然一个不少地回来的消息时，不禁高兴得跳了起来：“我们父子能够重聚，这是上天的安排啊！”

朱棣接连犯错两次，朱允炆的应对却属政治弱智。如果说放朱棣回去还是考虑到亲情，那么放走朱高炽兄弟就是自断后路了。

经过这么一番折腾，时间来到了建文元年（1399 年）六月，告发的人越来越多，手下行迹不断暴露，种种迹象表明，朱允炆动手的时间快到了。

即使连出昏着儿，建文帝也依旧处于优势。半年多过去了，朱棣能控制的兵力基本没啥变化。再给朱棣半年，他也攒不出什么兵来，他之所以一再拖延，是在等一样东西：运气。

如果说野心是造反的基本条件，那么个人能力、集团实力和运气三个要素，可以视为这项活动成功的必要条件。全部拥有这三个条件，这事成功的概率就很大；占有其中任意两个，概率骤降至少一半；要是只有其中一个条件，差不多等于送死。

朱棣不缺野心，个人能力也有，集团实力可以忽略不计（八百人），要得到命运垂青，运气就是一个异常重要的因素，甚至是决定性因素。

运气这个东西，又是看不见摸不着的，随机性强、无法计算，且不可控制。朱棣算了又算，还是没闻到运气的味道。为了确信运气在自己这边，他设宴招待北平的文武大员，暗中让袁忠彻观察朝廷派来的几个主要大员。

身为袁珙之子，袁忠彻和道衍是一路人，宴会结束后他向朱棣报喜，宋忠“面方耳大，身短气浮”，张昺“面方五小，行步如蛇”，谢贵“臃肿早肥而气短”，耿瓛“颧骨插鬓，色如飞火”，反正不管脸大脸小，脸色红润还是蜡黄，这几个人都是短命的面相，而且都会死于刑罚。

得到暗示的朱棣“大喜，起兵意益决”。

这段记载大概是为了表明朱棣受到了暗示，坚定了造反的念头。但随后的事证明，朱棣对袁忠彻的相术并没有深信不疑，“起兵意益决”的朱棣又进行了一项古老而委屈的活动：装疯。

于是北平的百姓惊奇地发现，街头突然多了一位面熟的“精神病人”，他的行为包括但不限于：在大街上乱跑乱跳、抢路人的东西吃、满嘴疯话，还趴在地上啃泥巴。

种种迹象显示，在没有受到任何强烈刺激的情况下，燕王突然疯了，短短几天，他就成了个“重度精神病患者”，病因不明。

历史上有过不少装疯的名人，他们出名，是因为靠装疯存活下来并走上了人生巅峰。纵观装疯卖傻的成功经验，要忍别人所不能，且有一项必不可少的装疯技能——与“米田共”打交道。例如，孙膑睡猪圈吃猪粪、勾践吃大便表忠心、慕容翰在粪坑中睡觉，等等。只有这样才能得到别人信服的眼光——这个人是真的疯了。

朱棣达不到这个境界，他的症状很容易引发别人的联想。燕王向来追奔逐北，身体很壮，怎么在这流言满天飞的节骨眼儿上突然就疯了?

既然装得不像，就会有人看出破绽。燕王府长史葛诚是朱允炆安插的间谍，看着朱棣拙劣的演技，葛诚实在受不了了，他密告张昺、谢贵：“燕王根本没病，他很快就要举兵谋反。不信，你们叫朝廷逮捕正在京城奏事的燕府百户邓庸，拿我的话一对质，就能水落石出。”

齐泰立马将邓庸逮捕，一审，邓庸什么都招了（具言王将举兵状）。

燕王反迹已露，等待已久的朱允炆发出密诏，命张昺和谢贵前往王府，与内应葛诚、指挥卢振里应外合地逮捕燕王府官属。

发出诏令后，朱允炆又想了一下，如果燕王反抗怎么办？刀枪无眼，要把四叔朱棣弄死了，好像有点不大好看……

朱允炆想到一个人，北平都指挥张信，此人以前深受燕王信任（为燕王旧所信任），现在他是张昺、谢贵的副手，替朝廷监视燕王很久了。利用张信这个身份，叫他智取燕王，不就可以避免一场刀兵？

想到就干，朱允炆又下一道密诏，密令张信择机逮捕燕王（密敕之，使执燕王）。这是道多余的密令，它让整个事情的发展走向完全变了样。

告密者

张信接到任务后傻了。

皇上是啥意思？要我去抓捕燕王？

张信越想越乱，自己能不能带兵呢？若不带兵，万一燕王反抗，不就被他给杀了？我若带兵，燕王反抗我能杀了他吗？我杀不了他，不还是被他给杀了？

张信想了很久，还是没什么好办法，“忧惧不知所为”，便告诉了母亲。张母一听马上制止，还讲得有理有据：“你父亲当初经常说，燕王当有天下，他这样的人是不会死的，更不是你能擒得了的。你要轻举妄动，是会被族灭的啊！”

古代极其推崇孝道，张信到底姓张不姓朱，听到母亲都这么说，张信动摇了。既然“王气”在燕王身上，跟着他准是没错的。但是通知燕王，就从朝廷官员变成了反贼，这可不是闹着玩的。

张信还在犹豫，不久敕使又来催促，看到张信迟迟没有动作，使者挖苦道：“张大人，难道您想抗旨不遵吗？”

张信怫然作色：“你不要太过分了（何太甚也）！”

抗旨是死，去抓燕王也不见得能活，张信终于作出了决定。他瞒过手下来到燕王府通风报信，谁知却吃了闭门羹。如是两次，张信实在没有办法，只得躲在女眷的车里（乘妇人车）混过门卫，直入内门求见燕王。

朱棣得知张信进来了，这才不得不见。张信直入内室，看到燕王殿下仍然躺在床上，继续着他的拙劣表演，浑然不知大祸临头。

张信已顾不上什么礼仪，他直截了当地戳破朱棣：“殿下您别装了，有啥心事，你赶紧敞开说，迟了就来不及了。”

朱棣还沉浸在自己的演技中不可自拔：“我确实有病啊，差不多快不行了。”

眼看朱棣一副不见棺材不掉泪的样子，张信也不顾上保密了，直言相告：“朝廷捉拿殿下的密诏已经到了，您要是没什么想法，就跟我回京城；要是您还想努力一下，就赶紧告诉我（上擒王矣，当就执；如有意，勿讳臣）。”

话音刚落，刚才还软绵绵的燕王惊惧地从病床上跳了起来，向张信躬身行礼：“你救了我全家啊！”

历史被偶然性改变，这是谁都无法预料到的。这再次证明，在一个完整的计划中，哪怕是个不受注意的小角色也有可能成为关键因素。

凭借这番天大的功劳，张信后来成了永乐皇帝朱棣的宠臣，晋升都督佥事，封隆平侯，世代袭爵。朱棣称他为“恩张”，即使他多次犯错被弹劾，也未受到处罚。张信一直活到正统七年（1442 年），以八十一岁高龄去世，死后追赠郧国公，谥号“恭僖”。

天命

张昺、谢贵并不知道张信叛变，他们忠实地执行着朱允炆的指令，派兵控制了北平所有城门，调来七卫士兵将燕王府团团包围。虽然朱棣已经根据张信的情报，得以把仅有的八百卫士，和手下最得力的将领张玉、朱能等都调进了王府，但这仍是场实力悬殊的较量。

不过由于张信的反水，张昺、谢贵失去了一样很重要的东西。

燕王毕竟是亲王，直接动武很不礼貌。按照先礼后兵的规矩，张昺和谢贵用箭将诏书射入燕王府，希望朱棣能主动投降；要是朱棣不配合，才发兵攻打。

燕王府中，手下呈上捡起的诏书。朱棣自然知道上面会写什么，可是他一遍看下来，却发现个不小的问题。诏书很详细，详细地列明了需要逮捕官属的名字，其中并没有燕王殿下本人。

给燕王的处理意见是什么呢？

——“削爵”，而且没有提出下一步的处置方法。

削爵，仅仅是削去燕王的头衔，没说要逮捕朱棣，也没说要限制他的人身自由。理论上说，朱棣的身份仍然是皇上的叔叔，张昺、谢贵见了他，还得表示尊敬。

当然，处理方法不是没有，在给张信的那道密诏上，这时候自然不会给张昺、谢贵看。

这番操作让人相当费解，你说让他们三个人一起行动不就行了，一件事情分两道密诏，这不是多此一举嘛？！

朱棣找道衍商量：这里面是不是能做文章？

道衍仔细地看了两遍，拱手道喜：“恭喜王爷，大事可成矣！”

燕王府外，张昺、谢贵二人等来了朱棣的一个亲随太监。他说，燕王已按照诏书名单将相关人员拘禁起来，有请张、谢二位大人进王府接收。

张昺、谢贵有点不解，问：“燕王呢？”

亲随回答：“燕王被削爵了，正深自反省。”

张昺、谢贵没想到还有这个茬，他们翻出诏书的副本一看，倒是果真如此，没说要逮捕燕王啊……怎么办呢？此时，再请示朝廷显然是来不及的，张昺、谢贵只能自己做一回主了。本着皇上交代的事一定得办，没交代的事一定不能瞎办的为官之道，他们决定接受邀请，进燕王府接收人犯。

跨过门槛前，守门的卫士拦住了他们：两位大人，按照王府规矩，只能你们两个带上亲兵进去，其他兄弟，麻烦在门外等候。

张昺、谢贵对视一眼，来都来了，不能打退堂鼓吧？那就这样办吧，两个人带着十来个贴身卫士，把其他人全部留在门外，一脚踏进了鬼门关。

王府外的士兵傻傻地从下午等到了晚上，不见将军出来，早已饥肠辘辘。大家正在不耐烦，王府里有人出来宣布，张大人、谢大人之前和燕王有点误会，现在解决了。燕王正留他们用膳，大家不必等了，各自回家吃饭去吧。

王府中，张、谢二人早已人头落地。

张昺、谢贵的履历是可以的。

族谱显示，谢贵是东晋谢安的四十世孙，在朱元璋时代，他就因军功授河南卫指挥佥事，加广威将军。时年已经六十四岁的谢贵见过大风大浪，是个经验丰富的武官。四十一岁的张昺要年轻一点，资历却一点不差，他是典型的从基层一步步历练到中央的官员，从知县一直升到工部侍郎、刑部侍郎，距离九卿仅一步之遥。

有这种历练，朱允炆觉得自己的两个亲信应该能随机应变，没必要再去给他们的密诏上补上一笔：逮捕燕王。

朱允炆低估了四叔朱棣的精明和封建社会等级森严的身份差别，更高估了两人的应变能力。

在建文元年（1399 年）七月初五这一天，老天爷从头到尾选择的都是朱棣。张信的叛变让朱棣得以提前召集人手准备，张昺、谢贵的愚蠢又让朱棣死里逃生。这就是传说中的运气吧。从起事开始，运气就远远地离开了朱允炆，站到了朱棣这边。

当然，要朱棣说，这不叫运气，叫天命。

燕王府的包围就此解除，趁着夜色，朱棣开始行动。

有野心垫底，有能力支撑，再有天命加持，朱棣无往不利。

“奉天靖难”

北平共有九个城门，朝廷派来的主要将领张昺、谢贵都已被杀，张信还成了燕王的人，除了北平都指挥彭二给朱棣造成了一些麻烦，其他士兵群龙无首，大多不战而溃。到天亮时，燕王已顺利地控制了九门，并开始安抚军民。

造反这项活动，旗号相当重要。朱棣不可能承认自己是反贼，他必须想办法把自己打造成正义之师，才能争取到更多的支持。

参照前朝经验，他掐头去尾地选取了朱元璋《皇明祖训》中的几句话作为起事纲领：朝无正臣，内有奸恶，必训兵讨之，以清君侧之恶。

对外的公开说法就是除掉齐泰、黄子澄等奸臣，这帮人很狡猾，躲在应天不肯出来，所以我必须亲自去把奸臣揪出来。因此，朱棣把这次活动称为“奉天靖难”。

其实费了这么老大的功夫，燕王的境况只是比之前好了那么一点，他的兵力也不过从八百人增加到了几千人。

北平一城之地资源有限，而地多资源就多，才能源源不断地提供兵力和粮草。朱允炆控制着全国的资源，而朱棣只有一座北平城。

如今双方已经正式刀兵相见，朱棣能通过自己的运营，闯过层层关卡，一路杀到他的梦想之地——京师吗？

为了尽快夺取更多的地盘，朱棣迅速召集北平军队召开誓师大会，燕王挥舞着手臂慷慨陈词：“我被奸臣所害，不得已才这样做，事已至此，我们唯有奉天靖难，才能……”

话没说完，一阵大风吹过，只听得啪啪啪数声，屋檐上数块瓦片被风吹落，掉到地上摔得粉碎。朱棣脸色一黑，硬生生地把后半句话咽了回去。

屋瓦碎裂，这是大凶之兆啊！这太晦气了，不是暗示自己要粉身碎骨吗？

整齐列队的将士们虽然没有起哄，但脸上明显表情复杂。

就在众人惊疑不定时，朱棣身旁的道衍站了出来，他不慌不忙地向朱棣表示恭喜：“殿下没听说过吗？飞龙在天，从以风雨。屋瓦坠地，这是上天示意，要殿下换黄屋子住了！”

古人非常迷信，这个凶兆传出去，对朱棣的形象将大大不利，可经过道衍这么一解释，居然成了大吉大利之兆，大家纷纷转忧为喜。

接下来四天，朱棣的密使四出，奔赴北平的各大卫所，向卫所长官们传递着同一个讯号，要么跟我“奉天靖难”，要么跟我打。

燕王毕竟在北平经营了二十多年，他的旧部通州卫指挥使房胜、密云卫指挥使郑亨率部来投，蓟州的几个卫所不肯加入，被朱能迅速带兵击败。短短四天时间，朱棣从北平一座孤城扩张到遵化一线，形成了北平外围的第一道防线。

问题是，这四天时间里，忠于朝廷的兵马在干吗呢？

第二章 真定之战

第一关：宋忠

屯兵开平的宋忠得到朱棣起兵的消息，第一反应是“大事不好”。宋忠的动作很快，立即提兵三万赴援北平，走到半路收到北平失守的消息。宋忠作出第二个选择，全军奔向居庸关，然后快速地穿过长城，退到怀来。

开平在北平东面，怀来在北平西面，宋忠以惊人的速度急行军五百余里，愣是从燕军头上飞了过去，生生地给了朱棣从容整编军队的时间。而且不知什么原因，他没有把主力留在居庸关，只是留下俞瑱把守关口。

这个选择让人十分疑惑，后来史书中只能记录为宋忠“知事不济，退保怀来”。

朱棣当然不会错过这个好机会，他立即派指挥徐安、钟祥等讨之。俞瑱准备不足，不敢死战，仓促间不得不放弃战略要地居庸关。

虽然宋忠一通操作丢掉了开平、居庸关，但优势仍然在他这边。宋忠甚至不必出击，只要他驻军在那里，朱棣就不敢远离北平，否则老窝可能被端；要是困守北平，等待朱棣的只能是张士诚那样的下场。

如此看来，似乎应该先消灭宋忠。但即使得到补充，朱棣手下的兵马也不到一万，主动进攻宋忠的把握实在不大，手下将领纷纷认为应该固守居庸关，观察一下形势。

从兵法上看，将领们的意见是正确的，用兵之法“十则围之，五则攻之，倍则分之”。朱棣的兵力是宋忠的三分之一，对方还有城池据守，贸然进攻，极可能失败。

朱棣想了想拒绝了，他说：“宋忠轻躁寡谋、刚愎自用，我们发起突然进攻一定能击败他。”这是明面上的说法，私底下他有个想法现在不能说，暂时必须保密。

七月十六日，朱棣带着他的全部精锐，步骑共八千余人，杀到了怀来。

宋忠得报大喜，燕王竟主动送上门来了，传令下去，出城列队迎战！自己有三万人，还打不过你八千人？

等手下出城，列队接受检阅的时候，宋忠突然发现了一个大问题。自己手下这三万多人，竟然有一小半是北方人。北方人不可怕，可怕的是他们都是朱棣的旧部！这部分人，正是当初朱允炆划拨给宋忠的燕王府护卫和蒙古骑兵。

叫燕王旧部去跟燕王拼命，行得通吗？他们的家人可都在北平呢，谁能保证这些人不会临阵倒戈？宋忠脑海中闪过一连串问号。

这也太危险了，如何才能让他们死心塌地为朝廷作战呢？宋忠灵光一闪，当场想出个馊主意，他唏嘘着说：“众将士听好了，燕贼起兵在北平屠了城，你们的家人都被他祭了旗，城里血流成河，真是可悲可叹。今天，就是你们报这血海深仇的机会！”

听到宋忠这么说，队伍中许多人大放悲声，他们恨得咬牙切齿，准备和燕军决一死战。

宋忠很满意地掉转马头，他望向远处的滚滚尘烟，燕军快到了。

等到对方靠近，宋忠惊奇地发现，来人都穿着王府卫士服色，打的是朝廷原先的军旗。这些人手里拿着刀枪，却并不像是来交战的，而是扯着嗓子喊了起来：

“兄弟，你在吗？”

“儿子，你爹来啦！”

宋忠麾下的人都蒙了，心想这是见了鬼了？

终于，士兵们反应过来，也不知是谁喊出了一嗓子：宋都督欺我！队伍已经骚动起来，不少人丢下兵器，不顾一切地冲到对方的队伍，与亲人相拥而泣。

宋忠一看大势不好，仓皇逃走了。

这就是朱棣的想法，他把怀来官兵的父亲、兄弟编为先锋，让他们在阵前大打感情牌，这是一招典型的攻心之计。

几千人临阵倒戈，朱棣趁机渡河猛攻，宋忠大败，朱棣给宋忠送了终。燕军斩首数千级，缴获战马八千多匹，余部大多投降。

朝廷安排在北平周围最强大的一支军队就这样被消灭了。怀来之役是朱棣起事后第一场大会战，燕军以少胜多，从而基本扫清了北平的围兵。

宋忠这支主力覆灭，散布在北平地区的其他卫所根本不值一提，朱棣可以轻轻松松拿下。开平、龙门、上谷、云中、永平等地守将先后投降。另一路来自大宁的兵马中了朱棣的离间计，他们驻扎在松亭关（今河北宽城县西南），一时狐疑，不敢进兵。

朱棣在北平地区获得的胜利可以归功到张昺、谢贵、张信、宋忠身上，但别忘了，他们都是朱允炆派来的。一两个人出问题或许是偶然，只要其中有一个人能纠错，朱棣依旧很难有机会。这么多人都出问题，朱允炆无疑要负最大的责任。从一开始，叔侄俩的水平就表现出了很大的差距。

不过，宋忠只是第一关而已，损失三万多人对建文帝来说只是九牛一毛。朱棣一场也输不起，朱允炆能输很多很多场。

第二关：耿炳文

直到宋忠覆灭的消息传到京师，沉浸在古文中的朱允炆才终于反应过来，他派出了耿炳文。

耿炳文在前文亮相的机会不多，但绝不是个简单人物。

耿炳文，濠州人，其父耿君用是朱元璋“淮西二十四将”之一。耿君用在与张士诚的浙西之战中阵亡于宜兴，部众由其子耿炳文统领。朱元璋安排他镇守长兴，继续防御张士诚。

在朱元璋手下，有擅长进攻的将领，如常遇春、蓝玉、冯胜；也有擅长防御的将领，如耿炳文、吴良、汤和、朱文正。

耿炳文、吴良，就是朱元璋手下的防守“双子星”。两人一个守长兴，一个守江阴，守得密不透风，给他们挣来了长兴侯和江阴侯的爵位。

在长达十余年的时间里，张士诚向长兴发动了大小数十次进攻，战果是全败——（耿炳文）以寡御众，大小数十战，战无不胜。

耿炳文显得比较低调的原因，一是洪武时期将才大爆炸，二是他擅长的领域和负责方向让他没有出现在最激烈的战场上。

这绝不等于耿炳文功劳不大，明太祖朱元璋排列功臣名次时候，将耿炳文与大将军徐达列为一等，此为来自朱元璋的“官方认证”。

建文元年（1399 年），吴良已经病逝，耿炳文时年六十五岁，身子骨还挺硬朗。这时还活着的大明开国元勋只剩下了耿炳文和郭英，郭英年老体衰，只能是耿炳文了。

朱允炆任命耿炳文为征虏大将军，统率副将军李坚、宁忠，为讨个口彩，号称大军百万，兵分数路伐燕。

百万大军很可怕，可那只是唬人的，耿炳文率领的一路号称三十万，实际人数是十三万。即使这样也已足够强大，只他这一路就足够碾轧朱棣。

八月十二日，耿炳文进驻真定，另外两路精锐南军（建文帝统领的朝廷军队，燕王朱棣的军队则称北军）——都督徐凯驻扎在河间，潘忠和杨松驻扎在莫州，他们手下的九千精锐前出到了雄县（今河北保定雄县）。

这样一来，离北平很近的雄县就成了一个伸出的拳头，南军的本意是三地互为掎角，靠雄县的精锐骑兵牵制住朱棣，让他不敢随便出城作战。

可是在朱棣眼里，这变成了另一种解读：雄县兵力不多又那么近，为何不吃掉他们?

南军并不是没有考虑到这点，按常识判断，莫州到雄县只有四十多里，打马扬鞭也就是一个多时辰的事。朱棣若敢来，莫州兵马立刻出援，让他陷于前有坚城，后有围兵的绝地。

想法很好，可惜潘忠、杨松没见识过朱棣用兵，不知道他们面对的是个怎样的对手。

建文元年（1399 年）八月十五日，夜，月亮还有一天才到最圆的时候，这丝毫没有妨碍雄县守军对月高唱，对酒当歌。

朱棣的用兵只有一个字——“快”，快到如同一道闪电。就在守军饮酒赏月、防备松懈之时，燕军已乘夜将雄县团团包围。

哪有中秋节还来攻城的，南军将士气愤无比，纷纷“登城大骂”，可身体却醉到不听使唤。燕军开始攻城时，许多人还醉倒在地，剩下的人只能仓促应战。

雄县迅速被攻破，九千南军少部分投降，大部分被杀，应该说在气节上他们配得上精锐的称号。

攻克雄县只是朱棣计划的第一步，一战击破南军主力才是他真正的目标。

莫州的潘忠、杨松并不知道雄县失守，他们收到的情报是雄县受到攻击，请求立即支援。

有个古老的战术叫“围点打援”，朱棣作为大明军界的领军人物，他的战术比“围点打援”更进一步，是“克点打援”。

攻下雄县不足为奇，迅速攻下雄县才是关键。莫州援兵还在路上时，“点”已被攻破，朱棣能运用全部兵力来打援。远处烟尘滚滚，莫州的救兵来了，等待他们的是朱棣早已布置在路上的伏兵。

北军大将张玉一马当先，率军逆击。埋伏在路边草丛中的炮手开炮轰击援军腰部，潜伏在水中的千余名士兵一跃而起，谭渊带领他们从后向前掩杀，切断援兵的退路。莫州兵马在前、中、后三个方向同时遇袭，阵形还来不及展开就已失败，潘忠、杨松皆被生擒。

主将被俘，莫州南军主力被击溃，城内剩余守军已无心抵抗，朱棣接着兵不血刃地拿下莫州，转眼间得到了一批生力军，外加大量战马辎重的补充。

从雄县到莫州，数万精锐南军就这样被消化掉了，朱棣展现出一名优秀统帅的能力。与他在和朱允炆斗智斗勇时表现得略显拙劣的政治手段相比，军事能力才是朱棣的强项。

朱棣长成了父亲希望的样子，勇武善战、残忍果断，把他放到北边防御蒙古是正确的——如果不是朱允炆进行了那令人绝望的“削藩”。

闪击雄县、莫州后，朱棣得到了与耿炳文面对面较量的机会，作为二代军人翘楚的朱棣，与仅存的一代元勋耿炳文，哪个更强呢？

真定，将是他们的决战之地。

真定之战

真定，是现在河北正定的古称。再早一点，真定也不叫真定，它还叫常山，常山赵子龙的常山。除了赵云，真定还出过赵佗、范仲淹、李杲、苏天爵等名人。

在古代，真定府千百年间一直是华北大平原中部最富饶最繁华的大都会。真定又与太原处在一条线上，互为山西与华北大平原往来大道的起点与终点，所以人们习惯上将“锦绣太原城”与“花花真定府”联句。

拿下真定，朱棣将打开通往山西的大道，得到巨大的战略转圜余地；守住真定，耿炳文将扼住朱棣的咽喉，让他局促在北平一地，不得其门而出。

拿下莫州，朱棣从潘忠、杨松口中得到一个重要情报，原来耿炳文手下没有三十万人，只有十三万人，而且他的主力正部署在真定西北方向，在东南方向的防御相当薄弱。

这个情报让朱棣喜出望外。耿炳文善守的名头实在响亮，朱棣最怕的是耿炳文龟缩在城里，要说野战，燕王可从来没怕过谁。

十三万人又如何，南军的步兵挡得住北军的铁骑吗？

朱棣率兵昼夜兼程，于八月二十五日抵达真定二十里处，然后从樵夫那里得知了耿炳文的营寨所在。朱棣作出部署，他派张玉、朱能率主力向南军东南角薄弱处发起进攻，自己则率领一队精锐骑兵悄悄地绕到了南军背后。

北军发起攻击时，耿炳文浑然不觉，当时他还在城里接待朝廷派来的使臣。北军骑兵呼啸而来，南军迎战不及，迅速被攻破了几个大寨。

手下来报："我军遭到攻击。"

耿炳文并不慌张，他来到城头张望了许久，手下请示："要不要让部队退回城内？"耿炳文只是哼了一声："退什么退，传我命令，整顿兵马，与燕军决战！"

善守是耿炳文的标签，但不等于他不会进攻。要知道，老对手张士诚覆灭后，他可是跟随徐达、傅友德、蓝玉等人南征北战，在山东、陕西、塞外、云南、辽东与不同的敌人作战过，同样未尝败绩。

张玉、朱能算什么角色？不入流的无名之辈而已。十几万人面对几万人的进攻，耿炳文还没㞞到要缩到城里的地步。耿炳文下令列阵迎战，要以堂堂之阵击溃北军，报雄县、莫州二箭之仇。

朱棣并未按照套路出牌，看到南军主力推进，他命部下谭渊、马云分别率所部围绕南军奔驰，正面的张玉、朱能徐徐撤退，引诱耿炳文追击。

不知不觉中，南军主力掉入了朱棣的陷阱，他们的战线被拉长，各部相隔越来越远。等耿炳文意识到危险，下令收缩的时候，已经来不及了。朱棣的帅旗在南军背后出现，迂回到南军侧翼的谭渊、马云，与张玉、朱能一起，统领着他们的精骑，向南军发起冲锋。

朱棣长期身处北方，他练成了一身指挥骑兵来去如风、长途奔袭的本领，这点让习惯以步兵为主力的南军将领屡屡吃亏。耿炳文也吃亏在了一个“慢”字上，他预料到了朱棣的下一步，却没想到朱棣来得那么快。

朱棣亲自率领的铁骑以雷霆之势直插南军背后，他们并不恋战，只是凭借突然性和机动性一遍遍地横穿敌阵，将南军阵形切割破坏。

这招叫作“倒卷珠帘”，据说是隋朝时大将军杨爽所创，杨爽统领的铁骑凭此多次在突厥人进犯时以少胜多，大败敌人。其要诀是“以弱挡强，以强击弱，驱溃攻主，挡者，无不溃败”，驱赶敌方溃兵冲击敌军主力，并将恐惧传递到敌人全军，到最后，敌人兵败就如同雪崩，神仙来了也难救！

当步兵为主的军队不能结阵对抗骑兵时，将是非常脆弱的。看到敌军阵形散乱，跟随在朱能身边的三十余骑死士，在朱能跃马大呼激励下，爆发出比三百人还要强大的战斗力。

朱棣和朱能如两柄利剑纵横敌阵，让耿炳文试图重新组织阵形的努力归于失败。“倒卷珠帘”的效果出现了，南军大乱，自相践踏，死者不可胜计。

真定城外，朱棣大获全胜，唯一的遗憾是让耿炳文跑回了城。

根据朱棣称帝后所修的《奉天靖难记》记载，此战“斩首三万余级，俘降者数万”，按照这个战果，耿炳文的南军主力已经被折腾完了。不过，这个说法很可疑，在其他史书中记载的耿炳文尚有十万之众更加可信。

因为，真定之战并未结束。

侥幸退回城里的耿炳文恢复了冷静，朱棣不同于他遇到过的任何对手，张士诚从来没这么多骑兵，元军也没这么能打，还会“倒卷珠帘”？简直闻所未闻！

真定是耿炳文的大本营，城内储存着大量粮草。野战被击败后，防守就成了必然选择。守城不需要骑兵，攻城骑兵无用，当两者优势逆转，耿炳文最擅长的防御战依旧无人能破。

北军以骑兵为主，下马攻城，那根本不是骑兵的专长。一个骑兵可以在野外击败十个步兵；如果他下马步战，未必能打得过一个步兵；一旦攻城，那么十个下马骑兵都未必换得过城头一个步兵。

这个道理在真定得到了验证，北军围住真定强攻了三天毫无进展，耿炳文把战争引入了他熟悉的轨道。现在，他还是那个守无不胜的防御之星。朱棣意识到再攻下去也没什么结果，不得不颓然解围而去。

朱棣最担心的情况发生了，南军在城外损失三万余人，看上去是北军获得了很大的胜利，但正如我们一再说到的，损失点人对建文帝来说算不了什么。

根据战争性质的不同，战争的目的也不尽相同。有时候，以空间换时间，对敌人有生力量造成杀伤，积小胜为大胜，能取得最终胜利；有时候，空间不是主要的，时间才是，战争的目的不是杀敌，而是尽早地夺取目标，就能获取最终胜利。

朱棣需要的是后一种，可没能拿下真定就是失败，他只能退回北平，伺机再动，战场的主动权又回到了耿炳文手里。

“捧毂推轮”

战争是政治的延续，当将士们在前线厮杀的时候，胜负可能已经在朝堂上被决定了。

老将耿炳文在真定城外遭受了失败，这是史书中他第一次战场败绩，也是唯一的一次。虽然他顽强地守住了真定，可朝中大臣并不都这么看，尤其是黄子澄。朝廷的要求是迅速攻克北平啊！给耿炳文这么多兵力，难道仅仅是让他去当缩头乌龟吗？而且，竟然还在野战中被击败了！

黄子澄安慰了建文帝一番：胜败乃兵家常事，不必烦恼。如今大明兵强马壮、粮饷充足，取之不竭，用之有余。燕王只有区区一隅之地，怎么能抵挡全国之力？不就是损失点人马吗？三十万大军不够，我们再调五十万大军过去，一定能平定燕王。

这番话很是提气，说得朱允炆连连点头。黄子澄建议，既然耿炳文无法胜任，应该用曹国公李景隆代替他。如果上次就起用李景隆，一定不会有这样的失败。

齐泰一听急了，他立马反对："万万不可啊！"

朱允炆皱了皱眉头："李景隆是皇亲，曾替朕擒拿周王立下大功，又是掌管左军都督府的都督同知，爱卿是不是多虑了？"

建文帝身边有两个主要的智囊，黄子澄和齐泰，除了"削藩"是两人一致同意的事，其他事上他们经常意见相左。齐泰说先削燕王，黄子澄说先削周王；朱高炽他们来京，齐泰劝说建文帝动手，黄子澄说这不合规矩；黄子澄建议任用李景隆，齐泰坚决反对。

结合两人多次进言的效果看，齐泰的许多看法都很明智，黄子澄的建议则迂腐多了。

由于曾经太孙老师的身份，朱允炆更尊敬黄子澄，而且他是个复古的皇帝，熟知古礼的黄子澄更对他的胃口。两个人一个是秀才的钱褡子，一个是孔夫子的褡裢——都是书呆子。

齐泰就要好很多，他当过礼部主事、兵部主事、兵部侍郎，并且很称职。明太祖曾经询问边境将领的姓名，齐泰一个不错地说了出来。朱元璋又询问各种图籍，齐泰拿出袖中的手册给他，简要地说出了各地地形，于是朱元璋很重视他。

齐泰是朱元璋留给孙子最后的礼物，临终时朱元璋召齐泰授顾命辅佐皇太孙。

黄子澄是朱允炆自己选的，这再次证明了朱允炆的用人能力欠缺。

建文元年（1399 年）八月，建文帝正式任命李景隆为大将军。这次，朱允炆调集给他的兵力是五十万。

为了激励李景隆，建文帝为他举行了空前隆重的拜将仪式，除了赐给他"通天犀带"，授予"便宜行事"的权力，亲自率领文武百官到江边为他饯行之外，甚至还为李大将军举行了一项叫作"捧毂推轮"的古礼。

所谓"捧毂推轮"，是古代帝王任命将帅时的隆重礼节，画面大致是将帅登上战车前进，下面的皇帝露出一副自豪又期待的表情，化身为车夫推着车轮依依不舍地再送一程，嘴里还要念叨几句"爱卿此去，如朕亲行"之类的话。

皇帝甘愿屈尊降贵，可见这番礼节是极其隆重的，大明历史上就出现过这一次。后来，崇祯十七年（1644 年），朱由检要为出征在即的东阁大学士李建泰行此古礼，都被李建泰以太隆重为由坚决辞谢。

大明朝唯一一次“捧毂推轮”之礼给了李景隆，他能不能配得上呢？

都督同知

李景隆，身份：李文忠之子，朱元璋外孙；职业：武将；爱好：学习兵书。

朱元璋没用过什么外戚，外甥李文忠算是一个。李文忠是个狂飙突进式的将领，是常遇春之后大明将星的代表，洪武三年（1370 年）他被封为曹国公、进荣禄大夫、右柱国、大都督府左都督。

常遇春、徐达去世后，年富力强的李文忠本是他们最好的接班人，朱元璋也确实有这个考虑。洪武十年（1377 年），朱元璋将长期戍守边境的李文忠召回京师，与韩国公李善长一起商议军国要事，实际控制着大都督府。

但事与愿违，李文忠回到京师七年后就病逝了，年仅四十六岁，要是他还活着，后来的北伐就轮不上蓝玉了。这是大明的一大损失，朱元璋亲自写文致祭，追封李文忠为岐阳王，谥号“武靖”，配享太庙，肖像挂在功臣庙，位列第三。

洪武十九年（1386 年），李文忠长子李景隆袭爵，成为第二任曹国公。

公爵只是荣誉头衔，在被建文帝拜为大将军前，李景隆的职务是都督同知，掌管左军都督府，是从一品的高级武官。

从官职和身份看，李景隆领兵出征没什么大问题，可实际上不是这样，这就要说到明朝的军制。

朱元璋在对行中书省进行改革的同时，也对军事机构进行了改革。朱文正曾担任过大都督，“节制中外诸军事”，当时大都督府是明朝最高军事领导机关。到吴元年（1367 年）更定官制时，朱元璋取消了大都督一职，改为左、右都督。

朱文正之后，大都督府的最高长官是曹国公李文忠。洪武十年（1377 年），他回到京城，挂着左都督的职务掌管大都督府。洪武十三年（1380 年），朱元璋处死了胡惟庸，同时撤销中书省，顺势对大都督府也进行了改革，将它分为中、左、右、前、后五军都督府，在每府左、右都督之下，又设都督同知、都督佥事。

一个都督府变成了五个，都督人数从五位增加到二十位，军事领导机关的权力被进一步分割。

都督同知是二十位都督之一，仅次于五军左右都督。表面上来看，他是大明排名前二十位的高级武官，但实际上，到了洪武朝晚期，都督已不是原来意义上的都督了。

朱元璋继续着他的改革，逐渐把最高军事领导机构——都督府的职能转移到了兵部（兵部阴移之，其权渐分矣）。这是个军事领导权由武职官员向文职官员转移的过程，从制度上看是个进步，早在洪武时期就已尘埃落定。

从此以后，五军都督府的存在就失去了原来的意义，都督的作用也发生了变化。

那么，都督们还有什么用呢?

用处还是有的，这与明朝军官的选拔有关。

兵部负责大明的军官选拔，一共有四种方式。一是根据军户制承袭而来，老子当军官，儿子还是当军官，这叫作世职。第二种是武举，三年一小举，六年一大举，中举者可被授予武官官职。第三种是行伍，也就是按照资历。如果你爹不是军官，你也没考上武举，那么从苦哈哈的大头兵干起，也有可能靠资历谋到个军官当当。第四种最直接，叫作“纳级”。这种在打仗时才能挣到，凭上交敌人的脑袋计算功劳，立马兑现。

比较一下，武举、行伍、纳级要凭真本事，选出来的军官多半会有真材实料。按照能力大小，军事才能的排序应该是纳级（不排除部分品行不正的士兵会杀良冒功）—行伍（有经验的老兵）—武举（文武都学习过，还欠缺实战经验）—世职。

世职比的是投胎功夫，与才干无关，很可能出现无能的军官。假设在选拔中这四种方式的机会是均等的，那么军官中有四分之一的概率出现无能之将。然而在实际操作中，最主要的选拔方式是世职，其他三种加起来的比例还不到四分之一。

世职军官未必都是废物，其中也不乏优秀人才，比如后来的戚继光、李如松。遗憾的是，这样的人太少了。由于无须考察才干，在概率上世职军官的成才率肯定会大大低于其他三种。

这些只是中下级武官的选拔，都督选拔还不在这四种之中，这种高级别的武官有定制选拔方式："会推"（武职之大者，必由会推）。

"会推"不由兵部决定，兵部只有推荐权。每当都督职务出现空缺，兵部会拟定出两个候选人，最终决定权在皇帝手里，候选人仅限于现任公、侯、伯。

李景隆的都督同知就是这样来的。

到了洪武晚期，五军都督府已成了一个中间机构，它的主要工作是在兵部和京营、卫所之间传递文件，次要工作是检查京师的治安状况。

南北两京五军都督府的武官被称为"坐衙官"，其中"会推"出来的都督不需要实际参与军事，都督府只是给他们安排一份工作，以防这些公子哥儿只挂个荣誉性的爵位闲得慌，这也就是功臣政治中的散官、勋官制度。

真正操持军务的是"坐衙官"中的中下级武官，还有三大营提督、各镇总兵及军官等"坐营官"。洪武晚期，明朝的军事领导系统已经从都督府转移到了京营和地方镇戍将领那里，实际掌兵的将领们许多也会再挂个都督类头衔，领取双份的俸禄。

简而言之，"会推"出来的都督是个安置性的职位，不代表他能征惯战，只有加衔的都督才是真正会打仗的军官。

明白了大明军官的选拔制度，也就明白了李景隆的都督同知的含金量有多高了。这是个生在京师长在京师的功臣二代，从不用干啥活儿的都督同知到统率五十万大军的大将军，这一步是空前的跨越，也是空前的冒险。

功臣政治，害人不浅啊。

对李景隆当统帅不满的，除了齐泰，还有众将士——“诸宿将多怏怏不为用”。

在朱允炆和黄子澄期望的注目下，脸色沉重的将士们跟着李景隆出发了。临行时，朱允炆亲自为李景隆写下八个字——“体尔祖祢，忠孝不忘”。

不久，这八个字将成为一个最大的笑话。

宁王朱权

听到李景隆替换耿炳文前来讨伐自己的消息，朱棣笑了。

这不是心虚的笑，而是发自内心的真诚的笑。如果这不是真刀真枪的战争，而只是一场游戏，可以认为是朱允炆放水了。

朱棣久闻李景隆大名，他召集部下，说了这样一段话：

李九江（李景隆字九江）从来没真正打过仗，朝廷轻易就把五十万军队交给他，这是在给他挖坑呢。汉高祖这么厉害的人，不过能带十万兵。李景隆有啥才干，能带五十万人？赵括的失败在等着他！

这番话说得合情合理，徐达那么强的能力，朱元璋也从没给过他五十万兵力。

朱棣认定李景隆必败，但在此之前，他还有件事需要做。

朱棣怕的不是李景隆，而是他的五十万大军。几十万大军还是很恐怖的，事实上，李景隆的大军里确实有不少猛将，轻视他们是会吃苦头的。要想提高获胜的概率，壮大自己是个很好的办法。

朱棣把目光投向了大宁（今内蒙古赤峰市宁城县），那里有他一个弟弟在：宁王朱权。

朱权，朱元璋第十七子，洪武二十四年（1391 年）封于大宁（内蒙古多伦一带），封号宁王，洪武二十六年（1393 年）就藩。

朱元璋喜欢让镇守边塞的几个儿子带着军队敲锣打鼓地出塞游行，既是为了锻炼他们的军事能力，也是为了给蒙古各部以震慑。在这些行动中，朱棣和朱权令人印象深刻，有“燕王善战，宁王善谋”的称号。

作为驻在边境第一线的塞王，宁王是强大的，在所有藩王之中，他的大宁藩地统辖着最多的军队——“带甲八万，革车六千”。

朱棣早就眼馋大宁兵马，若能得到这些兵力助阵，对阵南军将如虎添翼。

曾经强大的朱权，现在的处境却很不妙。

前文分析过，按照朱元璋设计的分封制，老四朱棣造反与找死无异。他的封地前后左右受到七八个藩王包围，只要朱允炆一声令下，朱棣就将陷入兄弟们的三面攻击，只有投降。

其中比较强大的几个藩王分别是宁王、辽王、晋王、代王、谷王。他们的封地要么在朱棣背后，要么在侧翼，而且距离相当近。代王、谷王、宁王更是紧挨着燕王，只要朱棣有异动，他们很快就能杀到北平。

现实中这些并没有发生，朱棣造反有些日子了，除了晋王朱棡已经去世，代王朱桂被废，其他本该为朝廷平叛的藩王却毫无动作。尤其是强大的宁王、辽王，他们都在干什么呢，莫非真的不知道吗?

这不能怪他们，因为这些塞王已经失去了兵权。

朱棣起兵后，建文帝立即下旨，命令各地藩王入京，不得停留在驻地。其他各王有条件的纷纷回到京师，而宁王朱权却没有动身。

朱权的封地与京师之间隔着北平，但这并不是他抗旨的理由。比朱权更远的辽王更有诚意，他的回京之路更加难走，最后愣是乘船泛海而归。

显然，朱权是有些想法的。

宁王远在大宁，朱允炆恼怒之下也拿他没什么办法，只是下旨削去了他的三护卫，等平定朱棣后再和他算账。曾经强大的宁王在大宁过起了退休生活，成了一个闲人。

大宁的兵力被分为三部分，除了各卫所留守的军队，剩下一小部分兵力则掌握在大宁守将都指挥使朱鉴手中。一大部分由刘真、陈亨统领，正驻扎在松亭关（今河北省宽城满族自治县）对北平虎视眈眈。

大宁的兵力对朱棣有很大的威胁，能把他们收归己用多好，要做到这一切，离不开朱权。

朱权被削去护卫，受到严密监视，不过比朱棣多个荣誉性的爵位而已。更关键的是，朱棣起兵后，朱权还上奏请求赦免燕王。

朱权的立场很耐人寻味，朱棣觉得这个弟弟是可以被争取的。

宁王善谋

朱棣留下一万军马，由世子朱高炽和军师道衍率领留在北平主持防务，他则亲自带领北军主力前往大宁。

这时朱棣面临的形势是相当险恶的，既有前出到松亭关的大宁兵马，又有江阴侯吴高（吴良长子）率辽东兵马围困永平（今秦皇岛市卢龙县），前方更有李景隆大军压境，事实上依旧陷入了三面受敌的困境。

所以，朱棣并没有什么更好的选择，困守北平打守城战不是北军的强项，只有把主力拉出城外，把战斗引向自己擅长的野战，才可取胜。

朱棣是个充满冒险主义色彩的人物，这种特质往往会发展成两个极端，成为传奇或者悲剧。在建文元年（1399 年）的这个十月，决定事情走向的有两个要素：能否及时得到大宁兵马助阵，朱高炽能否在自己成功回师前守住北平。

相比之下，后一个条件看起来要更加困难，朱高炽能做到吗？李景隆会给他机会吗？

带着忐忑的心情，朱棣上路了。利用吴高是被朱允炆逼死的湘王朱柏姻亲的身份，他先是用计解除了辽东军马的威胁。随后，朱棣取道刘家口，走小路绕过刘真、陈亨镇守的松亭关，突然出现在大宁城下。

之前朱棣在与朱允炆的心理战中表现拙劣，昏着儿频出，让人怀疑他能不能撑到造反开始。可一到了战场上，朱棣立马表现出了非凡的军事谋略，他是那个时代最杰出的骑兵统帅，举手投足间都是顶级水准。从怀来到真定，部下对他的冒险打法多有异议，朱棣一次次用结果让他们闭嘴，这次也不例外。

大宁守军做梦也想不到，本来该在前线与李景隆死拼的朱棣会突然出现在大宁，北军在防守薄弱的西南一隅蚁附而上，大宁很快被攻破。

大宁城内不是没有建文帝的忠臣，指挥使朱鉴力战而死，王府长史石撰被擒后不肯投降，惨遭肢解。他们用生命解释了什么叫食君之禄，忠君之事。

宁王处于一个很微妙的境地，他当然不想像其他兄弟那样被削，可要叫他跟着燕王明目张胆地当反贼，那也是他不愿意的。眼看城内将士被杀，北军完全控制了大宁，宁王已经做了最坏的打算。

等了半天，朱权也没见一个北军士兵冲进王府。朱权反而有点不耐烦了，他命王府卫士去打探情况，得到的消息让他大吃一惊：北军已全部撤到了城外。

朱权正在狐疑不定，第二个卫士又冲了进来：报殿下，燕王单骑入城求见。

一见朱权，朱棣的眼泪就下来了，他向十七弟哭诉道："弟弟啊，你哥我这是走投无路才反抗的啊。"

朱权疑惑不已："那你来找我是什么意思？"

朱棣恳求道："你帮哥一个忙，给允炆大侄儿写封信，让他免我的罪吧，否则我必死无疑啊。"

朱权还是不愿相信："信我倒是可以写，可是四哥你捅出这么大娄子，写信好像也没什么用啊……"

朱棣流泪道："李景隆要把我逼死了，我已经没什么好办法了，你帮我写信申诉一下，至于能否成功就看天意了。"

事已至此，朱权也只好表态答应朱棣的要求。接下来数天，朱棣就在宁王府住了下来，每天除了哭诉就是和弟弟聊天，一点也看不出其他的意思，搞得朱权倒是很不好意思，觉得是自己错怪四哥了。

朱棣比朱权要大十八岁，宁王有善谋的名声，可他毕竟还是个二十一岁的年轻人，他再怎么谋，也没能谋到自己被朱棣摆了一道。

终于有一天，朱棣向朱权辞行，说自己已住得太久，要回北平去了。朱权按照礼数将朱棣送到郊外，两人在依依话别时，画风突变，朱棣的军队迅速拥上来包围了朱权。

朱权还没反应过来，朱棣一把挽住他的胳膊，另一只手搂住了他的肩头，让朱权跟自己回北平。朱权想说不跟，可他发现，熟面孔全部倒戈到了朱棣的阵营。

这招叫作“瞒天过海”，朱棣在城里稳住朱权，他的手下们带着重金四处游说，说你们不要犹豫了，宁王决定跟燕王一起“靖难”了，哥俩在城里相聚正欢呢。

宁王就这样被朱棣绑架了，他的旧部被朱棣收编，本人和王妃、世子一起被裹挟着加入了朱棣阵营。

至于松亭关刘真、陈亨的那部分大宁兵力，也早就被朱棣解决了。

朱棣控制大宁后，立即派人送出去一封信，收信人是松亭关守将之一陈亨，里面是这么写的：尔等家眷都在大宁，大宁已在我手，不若及早归降，何如？

陈亨是朱棣的老部下，两人早就暗通款曲有过合作，得知大宁被占，陈亨丝毫没有拖泥带水，当夜他就串通营州中护卫指挥徐理、右护卫指挥陈文，半夜起事袭破主将刘真。刘真仓促之下单骑逃走，大宁的大部分兵力都归属了朱棣。

大宁是军事重镇，统辖着二十多个卫所，士兵都是边军精锐，其中还有不少蒙古骑兵，得到这支生力军，是朱棣起兵以来的最大成就。大宁的精锐士兵将在他之后的造反生涯中，发挥着不可替代的作用。

朱棣在大宁的冒险很成功，那北平的情况如何呢？

第三章 李景隆为何会输

古代是如何攻城的

李景隆没打过仗，但作为李文忠之子，他同样拥有一颗军人的心。根据记载，李景隆喜读兵书，举止雍容，从小就是一副名将派头，连朱元璋也很看重他。

李景隆从小学习兵法，军事常识还是有的。得知北平空虚，他立刻率军直扑过来。朱棣和将士们的家眷都在北平，只要攻下北平，朱棣即使吞下宁王兵马也失去了作用，这场战争将提前结束。

双方实力悬殊，朱棣带走了所有精锐，留在北平城内的只有一万多挑剩下来的士兵。

朱棣把守城的责任交给了世子朱高炽，要说李景隆没有实战经验，朱高炽同样也没有，他就这么放心地把北平防务交给儿子吗？

在许多人的惯性思维中，如果攻守双方兵悬殊，城墙再高再厚，也就是多花攻击方几天的时间而已。只要作战勇敢、不怕伤亡，再坚固的城池也会很快被攻破。

这个概念其实是错误的。

城池攻防战绝不是无脑莽夫之间的较量，军事历来是国家尖端科技的体现，在冷兵器时代亦是如此。

我们已经讲到过不少守城战，但没有重点描述过攻防双方的战术动作。下面，补充说明一下古代城池攻防是怎么进行的。

攻方大军抵达城下后，会远远地将城池团团包围，这只是第一步。

攻城需要工具，这些工具体积庞大，完全无法随军携带，往往都是行军抵达后就地取材，即造即用。同时，攻方会在靠近敌城的地方修筑土丘，以更好地寻找城墙薄弱处，这叫作“距堙”——“距闉者，踊土积高而前，以附其城也”。

光是这两个步骤，就可能需要花费几个月。为什么这么慢？因为守方不是傻瓜，在遭到围攻前，他们会想尽办法，没有困难也要给攻方制造困难，最大限度地拖延时间。

以下这些都是防御方的常规招数：

坚壁清野。这招大家都能理解，就是把城外的资源都搬光，一针一线也不留给敌军。能充当掩体的一切东西，能拆的拆光，拆不掉的烧光，人口全部迁入城内，城外水源下毒。

做完这些，守方通常还要给敌军留下一些“礼物”。

古代没有地雷，但这丝毫不妨碍大家发挥想象力，在地里埋各式各样的暗器。比如铁蒺藜，这玩意在战国时期就已被发明出来，历史悠久，它长着四根尖刺，只要着地，就能保证总有一根刺朝上。铁蒺藜的制作成本低，使用方便，被大量撒布在地上，有的还涂上了毒药。敌军如果冒进，准会多出一大群脚底板被刺穿的伤员。

听说敌军骑兵多，喜欢到处跑马？没关系，有为骑兵量身定制的“好东西”。鹿角、拒马桩、陷马坑的存在，让大队骑兵难以轻松接近，这些都需要组织人手花费很大的精力一个个拔除。

清除掉这些障碍，攻方面前出现的是护城河。根据城池大小和水文条件，这可能是条十几米到几十米宽的河流，也可能直接就是条大江，像赣州、襄阳这样临水的城池就是直接用江水作为护城河。例如襄阳，它的护城河的平均宽度超过 180 米，最宽处竟然达到 250 米，宽度为天下护城河之最。

于是攻方将领开始组织人员填壕沟，但就算只是十几米的小壕沟，民工们也不能顶着城头的炮火进行填河作业，这时就需要器械出场。填壕车之类就是派这个用场的，它们顶部的护盾能有效地保护作业人员。如果是几十米宽的大护城河，这些车也不顶事了，就要派出更强力的器械，比如桥壕，类似于一个移动的浮桥，可以直接架在水面上让部队通过。

守方不会眼睁睁地看着敌人无伤破防，他们也有自己的守城器具。虽然古代还没有重机枪、迫击炮，但远程武器还是不缺的，为了弥补单兵武器威力的不足，从宋朝起，古人就用数量来弥补了火力不够的缺憾。像“双飞弩”“床子连城弩”“火龙箭”“烧天猛火无敌炮”等，听名字就叫人心生恐惧。

这些远程火力大多附带可燃物，不一定要准确地命中士兵，只要射到目标较大的器械上，就能使火势蔓延，破坏敌人的装备。

等到攻方把城墙外的障碍全部拆除，冒着伤亡架起浮桥时，工程其实还没结束。在护城河对面还有羊马墙和拒马桩，这是为了阻止敌人的云梯、冲车等攻城器械靠近城墙。羊马墙后还很可能藏着守方准备的近战部队，他们始终在不停地杀伤工地上的民工，并随时准备冲出去砍一波就撤。窄窄的壕桥上，兵力再多也施展不开，攻方要面对来自四个方向的立体打击。

终于，攻方拆光了城外所有的防御设施，并把城外的敌军赶回了城内。现在，每个城门都大门紧闭，这才正式进入攻城阶段。

在此之前所做的工作都是必要的，如果人少或效率低、资源不足，一晃半年就过去了。这中间可能有性急的将领等得不耐烦，仗着兵多拿命填到城墙下，选择最不需要动脑筋的蚁附攻城之法，结果很可能是士兵损失惨重，城池还是没能攻下，这样的攻城方式是进攻方的灾难（又三月，将不胜其忿而蚁附之，杀士卒三分之一而城不拔者，此攻之灾也）。

即使按照程序一步步来，噩梦也才刚刚开始。

一旦开始专心致志地防守城墙，守城方可用的武器更多了。木头、铁块、砖石，甚至粪水、油脂，这些东西重新组合一下就是守城的好武器。扻弩、火球、火箭之类的武器，这些东西在正规军野战里用处不大，却非常适合守城，效果不是一般地好。

攻城方的器械这时候也已经到位了。行天桥、搭天车、吕公车、蹑头飞梯这些都是不同样式的云梯，还有负责撞门的撞车、尖头木驴等，它们都自带防护，能对士兵起到保护作用。

针对这些器械，城头早有防备。守军会拿出早就准备好的飞钩、铁提钩、奈何木、夜叉礌、猛火油柜等，见招拆招。

仗着人多，攻方终于冲破了城门，以为这下就可以冲进城里大杀四方了？抬眼才看见，城门里面还有一道城门，这是古时城池很普遍也很聪明的设计：瓮城。

瓮城就是城外城，专门招呼冲进来的敌人，里面除了一道城门啥也没有。

瓮城又叫月城，顾名思义它是个半月形。等敌军冲进来抬头一看，会发现四周城墙上围满了守城的士卒，自己变成了瓮中之鳖，要不怎么叫瓮城呢?

如果是大城，瓮城很可能还不止一道。例如，南京中华门，是中国现存规模最大的城门，也是世界上保存最完好、结构最复杂的堡垒瓮城，有“天下第一瓮城”之称。它一共有三层瓮城，加上最里面真正的城门，敌兵一共要攻破四道城门。好不容易攻破一道城门，另一道城门又出现在面前，是不是会让攻方大大泄气?

显然，城池的攻守绝不是一方凭着人多势众不惧损失的强攻，另一方死守城头进行着无脑的远程输出。城池防御体系是个有机的纵深系统，围绕着这个体系，双方需要见招拆招，斗智斗勇，这不光是力量的搏杀，还是智慧的较量，不只是人多人少的问题。

前文提到过不少成功的以少胜多的经典守城战例，比如高邮之战、洪都之战等。这些战役的共同特点是，只要守军意志坚决，城内粮草充足，尽量不犯错误，哪怕面对有绝对优势兵力的敌军，坚守一段时间还是很有可能的。

强攻之所以能成功，要么是出其不意，要么是守军犯错。真正不计代价的强攻会付出很大的伤亡，还未必成功，所以在不是那么着急的情况下，进攻方往往会选择长期围困，切断城里的补给，到了一定的时间，城池将不攻自破。

北平城内存了多少粮食，没有相关的记载，但朱高炽并不需要像张士诚、朱文正那样坚守几个月，他只要守到父亲朱棣回师救援就算完成任务。

北平保卫战

李景隆的拆迁工作进行得很快，仗着人多，没多久他就清除了城外的障碍，逼近了城墙。按照军事常识，朱棣带走了北军主力，城内只有老弱病残，即使来不及赶制大型云梯，直接攻击城门也可以一举成功。

这种可能性在理论上存在，但是李景隆有没有想过，朱棣怎么就那么放心地留下北平让他围攻呢？

当初元顺帝遁走，徐达收取大都时并未发生激烈的攻坚战，北平城的防御体系基本完好。为了防止元军反扑，徐达立即对北平的防御进行了改造，主要是进行缩城工程，废弃了元大都北城墙，在其南面五里一线另筑新城墙，将东西城墙北边的光熙、肃清两门同北城墙一道置于新城之外。

在华云龙的主持下，新筑的城垣周长四十里，比大都缩减了二十里。城外绕以护城河，深浅宽窄不同，最深处达一丈（2.8 米）有余，最宽处十八丈（50 米）有余。元朝时的大都是土城，在洪武年间陆续将墙体进行包砖，加固了防御，这个工程进行了两三年时间才完工。

明初的北平城，规模比大都小，城墙比大都厚，防御力提高了不止一个数量级。作为北平军区的首府，北平城确实是易守难攻的。

并且，城里并不是只有一个朱高炽指挥，朱棣还留下了道衍和顾成。

真定之战，朱棣没能在城外吃掉耿炳文，不过他有其他的收获。

这一战北军坚决执行朱棣的穿插战术，表现得十分勇猛，其中有个名不见经传的骑士薛禄，战斗中他一马当先直冲敌阵，一枪就将与他对冲的一名敌军将领挑下马来。薛禄回马举枪，正要取敌将项上人头，倒地的敌人见势不妙大喊道："不要杀我，我是李驸马！"

这个倒霉鬼确实是个驸马，他是朱元璋第七女大名公主的丈夫，驸马都尉李坚。

李坚父亲是在收复云南时殉国的骁骑右卫指挥佥事李英，朱元璋十分器重这个将门之后，将女儿许配给他并一路提拔，在军界担任要职。长兴侯耿炳文出征时，李坚以左副将军的身份随军北伐，前期还以战功获封滦城侯，哪想到在真定一个照面就被北军小卒挑翻马下。

活驸马比死将军更值钱，薛禄将李坚活捉回营，朱棣一通训斥后将他送往北平。不知是否因伤势过重，李坚在被押赴北平的途中不幸去世。

活捉李坚成为薛禄飞黄腾达的起点，这个之前默默无闻的小卒因功升任指挥佥事，在"靖难之役"中表现出色，一路追随朱棣攻入南京，成为帝国新一代军人中的佼佼者。后来，薛禄获封奉天靖难推诚宣力武臣、阳武侯，去世后追赠鄞国公，谥号"忠武"。

薛禄的腾飞还要等待来日，另一名俘虏能立马为朱棣带来实实在在的好处，他是耿炳文的左军都督顾成。

与李坚相比，顾成简直是活化石般的存在，他的资历比耿炳文还要老。

顾成，江都人，少有膂力，喜击剑，自文其身，年少时行侠仗义，人称"顾花子"。

元末大乱，有人劝顾成投奔当地枭雄张士诚，顾成却认为张士诚不可成大事。至正十五年（1355 年），他投到朱元璋麾下。朱元璋非常喜爱这个勇武的"顾花子"，亲自将他挑选为帐前亲兵，并负责为他擎掌伞盖。

从至正十六年（1356 年）到洪武三十年（1397 年），顾成经历大小数百战。从征陈友谅，平定张士诚后，他主要在西南镇守，先后随陈德伐蜀，在傅友德帐下拜为先锋征讨云南，皆有功，朱元璋赐给他龙衣金带，进封世袭指挥使。

建文元年（1399年），顾成已经六十九岁，老将军的膂力是不行了，可他的经验无人可比。得知俘获顾成，朱棣大喜过望，他亲自为顾成松绑，说道："如今我能够得到将军，这真是天意！"

顾成是武将，对帝王的家事之争看得没文官那么严重。看到朱棣礼贤下士，他表示愿意投降，但不愿领兵与旧部作战，于是朱棣把他送到北平，协助世子朱高炽守城。顾成的能力并不逊于耿炳文，有他的协助，北平城的防御直接就上了一个档次。

道衍是朱棣的军师，这个人不光负责战略筹划，在战术上更是诡计多端。朱高炽和顾成在忙着防务的时候，他也在城头四处转悠，三角眼射出诡异的精光。

守城不是道衍的专业，攻心之术才是他的拿手好戏。道衍在寻找李景隆大军的薄弱之处，一旦发现南军哪里有漏洞或缝隙，他就在夜间组织敢死队，用绳子吊出城外。这些人都穿着南兵的军服，一落地就真假难辨。他们混入敌人的军营，这里杀几个人，那里放几把火，南军往往折腾一夜，天亮才发现打的都是自己人。

这种招数十分有效，搞得南军日夜精神高度紧张，时间一长，战斗力大打折扣。李景隆被折腾得实在没办法，不得不把营寨后撤十里，才能让将士们睡个好觉。

这个三人组合各有所长，剩下的问题就成了保持斗志，并且自己不要犯错。

具体来说，朱高炽在北平主要做了两项工作：安抚和激励。

朱棣走后，朱高炽开始赶制兵器，还在城内到处走访，向居民、将士们嘘寒问暖。他每天都有干不完的工作，只睡两个时辰，身边人说殿下太辛苦了，朱高炽回答："君父还在外面冒险，我做儿子的怎么能不拼呢？"

即使知道这是收买人心的行为，也不是谁都能做到的，燕王世子如此平易近人，居民、将士们自然深受感动。

实际指挥防务的是顾成，他的经验比朱棣还要丰富，为北平城的防御和调度发挥了重要作用。朱高炽和顾成就像当年的朱文正与邓愈一样，一个是督战队，一个是预备队，周长四十里的北平城头，到处都能看到他们忙碌的身影。

形势一度很危险，在南军的猛攻下，丽正门、顺城门、彰义门都险些被攻破。危急时刻，连朱棣的王妃徐氏都挽起袖子，带着一帮女子登上了城头。由于李景隆军令不严，加上北军将士用命，虽然险象环生，但最终还是化险为夷。

在彰义门还发生了一件事，根据记载，南军都督、勇将瞿能父子率数千精锐猛攻，锐不可当，已然攻入城门内。主将李景隆因为嫉妒，竟然下令瞿能停止进攻，导致功亏一篑。

这个说法出自《奉天靖难记》，流传甚广。史书中并没有记载李景隆和瞿能有什么仇怨，瞿能一鼓作气地攻下北平，功劳最大的还是主将李景隆，他没有理由进行阻止。朱棣登基后曾反复修改“靖难之役”这段历史，《奉天靖难记》的记载有美化他的嫌疑，真实度存疑。

这很可能和瓮城有关。

元大都是刘秉忠设计的，当时并没有建造瓮城。但在20世纪60年代拆除北京旧城门的时候，发现了元朝的瓮城，说明后来还是修建了瓮城。按照这个设计，瞿能可能冲进了彰义门的瓮城，被下一道城门阻挡，而这时由于李景隆指挥不当，后续大部队没能紧随瞿能冲进去。这样瞿能和部下就成了一支孤军，很容易被四面城墙上的弓箭手射成刺猬，这种情况下他已无法前进，只能选择撤退。

不管如何，孤城北平面对李景隆数十万大军的猛攻岿然不动，南军一鼓作气未能成功，士气已经受挫，战斗陷入了相持的局面。

一场成功的守城战，将逆转整个局势。

战场应激反应

农历十月的北国进入冬季，最低气温已经降到零下，一支军队正在急速行军。这是朱棣和朱权合兵后的部队，如今它经过整编被正式分为五军，每军各设主将、左右副将。朱棣得到生力军补充，实力大大增强。

建文元年（1399年）九月十九日，朱棣从北平出发，九月二十五日解永平之围，十月初六攻下大宁，十月十八日从大宁出发，十一月初四抵达孤山，来回差不多花了一个半月。

北平之围在前几天已经在事实上解除了，得到朱棣、朱权合兵的消息，李景隆不得不把大本营移到北平东面二十里的郑村坝，分出兵力准备迎击，北平城内压力大减。

朱棣在白河小试锋芒，击溃了南军前哨陈晖部，随即向李景隆的指挥部奔袭而来。南军分列九营严阵以待，他们在北平城下啃了一个半月的城墙，早就怨气冲天，既然朱棣出现了，那就真刀真枪地干一场吧！

郑村坝在朝阳门以东二十里处，元朝时它是朝廷的马场，自古以来就被统治者视为重镇，堪称北平东郊的门槛。

朱棣抬手如刀，下令冲锋。

寒冷的荒坝是极好的战场，在这一天，白河两岸的郑村坝成了数十万大军厮杀之地。南军也是有血性的军队，虽然他们的骑兵不如北军多，但训练有素，列阵完毕的步兵同样相当强劲，双方谁也不肯退让，进行着殊死搏杀。

朱棣为战场而生，为战场而死，这种血液里跳动的好战基因让他身先士卒。每次作战，他从来不顾及自己全军统帅的身份，嗷嗷叫着把自己当成一个普通骑兵那样冲锋。

这样热血的统帅是能激励全军，不过物理常识告诉我们，朱棣再勇猛也只有一条命，他也会受伤乃至丧命。既然如此，南军在战场上只要干掉朱棣，战争不就结束了吗?

道理是这个道理，可在整个“靖难之役”中，朱棣不止一次遇险，却从未受过伤，这就要感谢大侄子朱允炆了。

朱允炆是个食古不化的书呆子，把名声看得比命还重，他在调兵遣将征讨四叔的同时，还不忘郑重其事地向将领们交代一句：“勿使朕有杀叔之名。”

这句话十分耐人寻味，有两层意思。

表面意思：别让我背上杀害叔叔的不孝罪名。暗地意思：你们一定要在战场上杀了我叔叔，不然弄回来给他安罪名于我名声不利。

在将领们听来，这句话又有两层意思：一、皇上很仁义，希望在战场上生擒燕王，弄回京城。二、皇上很阴险，想弄死燕王又不肯背骂名，让我们给他扛着。

这个责任太大，实在没几个人敢背，到了将士们嘴里，朱允炆的意思就变成了：皇上下圣旨了，谁也不许动燕王一根汗毛，谁动了他，谁就是皇上的仇人。

从此朱棣在战场上如有神助，杀进杀出不仅没受伤害，连点血皮都没掉。

当然，战场上刀枪无眼，紧张起来还是会有闭着眼睛乱放箭的士兵，朱棣本人甲胄精良，通常能免受流矢伤害，但战马是个弱点。在郑村坝，他的坐骑又被射中一箭，险些将他掀翻下马，幸好旁边的护卫进行了紧急处理。朱棣头也不回，跨马继续冲杀而去。

当朱棣的护卫也是个苦差使，朱棣杀得痛快时，护卫们必须紧紧跟随左右；若是他陷入险境，护卫更要能舍命护主。

当朱棣的护卫，本身就有很高的要求。在这场战斗中，紧紧跟随在朱棣身边的有一个叫作马三保的卫士，他的身份有些特殊，是个宦官。

马三保不是普通宦官，他是宦官中的战士——武装宦官，虽然身体有残缺，但砍起人来却比男人还男人。朱棣看在心里，记在心里，战后特地赐他姓名：郑和。他就是以后七下西洋，大名鼎鼎的三保太监。

得到新招募的大宁军马，北军在此战中与人数占优的南军打得十分激烈，一度占据了上风，其中表现最抢眼的是一股来去如风的蒙古人——兀良哈骑兵。

洪武一朝先后十几次对北元用兵，蒙古人被越打越分散，众多部落各奔东西，跑着跑着感情就没了，大一点的部落逐渐自立山头，不再有人能统一管辖他们。

其中一个叫兀良哈的部落，收编了自称为“我着”和“往流”的两个较小部落，整合为一个新的兀良哈部落。朱元璋用怀柔手段收服了这个新部落，把他们安置在朵颜、泰宁、福余三卫，由大宁军区统辖，并设置了一个全宁卫进行牵制，由元朝降官降将镇守。这三卫被称为“朵颜三卫”，也叫兀良哈三卫，共有几万骑兵，是当时一支极为能打的蒙古军队。

一直以来有“朵颜三卫”帮助朱棣“靖难”成功的说法，实际上并不准确。

朱棣确实做梦都想得到“朵颜三卫”助力，不过在洪武二十二年（1389年），归顺的北元宰相失烈门和将领塔失海牙发动叛乱，诱杀全宁卫指挥后，全宁卫官兵就此溃散，“朵颜三卫”也就失去了控制。

从此三卫人众趁机进入全宁地区，开始劫掠边境（独朵颜地险而强，久之皆叛去），一直到建文年间也没能解决这个问题，为此朱棣还曾率领大宁和北平军队讨伐过他们。

朱棣决定“靖难”起，就惦记上了这些战斗力一流的蒙古人。“朵颜三卫”不忠于朝廷，他也不忠于朝廷，朱棣决定派人和这帮蒙古人好好聊聊，这次不是用刀枪，而是用金钱。在他住进宁王府诉苦的那十几天里，他的手下们一直在加紧着收买工作，重要目标之一就是这帮蒙古骑兵。

朱棣在大宁具体收买到多少外援，有兀良哈三卫骑兵三千人或六千人，再加上部分女真人之说，总之肯定不是全部——“未尝尽驱三卫以行也”。因为朱棣走后，没被收买的兀良哈人就入侵了空虚的大宁，把那里变成了一片无人区。

郑村坝之战中，雇用来的兀良哈骑兵被放在最关键的位置当作先锋使用。这些蒙古骑兵一点也不含糊，他们怪叫着发起令人胆寒的冲锋，一连踏破南军数座营垒（而兀良哈以骑来从战，有功）。

朱棣得到的大宁兵力包括大宁军区投降的军队，还有宁王自己的营州中、左、右三护卫，以及这部分朵颜骑兵。“朵颜三卫”再次整体归顺要到永乐二年（1404 年），在建文元年（1399 年），他们还处于时叛时附的状态。

朱棣军中本来就有不少蒙古人，他们中还有许多担任将领，如薛斌、薛贵、李贤、吴成这些都是蒙古人的汉名，为朱棣“靖难”立下赫赫功勋。吸收了大宁兵马后，蒙古骑兵的比例进一步上升，成为北军中一支不可忽视的重要力量。

北军奋勇，南军也不弱。南军阵中不乏勇将，双方从中午一直杀到傍晚，场面是北军稍占优势，但南军阵脚未乱，差不多算个平手。

古代打仗不具备夜视条件，通常大家都会心照不宣地在白天互砍，太阳下山各自收工，有啥恩怨第二天再见分晓。于是按照惯例，天黑前北军将士勒马横刀，撂下几句狠话，就打马回营吃饭去了。

一夜平安无事，第二天一早北军来到战场，只看到对面空无一人。朱棣派人到南军营地侦察，得到的报告是满地都是丢弃的辎重、武器，唯独不见士兵。

几十万大军就这样消失无踪了。

在南军未露败象的情况下，主帅李景隆趁着夜色下令全军拔营而去，连留在北平城下的军队都没来得及带走。

朱棣立即率军赶到北平，围城的南军还不知道他们已经被大将军李景隆抛弃了。即使腹背受敌，这些南军将士还是坚持战斗了两天才败退，北平之围彻底解除。

这说明南军战斗力可观，完全可以一战。郑村坝之战南军不败而败，李景隆选择主动撤退让人莫名其妙。在古代这种行为难以解释，通常被视作贪生怕死，到了现代有了战斗应激反应的说法。根据研究，当战斗激烈到一定程度的时候，任何人都可能出现精神异常。激发条件包括死伤巨大的威胁，第一次看到敌人的死亡，战友的阵亡，食物、水、睡眠等缺乏，过冷或过热等。

这或许能解释李景隆为何要逃跑，可他的身份是全军统帅，这问题就大了。北军主帅朱棣视杀戮为无物，南军主帅李景隆看到杀戮就吓得尿了裤子。这说明只学过兵法而没经历过战场残酷的人不适合直接成为前线将领，李景隆的能力做个参谋或许可以，要让他直接上一线指挥，确实勉为其难了。

白沟河之战

李景隆撤退后，收集军队驻扎到了白沟河，朱棣也不着急，双方就这样保持着战线，一连五个月都没啥动作。

这只是表面上，背地里，朱棣、朱允炆叔侄俩始终在频繁互动。

朱棣派人送信给侄儿朱允炆：齐泰、黄子澄两个奸臣挑拨皇家关系，你赶紧把他们杀了，咱们还是一家人。

朱允炆说“可以”，他真的下诏罢免了齐泰的兵部尚书和黄子澄的太常寺卿之职。当然这是做给朱棣看看的，两人在朱允炆身边“筹画治兵如故”。

朱棣没有反应。

不久，李景隆写信提醒朱棣，朝廷已经罢免了齐、黄二人，该燕王兑现诺言了。

朱棣哪是这么好骗的，他回信表示：“奸臣残害我兄弟，真要我息兵，那就该按照太祖的规矩夷其九族，方解我心头之恨。”

看得出来，建文帝没有了开始“削藩”时的硬气，可要他砍了齐泰、黄子澄，也是万万做不到的。朱允炆不可能不记得西汉晁错的教训，当初汉景帝“削藩”令下，七国兵起，打的也是“清君侧”的旗号，景帝听信袁盎之策，将提出“削藩”的晁错腰斩于市，却并没有换来诸王罢兵。

谈到这里已经没法谈了，政治上行不通，还是要在战场上一分高下。

建文二年（1400 年）四月，北国之春已经到来，决战的时刻到了。

李景隆的兵力得到了补充，朱允炆又调给他不少精兵强将，南军增加到了恐怖的六十万。李景隆的计划是在白沟河集齐各路兵马，一举击溃朱棣。

四月初八，白沟河岸边绿油油的野草，在朝阳的辉映下焕发出勃勃生机。如果河面上没有浮现出两岸对峙的军队倒影，这将会是一个美好的春日早晨。

两岸列阵的士兵们毫无欣赏美景的心情，数十里的岸边，除了军旗在风中猎猎作响，就只有战马喷出的响鼻声，数十万人临于阵前，安静得可怕。

大家都是大明将士，他们和对面的人并没有什么深仇大恨，不少人还曾并肩作战。但是当两方不站在一面的时候，就已经进入了一个“你不去砍别人，别人就会过来砍你”的残酷游戏，这场游戏只有两种结果：胜者王，败者寇。

战争真是件残酷的事情。

李景隆不行，不代表他手下不行。白沟河畔，郭英、瞿能父子、俞通渊都在李景隆帐中，这些都是能征惯战之将。不过最勇猛的还不是他们，而是平安。

平安，滁阳人，朱元璋义子之一，当时军中称呼他为“平保儿”。平安力大无穷，能举数百斤，骁勇善战，曾出任密云指挥使，跟随徐达、朱棣征战塞外，深知燕王用兵要义。

朱元璋有几十个义子，平安、沐英是硕果仅存的两个。平保儿早已恢复了本名，依旧很能打。平安现在被李景隆任命为先锋，他将率自己的一万骑兵对朱棣发动第一波进攻。

朱棣得到即将面对平安的消息时是这么说的：“平安这小子，以前跟随我出塞，知道我一些用兵的办法，那又怎样，今天看我先击败他。”

后来发生的事情证明，朱棣只是在鼓舞士气而已，要不是他运气好，他已经被平安阵斩两回了。

第一回就是在白沟河。

平安高举起手中的长枪。

咚咚咚……战鼓擂响，枪头直指天空，平安上半身微微前倾，双腿一夹马腹，开始了冲锋。

全军出击！

南军精锐骑兵跟随平安的气势，冲向了对面的北军。

平安是南军先锋，麾下有一万多人，他的任务本来只是掠阵，能打就打，不能打就撤。李景隆没指望这万把人能玩出什么花样，没想到平安愣是把一场接触战整出了大场面。

“靖难”以来，从来只有北军骑兵扫荡南军步兵的事，谁能想到南军骑兵也有这样的血性，北军准备不足，阵脚大乱。幸而朱棣手下也是有几员勇将的，他们拼死顶住了平安的攻势，朱棣趁机带部分骑兵绕到平安背后夹攻。就算这样，朱棣也没能吃掉平安，平安一发力，冲破包围扬长而去。

一个前锋就这么难打，注定这场大战会很艰难。

远远地，朱棣又看到了熟悉的旗帜，那不是武定侯郭英吗，他也来了？

郭英是朱元璋“淮西二十四将”之一，他和耿炳文差不多年纪，身体素质却差很多。朱允炆看中郭英的经验，也把他派到了前线。

郭英没怎么当过主将，他的一生都在给别人当副将，徐达、常遇春、傅友德、耿炳文都跟他搭档过。但这丝毫不影响他的名声，郭英作战以勇猛著称，从滁州打到鄱阳湖，又从西北打到云南。伤痕就是他的军功，郭英一生大小五百余战，受伤七十多处。洪武十七年（1384 年），郭英被封为武定侯。虽是武人，他却一生微小谨慎、忠诚可鉴，再加上是朱元璋宁妃的兄弟，这样的人朱元璋没必要除掉。郭英安然度过洪武晚期，成为剩下不多的勋贵家族之一。

要是郭英年轻十岁，朱棣是无论如何不敢去招惹他的。但这时的郭英在朱棣眼里已是个将死之人，没能灭掉平安让他觉得很没面子，郭英的布阵看上去又空虚得很，不如打一下这位老将，让部下重振士气。

郭英现在确实冲杀不动了，骑马都费劲。不过老将就是老将，毕生征战的经验和智慧不是毛头小子可比的，郭英料到会遭遇骑兵的冲击，他早就扬长避短，安排得明明白白。

当北军骑兵兴奋地往郭英阵中冲去的时候，才发现对面士兵们捧着不少奇形怪状的东西。这些东西有的像个长筒的蜂窝，有的像条船，等到骑兵接近时，这些怪家伙突然吐出无数条火舌，喷射出刺眼的火光和漫天的火箭。其火力之猛、密度之大让北军猝不及防，他们不少人当场被火器射穿，战马也被吓得不敢向前，战场上血肉横飞，一片狼藉。

当一部分骑兵好不容易突破箭幕，准备跃马砍杀时，前排的南军士兵迅速后撤，露出后面一排整整齐齐的步兵，他们手里都举着火铳，黑洞洞的枪口射出一排排铅子。

这些就是郭英为朱棣准备的火器“套餐”。

郭英本来就是骑兵将领，深知骑兵的弱点。他又是见过大世面的人，东南西北打了个遍，朱棣没用过的东西他都用过。在跟随傅友德从征云南之时，当地土司有十分凶悍的象兵助阵。远征西南的明军根本没见过大象，一开始被吓得屁滚尿流。向当地人讨教经验后，得知大象怕火，于是明军大力推广军中的火器，发明改良了一系列大大小小的火器，终于克制了象兵。后来，据说沐英还发明了“三段击”战术，要比欧洲早一百多年。

长筒状的是“一窝蜂”“百虎齐奔箭”，船形的是“揣马舟”，它们都是多发齐射火箭，一次性能发射二十至一百支火箭。虽然没什么准头，但一次成千上万支火箭射出来的覆盖面极广，目标明显的骑兵很难闪避。

它们的缺点是装填极慢，理论上没有可能在战场正面完成二次装填。郭英早有准备，他结合了沐英的“三段击”战术，安排后排的火铳兵补枪，几轮齐射下来，能冲到阵前的骑兵已寥寥无几。

火器的威力让朱棣狼狈万分，他之后吸取这个教训成立的神机营，成为世界上最早的专业火器部队。

大战进行得异常激烈，朱棣自“靖难”起兵以来，还未曾遭遇过如此艰苦的战斗。两军激战到天黑，局势早已到了一片混乱的地步，朱棣下令撤退，但根本无法统一指挥，就连朱棣自己也在撤退中迷路，身边只剩下三个骑兵。夜色中无法分辨方向，朱棣只好奔跑至河边，根据水流方向判断出南北后蹚水过河，这才回到大营，可谓惊险万分。

当日深夜，朱棣彻夜难眠。第一天的战斗让朱棣大失所望，李景隆突然变强了，平安、瞿能、郭英这些人的存在更是让他如芒在背。总结经验，他觉得没能做好充分准备是第一天没有占到便宜的原因。北国的早春还有丝丝寒意，天还未亮，朱棣就调兵遣将，早早地开始了部署。

朱棣的运气

朱棣忘了自己说过的话，平安“往岁从出塞，识我用兵”。北军还没来得及列阵完毕，平安的旗帜又出现了，他手下勇将瞿能父子一马当先地直冲而来，平安亲自率军侧击，迅速击垮了北军大将房宽统领的右营，直冲北军中军。

晨雾散去，眼前出现了南军主力，他们沿河列阵，一眼望不到边，甲胄与兵器在初升的阳光下光芒耀眼。先锋平安得势，南军之中军旗摇动，数十万人发出地动山摇的喊声，大地为之震颤，真正的决战开始了。

朱棣派出猛将丘福发起反冲锋。南军吸取了上次的教训，阵形扎得很稳，丘福反复冲击也不见一丝松动，被迫退回。南军这边，却是接连有所斩获。平安纵横驰骋，大砍大杀，都督陈亨先被他砍于马下，徐忠上前迎战，又被砍断手指。一个平安，就在阵中杀得烟尘滚滚，当者辟易，如入无人之境！

朱棣也豁出去了，他派中军张玉、左军朱能反复冲击敌军中央。他带着亲兵卫队横冲直撞，冲向南军左翼，准备趁敌军混乱后，步兵再跟上交战。对于朱棣这着，李景隆早有准备，他调遣了数队精锐骑兵突袭到北军身后，试图全面包围朱棣。

面对决死之局，朱棣率领部下转身杀向背后的伏兵。南军不敢伤害朱棣，只能与他拉开距离，射杀他的部下。战场上箭矢飞如雨注，朱棣的战马接连被射死三次，最惊险的时候，身边的亲卫多数战死。朱棣的箭支早已射光，便抽剑乱砍，宝剑折断，复用剑鞘抵挡，剑鞘再断，他手中空空如也，只剩下了一根马鞭。

不可一世的燕王可谓狼狈至极，南军骑兵眼看就要追到近前，朱棣只好策马跑上河堤。由于堤坝正好挡住了南军的视线，朱棣决定将计就计，只见他站定于大堤最高处，挥舞马鞭向空中做指挥状，嘴里还大呼小叫，念念有词。

南军果然心下生疑，误以为大堤后藏着伏兵，一时放慢了冲击的势头。就在这须臾之间，堤坝后方果真冒起了滚滚烟尘，显而易见有军队正往这边赶来。

来者何人？如果奔过来的是南军，朱棣就在劫难逃了。等人马接近认出是熟悉的旗帜，原来是朱棣次子朱高煦怕父亲有失，带着数千骑兵赶来增援。朱棣见后大喜："吾战疲，尔进击贼。"

之前在京城时徐辉祖曾说过，朱高煦是个悍勇无赖之徒。朱高煦是朱棣最能打的一个儿子，却也是个搞事精，他既能救父亲，也能在后来给父亲带来许多麻烦。建文帝放回朱棣的三个儿子，朱高炽坚守北平，朱高煦战场救父，他要是在京师得知这个后果，估计也是悔恨不已。

战场之上，两军仍在殊死搏杀。从黎明杀到正午已过，大家的眼睛里都布满了血丝，嘴里喘着粗气，成了战场上的一头头野兽。

尤其是瞿能父子，数百北军将士已经丧生在他们手下，父子俩却像上足了发条一样越战越勇。他们大呼着"灭燕"口号一马当先，越嶲侯俞通渊和指挥滕聚带兵随后掩杀，所到之处无不披靡。平安更是盯着朱棣猛冲猛打，最危险的时候，朱棣差点被平安的马槊捅个窟窿（诸将中安战最力，王几为安槊所及）。

形势于北军不利，李景隆在白沟河的指挥中规中矩，没有出现明显的失误。只要保持这样的发挥，朱棣的造反之路即将被击得粉碎。

这是朱棣一生之中几次最大的危机之一。望着平安、瞿能仍旧在不知疲倦地往来冲突，朱棣发出一阵苦笑。

在这个历史性时刻，却发生了一件到今天也难以解释的事情。诸多史料中都是这样记载的——"会旋风起，折景隆旗"。意思是突然刮来一阵旋风，折断了李景隆的帅旗。

古代的军旗不是装装门面那么简单，它是战场上最重要的通信工具，在古代，全军进退唯旗语指挥。帅旗就是其中最重要的一面，这种旗帜称为大纛，紧随主帅行动，极其坚固，有数名膀大腰圆的大汉专门负责保护，是全军的重中之重。

帅旗是全军士气的凝聚点，对战役胜负至关重要。

在战场上，帅旗不见了只有两个可能：主帅死了或者跑了。谁也不会想到，还有第三种可能，帅旗竟然会被旋风给刮倒。

不明真相的南军将士以为主帅阵亡，士气大挫。同时指挥系统出现一片混乱，谁也不知道接下来该怎么办。

在南军一片乱哄哄的时候，朱棣敏锐地抓住了这天赐良机，他立即和朱高煦督军猛冲，又派人绕到敌后乘风放火，伪装出前后包抄的假象。南军前不能击退燕军骑兵，后不能扑灭营中大火，再无战心，只能丢弃辎重器械向南逃窜。

瞿能父子和俞通渊、滕聚等人因冲得太远，已被北军包围，力战阵亡。只有平安运气不错，他再次杀出重围全身而退。

旋风刮倒帅旗这种事，通常只会在评书或演义里出现，可它就是匪夷所思地发生了。

战场上概率极小的偶发事件再次改变了历史的走向（这种事概率虽小，却并不罕见）。

用古人的话来形容，就是“时也，势也，命也，运也，此之谓也”。或许，天命真的在朱棣那一边吧。

南军的无序撤退演变成了一边倒的崩溃，北军得势不饶人，继续追亡逐北，一路追杀至雄县月漾桥。南军抢着上桥，来不及上桥的相继跳入河中，溺毙者不计其数，史载：横尸百余里，降者十余万。幸好有刚赶到的魏国公徐辉祖的三万兵力接应，才避免了更大的损失。

朱棣此战侥幸获胜，却胜得并不轻松，北军的伤亡相当惨重。这场恶战打得久经战阵的朱棣也心惊肉跳，他特地下令为阵亡将士举行超度仪式，以抚慰军心和亡灵。

而在朝廷这边，又是另一番景象。吃了大败仗总要有人负责，朝堂上主张杀李景隆以正典刑的大臣不少。黄子澄更是痛心疾首，他捶胸顿足地表示自己荐人不准，坚持非杀李景隆不可。

朱允炆想来想去，拒绝了，说李景隆毕竟是皇亲，能力有问题，不代表他对朕不忠诚，只是将他免职。

不杀李景隆，是朱允炆犯的又一个错误。

第四章 铁铉坚守济南

为天地立心

朝廷的免职命令还没到，李景隆又败了。他被吓得肝胆俱裂，生怕被围在德州，于是啥也不带地一路南撤。北军就此顺利攻破南军的北伐基地德州，籍吏民，收府库，获粮储百余万，南军北伐的全部物资就此落入朱棣之手。

击败李景隆，朱棣的“靖难”之路出现了曙光，一个新的机遇出现在他的面前。

按照朱元璋的分封制，身处边塞的燕王要想起兵造反，需要打穿三道防线。由于朱允炆的“削藩”失误，辽王、谷王、代王这些本该把朱棣扼杀在北平的藩王没起到任何作用，宁王还当了叛徒。藩王不能用，调来的李景隆又不管用，第一道防线已被朱棣打穿了。

攻下德州，朱棣已经进入了第二道防线。这道防线本该有四位藩王进行防御，现在周王朱橚、齐王朱榑被削，秦王朱樉、鲁王朱檀早死，齐鲁晋藩地群龙无首，乱作一团。李景隆被打败后，山东行省的最高军事长官成了都指挥使盛庸，他当时正在济南城收拢残兵准备防御。

好消息是，经过德州的又一波失败，逃进济南的南军已经比较有限，而朱棣此时的兵力又大大地膨胀了。

坏消息是，朱棣和他手下已经很累了。经过连续几场大战，北军损失相当惨重，将士亟须休整，补充的兵力也有待消化。

济南到应天还有一千二百多里，北军有把握一口气推到应天吗？师老兵疲，非常困难。

攻下德州，朱棣面前出现了一个很好的选择，只要进而控制山东大部，就有了本钱和朱允炆打消耗战。济南是个很好的前进基地，它离北平八百多里，离应天一千二百多里，差不多位于两者之间。济南是个战略要地，济南府又是山东六府之首，府治历城县，领四州二十六县，地域之广空前绝后。

攻下济南，朱棣就能控制山东，进可吞并江淮，退可划疆而治。就算一时打不下应天，凭借山东的地缘优势，朱棣也能形成割据的事实，等于给自己找了条退路。

这可比孤注一掷地直扑应天靠谱多了，一旦朱棣有资源开始他的运营，朱允炆就很难彻底击败他。

朱棣现在满脑子都是好消息，南军连败之下军无斗志，大将军李景隆在近郊被击溃后，连济南城也没敢进，其他人亦分头逃窜，城里只有都指挥盛庸在指挥防务。

盛庸，无名之将而已，天时、人和都在自己这边。拿下济南，势在必行！

从建文元年（1399年）八月算起，朱棣起兵已经九个多月了。在这九个月里，他的运气极佳，朱允炆和他的将军们连出昏着儿，几乎一路把他送到了济南城下。

但是要知道，运气这种东西不可能持续一辈子，就算是赌神，也总有失手的一天。

在济南的遭遇就是朱棣走背运的开始。

这一切与两个人有关：盛庸和铁铉。

平安等人在之前表现得太生猛，盛庸没捞到什么露脸的机会，他随着败兵退到了济南城内。盛庸官拜都指挥使（正二品），成了济南军队的最高统帅。

当铁铉来到城头拜会都指挥使大人时，盛庸正在忙着指挥防务。听到有个叫铁铉的山东参政求见，他不耐烦地瞅了对方一眼，挥挥手道："知道了，下去吧。"他心中暗想，这帮腐儒除了添乱，浪费城里的粮食，还能有啥用？

铁铉不慌不忙："敢问都指挥大人，守城可有把握？"

盛庸更烦了，这书呆子哪壶不开提哪壶，他沉下脸问："莫非参政有退敌良策？"

铁铉拱手，正色道："二十二字足矣，为天地立心，为生民立命，为往圣继绝学，为万世开太平。"

盛庸像是被点了穴一样，脸色由红转白再转红，肃然回礼："高见！"

铁弦一句话，解决了济南防御战中最大的一个问题：为何而战。

铁铉，色目人，特长是断案，从没参与过军务。作为山东参政，他本来不该出现在济南，但是为了践行自己的理念，铁铉决定主动赶到济南，与城池共存亡。

宋代大儒张载尝云：为天地立心，为生民立命，为往圣继绝学，为万世开太平。这四句话都是以"为"字开头，又因张载长期生活在陕西眉县横渠镇，所以也被后人称为"横渠四为"或"横渠四句"。

这短短二十二个字，深邃广博，立意高远，在后世广为流传，被无数人所引用并践行，堪称中国人的精神绝句。

而它最具生命力的时刻，往往是在家园破碎、国家危难之时。

在建文朝，这根标杆就叫作铁铉。

铁铉从小所受的教育更是告诉他，朱棣说得再天花乱坠，也改变不了他是反贼的事实。即使最后他当了皇帝，他还是反贼，这点是终其一生不能改变的。

听了铁铉的话，盛庸悚然而惊，确实是这样，这场战争不是叔侄过家家，是正义与非正义之战。我们是朝廷官员，食君之禄，忠君之事，担君之忧，何惧哉！

铁铉、盛庸虽然不是建文心腹，却都是逆流勇进之辈，他们立誓死守济南，并以大义感动了城中军民，一些试图逃跑的人非常羞愧，决定追随铁铉、盛庸，共同守城。

朱棣饮马济水之南，意气风发，他用箭把劝降信射入城中。铁铉也用箭回射一篇《周公辅成王论》，暗骂朱棣假借周公之名行王莽之实。朱棣阅后大怒，遂令部下包围济南四门，欲以武力攻占济南城。

济南并没有很多士兵，也没时间在城外重重设防，但它再次证明了，在守军意志坚决的情况下，攻城有多困难。北军围住济南猛攻三个月依旧毫无进展，面对盛庸加铁铉的组合，朱棣不会攻城的弱点暴露得淋漓尽致。

在此之前，盛庸和铁铉只是两个无名之辈，济南之战成为试金石，让他们在史书上留下了自己的传记。尤其是铁铉，他的影响将远远超出大明的气运。

关于铁铉是如何守济南的，民间流传着许多版本。

比如铁铉诈降，暗中设下机关，几乎把朱棣压成肉饼。

比如朱棣推来大炮想要炮轰济南，铁铉却在城墙挂出朱元璋的神位，令朱棣投鼠忌器，无功而返。

以上内容为普通百姓所喜闻乐见，但由于可信度不高，更像是后人为纪念铁铉的夸张手法，这里就不展开了。毋庸置疑的是，朱棣在济南城下长达三个月一筹莫展，损兵折将却始终无法攻破济南。

从五月到八月，季节从夏天进入了秋天，防守北平的道衍看出了不对劲，他派人带话："师老矣，请班师。"

道衍这个人神就神在，整个"靖难之役"他压根儿就在北平没动弹，却依然能帮助朱棣作出决策。这不是道衍能掐会算，而是他指派了一个亲信的参谋班子随军，他们负责随时向后方送回最新的情报。坐镇北平的道衍对前线大小事务了如指掌，他常常能综合各方面信息，为朱棣作出最有利的决断。

事到如今，只能班师了。朱棣恨恨地看了济南一眼，把铁弦深深地记在了心里。

来时容易去时难，济南守军早已看出北军是强弩之末，怎能让他们这么轻易离开？铁铉和盛庸瞅准机会，趁着北军队形散乱、军无斗志的机会，打开城门一顿冲杀，一直追杀出几百里，狠狠地出了一口恶气。

混战中，北军后军都督陈亨再次被砍成重伤。这位陈亨也是倒霉，他在松亭关投降朱棣没多久，就在白沟河被平安砍于马下，朱棣好不容易才把他抢救回来。这次旧伤未愈又添新伤，陈亨的运气宣布用尽，部下把他抬回北平后不久伤重而死。好在朱棣后来没有亏待他，登上皇位后给他追封了个泾国公。

济南之役是个关键的转折点，铁铉和盛庸并没有得到来自朝廷的支持，他们凭一己之力抵挡住了之前战无不胜的朱棣。这番功劳自然要大大嘉奖，建文帝升铁铉为兵部尚书，封盛庸为历城侯，接替李景隆的职位，南军由此声势复振，乘胜收复德州，把朱棣基本赶出了山东。

战争的真相

背运并未随着撤退结束。建文二年（1400年）十月，朱棣用计假装取道辽东，率兵从三岔河口建造的浮桥渡河南下，乘敌不备在沧州击败徐凯，再次进入山东。他的计划跟以前一样，诱出驻守在德州的盛庸，用自己最擅长的野战击败他。

盛庸开始没理朱棣，但是朱棣的方案很歹毒，南军主力不出来，他也不去攻城，而是派出部队四处打劫粮道。经不住朱棣的一再骚扰，盛庸终于忍无可忍，带出主力在东昌（今山东聊城）摆开了战场。

之前的经验表明，只要南军不是龟缩在城墙里，北军铁骑在野战中就有很大的优势。可是在东昌，这条规律被打破了，盛庸一改之前的守势，一往无前地麾军进击。此战北军大败，损兵数万，朱棣退回北平，山东、河北被朝廷收复，“是役也，燕精锐丧失几尽，庸军声大振”，朱棣之前积累的优势一战葬送。

东昌之战，朱棣最沉痛的损失是失去了头号大将张玉。

张玉、朱能、谭渊、王真、丘福几个人之前名不见经传，只是燕王府三护卫的军官，可他们对朱棣的作用却无人能替代。在朱棣最危险的时候，不少人都动摇了，还有人背叛了他，只有这些军人忠心耿耿地支持着他，他们率领八百王府护卫夺取北平九门，成为北军最核心的骨干。张玉、朱能就是其中最突出的两个，“时燕军诸将，张玉善谋，朱能善战”，被朱棣倚为左右手。

朱棣得到大宁兵力后，把部队整编为五军，朱能统率左军，张玉统率中军，可知张玉在朱棣心中的地位。东昌之战中，朱棣一度被南军团团包围，形势岌岌可危，张玉、朱能分兵两路去救。结果是朱能先找到了朱棣，合兵突围而出。乱军之中，张玉并不知道朱棣已被救出，仍然奋力冲杀不肯突围，最后伤重力竭而死。

战争的残酷，在马背上成长起来的朱棣早已司空见惯，一战斩首数千级在他心中只是个数字，而他却无法对张玉的死亡无动于衷。

朱棣流着泪对将士们说道：“胜败是兵家常事，没什么好后悔的，我最难受的，是失去了张玉啊！”

后来，明成祖配享庙廷的四大功臣中，张玉位列其中。为了纪念建文二年（1400 年）这次惨痛的失败，朱棣即位后，把当年经过的三岔河口海津镇命名为天津，意思是天子经过的渡口。

不过在当时，人们一点也看不出朱棣有成为天子的迹象。

擦干眼泪，朱棣休整了两个月后再次南下。盛庸出兵迎战，双方在夹河（今河北武邑境）相持四个多时辰，彼此舍命相搏。正在两军互有进退、胜负不分之际，天空风云变色，东北风大起。北军处于东北，正好背对大风，南军则恰好相反，沙石从正面袭来，士兵下意识地纷纷闭眼，咫尺不见。北军乘风大呼，纵左、右翼横击南军大阵，一时间鼓声如同地震一般，让人弄不清北军的进攻方向，朱能等人乘势御风攻击，经过苦战，终于击溃盛庸。

建文三年（1401 年）三月，北军又在滹沱河击败平安和吴杰，河北不少郡县望风归附。这一年，朱棣终于扭转了局面，下半年他又先后击败平安、房昭，化解了多次险情。

翻翻地图，情况却不像战绩表现得这样乐观。

朱棣“靖难”三年了，他的军事能力无疑是顶级的，率兵驰骋千里，很少有人能在正面战场击败他。但他的弱点也同样明显，一碰到坚城往往束手无策，就算侥幸能攻下一两个，只要主力离开，留下的守将就往往被城里的人擒杀，城池又复归朝廷所有。

到了建文三年（1401 年）十一月，朱棣的势力范围还是只有北平、永定、保定三个府。也就是说，他手里还是只有北平、秦皇岛、保定这三个地级市。对朱棣来说，这实在无法接受。

且慢，仔细观察一下可以发现，你来我往地打了三年，朝廷方面只有那几张熟悉的面孔：盛庸、平安、吴杰，再加点七拼八凑的兵力。建文帝不是控制着整个大明的资源吗，他的精兵强将呢，他的那些藩王叔叔呢，为啥不以己之长攻敌之短，用资源耗死朱棣呢？

朱棣更惨，他亲力亲为地率领起家的主力，卖力拼杀了一千多个日日夜夜，也不见天下从者如云、一呼百应。

就算不支持建文帝，也该支持燕王啊，这难道不是二选一吗？除了铁铉等少数人，为何天下表现得这么平静？

真相，往往在你多看一眼中显露。

第五章 朱棣胜利的真正原因

两个人的较量

分封制若想成功，必须同时保存宗室、外戚、功臣三股力量，他们之间有博弈也有合作，形成一个微妙的平衡。哪一方对皇权不利，都会触动另两派对其合围。

朱允炆没有外戚，也没有功臣。朱元璋考虑到了这一切，本来依靠三道防线的设计，藩王之间的制衡，这个结构也保持着它的稳定性。

问题在于朱允炆的“削藩”，他“削藩”过早，手段太激烈，顺序又有问题，能犯的错误他都犯了。

这让其他藩王有理由按兵不动、保持观望，因为不管支持谁，哪方获胜后自己都有可能被清算，与其这样还不如保持中立，结局也不会更坏。

来看一下，这场“靖难之役”中其他藩王的表现。

朱棣起兵前，不算大哥朱标，已经有七个藩王去世，他们是秦王朱樉、晋王朱棡、潭王朱梓、鲁王朱檀、湘王朱柏（被削后自焚），以及两个夭折的弟弟：朱杞和朱楠。

四个藩王被削：周王朱橚、齐王朱榑、代王朱桂、岷王朱楩。

六个兄弟年龄尚幼，还未就藩。

还剩七个藩王，他们手中都握有一定的实权。

宁王朱权，后来被朱棣绑架。

中立派：楚王朱桢、蜀王朱椿、庆王朱栴、肃王朱楧。

墙头草：谷王朱橞。

明确支持建文帝的仅有辽王朱植，而这位辽王在“靖难之役”刚开始时就被召回，此后就被雪藏起来，再也没有发挥作用。

从以上统计能看到，朱允炆的“削藩”错得有多离谱。朱元璋煞费苦心为孙子设计的藩王制度，到头来成了摆设。

两人鏖战数年，舞台上从始至终就是那些主要角色。朱允炆和朱棣都是当局者迷，谁先看透这层战争迷雾，谁就能取得主动权。

真相就是，这不是两个国家或两个政权的战斗，只是朱允炆和朱棣两个人的较量。

从应天被罢黜的一些宦官口中，朱棣得到了一个消息：京师空虚可取，这让他很感兴趣。北平的道衍分析过后给出建议：别攻城了，直接往京师推过去，一定能成功（毋下城邑，疾趋京师，京师单弱，势必举）。

这是个什么样的建议呢？

很可能是自取灭亡。

原因正如前文所说，北平到应天二千二百多里，一路绝非坦途，一着不慎就会满盘皆输。因此朱棣才会如此孜孜不倦地与南军在第二道防线拉锯，就是想夯实自己的后方，按照传统打法，一步一个脚印地逼近应天。

道衍的建议也存在成功的可能性，这取决于统帅的能力。

按照这个思路，朱棣需要做到以下几点：

一、放弃占领城市，尽量减少无谓的交战。

二、在南军防线中找到缝隙，甩开追兵。

三、以最快的速度，在朱允炆作出有效反应之前攻下应天。

四、运气足够好，在做到以上三条之前没有遭到致命打击。

机遇再次出现在朱棣面前，在北平他把握住了，这次该如何选择呢？

真正成大事的人敢于挑战现实，在现实中磨炼自己的生存能力，这些人叫作强者。

懦弱者无法成大事，朱棣就是一位强者。

能不能做到以上四点，在尘埃落定前谁也不敢肯定。计策行得通，困难一大把，朱棣自己也无法确定，但是三年下来，传统方法已证明行不通，那么为何不试试别的办法呢？

失败的话，代价是自己的性命。

万一成功了呢？就看敢不敢下注。

建文三年（1401 年）十二月初二，朱棣在北平召集部下誓师，说了一番“靖难”诛乱之类的场面话后，他讲出了关键的一句：“要当临江一决，不复反顾矣！”

向死而生，这是强者之音。不论朱棣的目的如何，“要当临江一决，不复反顾矣”这句话真是豪气干云。

这样的事，历史上没有案例可以参考，历史的走向充满变数，必然性中充满偶然性。

朱棣要像父亲朱元璋一样创造自己的历史，把不可能变成现实！

斩首行动

朱棣真的是拼命了。

建文四年（1402 年），“靖难之役”进入了第四个年头。北军再次南下，与之前数次截然不同，这次他们既不和南军野战，也不攻城。在盛庸他们还把注意力放在粮道上时，朱棣已经像流水一样从南军防线的缝隙中滑过，攻下东阿、东平，直接进入了山东。

接下来二十多天，北军绕过邹县，占领沛县，在徐州浅尝辄止，随后直扑宿州。盛庸、平安他们丝毫未料到朱棣这种不要命的打法，一时都被甩在了身后。朱棣一路杀来难逢对手，真可谓神挡杀神，佛挡杀佛。

原来朱允炆只是靠着战争迷雾唬人，朱棣终于先回过味来。然而就在他自我感觉良好之时，考验来了。第二道防线的南军一路赶了上来。四月，北军先是在淝河被何福、平安的联军击败，大将陈文被斩，朱棣再次险些被平安一槊刺死。

这还没完，接着在齐眉山（今安徽灵璧西南），朱棣又一头撞上自己的大舅子、开国名将徐达之子，现任魏国公徐辉祖。开国名将与开国名将之间可能差距不大，但名将之子间的差距就不好估量了。徐辉祖可不是李景隆，朱棣先胜后败，被徐辉祖和平安打得怀疑人生，还折了骁将李斌，这下军心大动。

这是比东昌之败更困难的时刻，将士们表示不想打了，还是回家过安稳日子好。可是造反不是想不干就不干的，朱棣已经没有退路了。他气得破口大骂，使尽浑身解数才激励起他们去断南军粮道，结果成功了。朱棣扳回些局势，紧接着建文帝又送上助攻，他莫名其妙地把刚打了胜仗的徐辉祖调回了京师。

朱允炆这么做的原因，据说是“京师不可无良将”，也有说法是有人进谗言，称徐辉祖因与燕王是至亲之故而未尽力作战。不管哪种说法是真，显然都很混账。徐辉祖是建文帝身边为数不多靠谱的人，他多次进言要早早地对付朱棣，在白沟河和齐眉山也都表现出色，要是早用他而不是李景隆，朱棣恐怕已经死了几年了。

就算这样，胜负还是难料。南军退到灵璧坚守营垒，由于粮道受到北军威胁，平安亲自率兵六万护送粮草。这个情报被朱棣打探到了，他亲自率精锐伏击，平安的队伍被一冲为二，慌乱中粮草丢失大半。灵璧的何福率军救援，又被朱高煦的伏兵击退，南军只得退回城中据守。

眼看粮草告急，南军众将商议决定突围至淮河补充粮草，约定次日以三声炮响为信，炮响撤退。与此同时，朱棣也在军营开会，准备乘胜偷袭，同样约定次日以三声炮响为信，炮响冲锋。

第二天三炮响过，朱棣引兵冲杀。冲到一半发现不对劲，只见南军居然大开城门狂奔。原来是听到北军三声炮响后，南军以为是自家的行动信号，撤退的一头撞上了偷袭的，就是这么尴尬。南军直接被消灭，平安、陈晖、马溥、徐真、孙成等三十七名将领就这样离奇地被朱棣一锅端了，只有何福一人走脱。

平安是北军将士早就欲杀之而后快的人物，自从开打以来，死在他手下的人不计其数，就连燕王本人也差点两次被他捅死。得知擒获平安，北军将士欢呼的声音地动山摇，许多人向朱棣请命，立即将平安碎尸万段，为兄弟们报仇。

朱棣绝不是个菩萨心肠的人，需要杀人时他毫不手软，杀得血流成河也不掉一滴眼泪。但是他想了一想，还是拒绝了大家的请求。

事实上在这场战争里，对俘虏的南军将士，朱棣的态度都相当友好，愿意投降的收归己用，不愿投降的也很少加害，普通士兵大多是一放了之。起兵初期，北军将领嗜杀的不少，几次出现杀降行为，都受到朱棣的严厉斥责。

燕王是懂政治的人，他深知起兵不义，要是再不分青红皂白地乱杀一气，那就真和流寇没什么区别了。优待俘虏能为朱棣争取到礼贤下士的好名声，挣回不少政治加分。

平安身上还有个政治符号，他是朱元璋最后一个活着的义子，是朱元璋当初豢养到最后的亲信武士。杀死平安固然痛快，可难保天下人不会说：看，太祖最后一个干儿子，被他亲儿子砍了，说起来，这两人还有兄弟的名分呢！

想到这里，朱棣非但不能杀平安，还要挑选精锐士兵将他护送回北平，并命令世子朱高炽善待之。

再比比朱允炆，顾成在真定投降朱棣后，家族受到牵连，四个嫡子被诛杀，令顾成从此对朱棣死心塌地。

灵璧之战朱棣赢得有点莫名其妙，他也不知道到底是怎么赢的。很难说这到底还能不能算运气，或许正如朱棣自己所说，这就是天命吧。

此战之后，朱棣再也无人能挡，数月间，克盱眙，定扬州，饮马长江。

镇守武将的态度

理论上，朱棣的南下之旅危险系数很大，山东到应天之间还有朝廷的数支兵力，只要他们出兵和盛庸、平安打策应前后夹击，朱棣将很难应付。

然而，朱棣南下之时，各地镇守武将的态度是很值得玩味的。比如镇守泗州（今安徽泗县）的都指挥周景初，他用占卜这种很“灵验”的方式愉快地决定举城归降；镇守凤阳的都督同知孙岳，拥兵观望，固守不出，任凭朱棣在灵璧击败南军主力，熟视北军从泗州渡过淮河于无睹。

淮安守将梅殷的来头更大，他是汝南侯梅思祖从子，朱元璋最看好的女婿，太祖临终特地托孤于他，命其辅佐朱允炆。

梅殷奉命镇守淮安，他果然严词拒绝了朱棣派来“借道”的使者，为表对建文帝的忠诚，他还下令割掉使者的耳鼻后放回，并让他带话：“留下你的嘴巴，好让你对朱棣说说什么叫作君臣大义。”

根据史料记载，托孤大臣梅殷在淮安拥兵四十万，是朱允炆京畿防御圈中首屈一指的重兵集团。然而当朱棣挥师从近在咫尺的扬州擦肩而过时，手握重兵的梅驸马相当配合地没有出一兵一卒阻止。直到后来朱棣兵临南京城下，梅殷也始终趴在淮安没动。

多数地方镇守武将的算盘就是如此，我只要守好自己的一亩三分地就不算失职，不管皇上赢了还是燕王赢了，都不能算我的责任。

武将不管用，那么文官呢？更具代表性的是应天门户扬州，城内指挥使王礼想投降，监察御史王彬不让，还把王礼抓了起来。王彬弟弟带着同党发动叛乱，擒获城内最高长官王彬，救出了王礼，扬州不战而降。

这只能说明一件事，城内守军对是战是降已达成了共识，当城中大多数人想要投降时，最高长官要反对，只能成为牺牲品。

道衍的判断是正确的，朱棣押宝押对了，从北平千里迢迢奔袭应天，路上还是只有盛庸、平安、陈晖这些人跟他纠缠，随着他离应天越来越近，阻力变得越来越小。

没有第三道防线了，第二道防线就是最后的防线。

朱允炆有何反应呢?

这场战争打了三年，前线将士们杀得你死我活，叔侄俩却还是经常进行“友好”对话的。大战间隙，常常会有使者来往于应天和北平传递信息。

万万没有想到，朱棣竟然不顾道义亲情，也不按兵法行事，直扑应天跟自己拼命来了。

朱允炆手里的计划没这一着，在朱棣从北平打到长江这数个月的时间里，朝廷既没有拉起江北防线，也没有召各地兵马勤王，只是在看着盛庸、平安、何福他们和朱棣打。直到主力覆灭，朱允炆才如梦初醒，他一边忙下“罪己诏”痛骂自己，一边召兵马入京勤王。

大臣们自告奋勇地带着诏书四出募兵，却不见有一支兵马入卫京师。还留在京城的人明白过来，不会有援兵来了，这帮人是借着出使的名义逃跑了。大家见势不妙，纷纷要求把自己派出京师，募兵还是分守都行，只要离开就好。

直到应天陷落，也没有一支勤王军队出现，这真是一场两个人的战争。

建文四年（1402 年）六月初一，朱棣又遇到了小小挫折，北军在浦口与盛庸接战不利，眼巴巴地望着长江却不能渡过。巧的是，朱高煦恰好带着他的骑兵赶到，带来及时的补充。

朱棣这个次子从小就表现得很滑头，言行轻佻，不被爷爷喜爱。长大后，他也是游手好闲、不务正业，不受亲戚们待见，就连亲舅舅徐辉祖也很讨厌他。

抛开这些缺点，在军中朱高煦却是一把好手。他遗传了父亲勇武的基因，“靖难之役”中，他随父出征，经常作为前锋带兵冲杀，瞿能父子就死于他的冲击。在朱棣危急的时候，朱高煦总能及时出现助父脱困，这一次也是如此。

朱棣已经精疲力竭了，他拍着朱高煦的背说“儿子你好好干吧”，说完又特地意味深长地加了一句：“世子经常生病。”

要不怎么说知子莫若父，这句听上去莫名其妙的话让朱高煦的眼睛发亮了，因为他自行脑补出了下半句：皇位迟早是你的！

为了兑现这个“承诺”，还有什么理由不拼呢，朱高煦顿时血气上涌，上马率众拼力冲杀。南军没提防突然出现了援兵，竟然被朱高煦击败，盛庸被迫放弃江北，退守长江南岸。

六月初二，北军在长江北岸击溃盛庸后，负责江防水师的右军都督佥事陈瑄率舰队归降。第二天，北军迅速渡过长江，南军再也无法抵挡，或散或降，盛庸仅以单骑逃走。

朱棣还剩下最后一个问题，如何进入应天？

如何进入应天

作为都城，应天城的坚固天下闻名，三道瓮城的设计能让北军痛不欲生，恰好攻城又是朱棣最不擅长的工作，总不能指望把朱允炆的军队引出城外野战吧？若要强攻，应天城内还有二十万兵马，铁了心守城的话，一年半载都未必能攻下。

野战还是强攻，这个问题其实并不存在。

兵临城下之时，朱允炆也是作了一番努力的，他先后派出两拨使者向朱棣表示愿意割地求和。到了这个地步，求和就相当于要朱棣稳赢却要认输一样可笑。但这两批使者中有两个名字值得玩味，他们是李景隆和谷王朱橞。

谷王朱橞，朱元璋第十九子，洪武二十八年（1395 年）就藩宣府，成为九大塞王之一。朱橞在宣府扩充城防，修建长城，把小城宣府打造成一个易守难攻的堡垒，一度成为其他塞王的榜样。

“靖难之役”爆发后，朱橞便接到了要他回京的诏书。帮侄子还是帮哥哥，在朱棣刚起兵的时候，这实在是个不需要考虑的问题，朱橞很快离开封地，来到京师。

随着战事的发展，朱橞后悔了，拥有全国的合法皇帝朱允炆原来是个废物，他只怪自己没早点看出来。出使北营，目睹北军兵强马壮、衣甲鲜明，应天城里却是一片愁云惨雾，皇上六神无主，“削藩”智囊们束手无策，许多大臣更是在城内四处活动，脸上就差写上“内应”两个字了。这种情况，如何守得住应天？

朱允炆并不知道这一切，他对朱橞依旧信任，还把防守应天城金川门的任务交给了朱橞和李景隆，指望他们不负所托。

看到自己把守的金川门，朱橞眼珠一转，计上心头。恰巧，他的副手李景隆也是同样的想法。因为之前的惨败，现任曹国公的人生已经跌到了谷底，亟须触底反弹。如果建文帝赢，肯定是没机会了，说不定还会被清算；要是朱棣赢呢，打开金川门，自己不就又成了从龙之臣？

六月十三日，朱橞、李景隆商量已定，打开金川门降附朱棣，号称固若金汤的应天城不战而下。

结束了吗？

是的，一切都结束了。

得知北军未费吹灰之力就进入应天，端坐皇极殿的朱允炆呆若木鸡，他对这天的到来已有所准备，但当这一刻真的来到时，没想到会是这般光景。没人请假，也没人出现，他的身边只剩下几名太监陪伴，往日高谈阔论的群臣就这样消失无踪。

朱允炆心里恼恨到了极点，想着自己平日待他们不薄，眼下到了最紧要的关头，在最需要有人出主意的时候，这帮专门出主意的大臣却集体撂了挑子。执政四年，没想到落得这般境地，要他们何用？这皇上当得又有何用？然而外面发生的事证明，文官们并没有全部抛弃他。

这种情况下，通常是御史们的舞台。

朱棣从金川门得意扬扬地打马入城，准备大搞接收，一群文官已经在路边迎附，等着给未来的皇上留下个好印象。朱棣的心情很好，他勒住马头，眼光从这群叩见的官员脸上一个个扫过，开始盘算怎么提拔他们以资嘉奖。

跪拜在地的官员并不全都俯首帖耳，其中一个长相清瘦、眉宇间有一种不可反抗的压抑的人，他捏紧了怀中暗藏的利刃，突然跃起直奔朱棣而去。刺魂剑无影，弑血行无踪。可惜，此人不是个真正的刺客，他叫连楹，身份是监察御史。

朱棣一身戎装，身边又有亲信卫士，怎会容连楹近身。左右护卫刀剑齐下，将这名飞蛾扑火的业余刺客格杀在五步之外。

朱棣脸色稍变，心里犯起了嘀咕，他不再理会跪着的那群人，继续打马向前。没走多远，马头又被另一个人拦住了，来者是另一位御史董镛。

董镛清楚地知道行刺无法伤到燕王，但他并不打算就此放弃，他要凭自己的吃饭本领来狠狠地羞辱朱棣一顿，哪怕付出的是生命的代价。

御史的职责是弹劾，骂人功夫天下第一。为了多骂几句，董镛连开场白也没有，直接开骂："以臣篡君的乱臣，知道忠字怎么写吗？以叔残侄的逆贼，知道仁字怎么写吗？不遵先帝分封初心的不孝子，知道孝字怎么写吗？你就不怕死后被人戳脊梁骨吗？"说到激昂处，董镛指天示日，唾沫横飞，跳脚怒骂。

朱棣大怒，立即令手下将董镛当场处死。

洪武十二年（1379年），连楹被朱元璋任命为御史；建文元年（1399年），董镛被朱允炆任命为御史，在这一天，他们回到了梦开始的地方。

还有当初力谏以"大不敬"之罪处理朱棣的右侍中黄观，奉旨出京督促各地赴援京师。他刚到安庆，朱棣就已经进入南京，并派人追捕他。

黄观不是普通官员，他是大明史上唯一一个连中六元的才子（县试、府试、院试、乡试、会试、殿试六次第一），朱元璋钦点的六首状元。这个壮举仅他一人能做到，时人称其为"三元天下有，六首世间无"。

得到建文帝已死的消息，黄观身穿朝服向东拜别，在江水湍急处投江而死，其妻女亦跳河殉节。

虽千万人吾往矣，唯心中之道不熄——他们让大家知道，不是所有人都抛弃了朱允炆。气节这种东西并没有消失，知其不可而为之，不问能不能，但求该不该。他们用生命提醒朱棣，不要以为你已经成功了。或许正义不过是胜利的另一个称呼，但真正的正义是不会被鲜血所淹没的。

文官群体是朱允炆的统治基础，在他任内推复古礼，求贤访能，优容文士，要是他的统治能维持下去，文官们将迎来一个黄金时代。

文官群体中虽有黄子澄这样的极品书呆子，但大部分人还是正常的。不幸的是，朱允炆信任的是黄子澄，多次忽略齐泰等人的正确意见，最后把自己的江山丢了。

第六章 朱棣清算建文遗臣

朱允炆的命运

朱棣入城时，迎附他的官员并不多，只有二十几位，这些人后来大多受到重用，蹇义、杨荣、杨溥、杨士奇、金幼孜、解缙等后来的重臣都在其中。

更多文官的选择是不合作，他们没有像连楹、董镛、黄观那样为朱允炆去殉死的勇气，也不愿在朱棣手下为官。有多达四百六十三人弃官而去，朱棣的朝堂一下子显得空落落的，让他的登基大典失色不少。

相比武将，文官们还是有点气节的，可见朱允炆这个皇帝还是略有可取之处。事后朱棣展开清算，抓出其中一百多人予以杀害，大多数人则下落不明。

当然，宫中的朱允炆不会知道这些。朱棣进城这天，史书记载中，他只做了两件事，一件是杀死内奸徐增寿；另一件是在宫中燃起了一把大火。等朱棣赶到宫中，只从灰烬中扒出一具焦黑的尸体。

没人能肯定这具黑炭尸体是不是朱允炆，朱棣却不管这些，对着它就是一顿猛嚎，边哭还边嚷嚷：“傻小子，何必要这样啊（小子，何苦如此）！”潜台词是，好好的干吗想不开呢，四叔不会拿你怎么样的啊！

当大权在握的时候，赵高可以指着一头鹿说是马，大家也都认为是马。朱棣即将成为新任大明皇帝，他说这是朱允炆，那就一定是朱允炆，众人纷纷点头称是。

自朱棣在建文元年（1399 年）七月初五从王府起兵，到建文四年（1402 年）六月十三日，整整一千零七十三天过去了，这场“靖难之役”终于到此结束。

回顾这场历时三年之久的大战，给人印象最深的不是战场上的厮杀，而是朱棣在极端不利的局面下强行起兵，逆天改命的大无畏精神与豪情又悲壮的“要当临江一决，不复反顾矣”。

形势所逼之下，四十多岁的藩王，在大半生已经过去的情况下奋戈一击，百死一生，竟为自己和子孙打下一片江山，创业难度不低于他父亲朱元璋。

更重要的是，朱棣凭啥能赢？

之前说贵族起兵造反的几个要素：个人能力、集团实力、运气。能占其二，可以起兵一试；能占其三，大事可成。

朱棣的个人能力够强，集团实力欠奉，运气好，所以他赢了。

但如果说朱棣全靠运气，那是对他的侮辱。

我们时常不明白为什么有些人不费吹灰之力就能得到想要的结果，而自己拼尽全力却不尽如人意？总拿运气不佳来解释的话，显然不符合常理。真相是，运气如果没有足够的实力做支撑，也是行不通的。

“靖难之役”也是这么个道理，除了旋风那事，其他环节与其说是运气，不如说是对手的失误。朱棣恰好敏锐地抓住了这些失误，把它们转化成了自己的运气。

智取北平，击败宋忠、耿炳文、李景隆，突袭大宁，会战滹沱河，奔袭应天，刨去其中运气的成分，这些战役和决策与运气无关，完全是一个成熟的统帅基于形势判断作出的最有利选择。

滹沱河苦战击败平安、吴杰后，朱棣特意下令把他的战旗送回北平，这面旗已被射得密密麻麻矢如猬集。朱棣吩咐朱高炽，要珍藏好这面战旗传给后世子孙，让他们知道今天征战之艰难。

协助朱高炽守城的老将顾成很识货，他立即脑补出战场上发生过什么，激动地流着泪说："我从小在军中成长，在死人堆里打滚，今天七老八十了，从没见过主将的帅旗被射过这么多窟窿。"

运气这种东西是天时地利人和共同的产物，当运气到来时缺一不可，否则无法产生合力。

比如，得到应天空虚的消息让朱棣占据了天时，可他要是做不到人和、地利，无法击败围追堵截的平安、盛庸、何福大军，自己就得死在半路上。

当运气来临时，有几个人能真正把握住呢？嗅觉敏锐、行事果敢，正是成为一名杰出统帅的必要条件。实力才是成功的基础，舍朱棣其谁！

运气当然也必不可少，这就要感谢朱允炆的配合了。

从决定"削藩"开始，朱允炆几乎把能犯的错误都犯了。虽然建文帝占尽天时、地利，可他能力不行没人和，运气怎么会在他身上出现呢？

比如朱棣千里奔袭京师的例子，怎么看都像是朱允炆的运气，这是他最好的机会，送上门来的肉啊，只要调度得法，就能一劳永逸地解决朱棣。

建文帝的优柔懦弱，让人知道原来庞然大物也是能被干翻的，在他和一帮猪队友手里没有什么不可能。

关于建文帝的生死，包括时人、后人在内的绝大多数人都认为他没死，而是顺利地从皇宫中跑了出去，后来找地方出家落发为僧。

但是关于他的下落，从来没有个明确的说法。在永乐一朝，建文帝的踪迹反复被传说在多个地点出现，却从没有人能证实。

在古代，一个皇帝到底死没死是件很大的事，要是朱允炆真的活着，他随时能召集起一支军队再造朱棣的反。朱棣指着黑炭说那是朱允炆，实际上他也很清楚，侄儿很可能没死。

不找到建文帝的下落，朱棣睡觉也不能安心，可建文帝在官方已经被宣布死亡，所以只能秘密查找。

为此，朱棣召来了户科都给事中胡濙。

胡濙平静地接受了改朝换代，他是迎附朱棣的那一批官员之一，也得到了迅速被提升为户科都给事中的回报，升迁的理由据说是会说话（奏对称旨）。

多方查找无果后，朱棣想到了办事妥帖的胡濙。永乐五年（1407年）十二月，胡濙从朱棣那里领受了一个任务，带着他的御旨到全国寻访张邋遢。

张邋遢就是传说中的仙人张三丰，如果记载属实，他生于1260年，当时已有一百四十七岁。此人自称“大元遗老”，时隐时现，行踪莫测。自然，寻找张三丰只是幌子，胡濙真正的使命是个秘密——暗中查访建文帝的下落。

从此以后，胡濙就成为永乐年间一个模糊的身影，十几年间他始终在外四处飘荡，官职却越来越高。肩负秘密使命的胡濙成为朱棣最信任的大臣之一，即使他母亲病故，朱棣也没有准许他回家守丧。胡濙至关重要的大事，还是寻觅建文帝的踪迹。

胡濙再次回到京城要到永乐十五年（1417年），他这次回京并没给朱棣带回准信，而是另有临时任务。处理完以后，他又再次出发，直到永乐二十一年（1423年），他才终于给了朱棣一个交代。

报复

由于建文帝的意外死亡，偌大的大明帝国出现了一个很不正常的现象——皇帝没了。

根据理学思想的天道说，朱允炆之所以自焚是因为他“失德”了，国不可一日无君，一个皇帝“失德”后，自然会出现“有德”之人来取代他，这才是天命。

天命就是朱棣了。到这时，只要不是白痴都能看出来，能荣登大宝的有且只有前燕王朱棣了。

话虽如此，但程序还是要走。按照规矩，这种事不能由当事人主动提出来，否则会被千秋万世戳脊梁骨，必须由手下上劝进表，表示天命所归，劝其即位以继承皇统。唯一的皇帝候选人必须坚辞不受，表示自己只是做了一些微不足道的工作，何德何能敢觊觎大位之类。然后群臣要像死了父母一样痛不欲生地表示坚决不行，再次上疏要求他即位。这次还是要被拒绝，当大家百折不挠地第三次提出要求后，主角终于松口，说那就试试吧，可得先说好，这不是我自己要求的，是你们逼我的。

如是三次，新皇终于可以登极继承大统，这才皆大欢喜。这道程序叫作“劝进”，是称孤道寡一道程序正义的台阶。

在“劝进”这道程序上，别人一般劝三次就到头了，朱棣是多整了一次。如此四个回合下来，朱棣才勉为其难地接受新工作。建文四年（1402年）六月十七日，他吩咐手下：移驾入宫准备登基事宜。

建文四年（1402年）六月己巳，朱棣在南京奉天殿即皇帝位，革除建文年号，改当年为洪武三十五年，宣布建文朝是非法政权。

建文帝下落不明和官员们的不合作让朱棣心神不定，登基之后，他要做的第一件大事就是巩固皇权的正义性。

朱棣起兵的名义是“清君侧”，君没了，“侧”还在，这是不能被允许的。为了强调正义性，必须指出这些人是万恶之源，是害死建文帝真正的凶手，放过谁也不能放过他们。

为了正义，朱棣必须对他们展开清算。

清算是残酷的。

齐泰、黄子澄并没有叛变，他们受建文帝密令外出募兵勤王，可两人一个兵也没募到，反而遭人告发被抓回了京城。

其实，朱棣最应该感谢的两个人应该就是黄子澄和李景隆。“靖难”道路上，他几次险些中道崩殂，这一文一武“救”了他不止一命，要是他宣布这两人其实是他的卧底，天下人一定会恍然大悟：“哦！本该如此嘛！”

黄子澄和李景隆的命运截然相反。

黄子澄被抓，朱棣亲自审问。黄子澄能力没有，节气不亏，口称朱棣为“殿下”而不是“陛下”。在左右一片骂声中，他抗辩不屈，大义凛然怒骂道：

“臣知殿下以兵力取富贵，不知殿下即此位。况富贵瞬息，何足轻重！殿下向来悖谬，不可为训，恐子孙有效尤而起无足怪者！”

朱棣大怒，下令将他全族四百四十五人全部逮捕，逼着他写认罪书。

黄子澄奋笔疾书：“本为先帝文臣，不职谏削藩权不早，以成此凶残。后嗣慎不足法。”

朱棣震怒，当即下令将黄子澄先砍去手足，然后凌迟处死。黄家男性族人一百多人株连斩首，外亲充军，最惨的是黄家女眷，他的妻子、妹妹都被送到教坊司充妓，日夜遭受凌辱。

齐泰死得略冤，他的能力强于黄子澄，但建文帝偏听黄子澄，不能人尽其用。齐泰本人被“碎分其体”，磔杀于市，他的兄弟一并“弃市”，叔父、幼子发配边疆。

清算行动远未结束。

远在济南的铁铉并未投降，他始终高举着建文帝的旗号。朱棣即位后派兵攻下济南，铁铉被俘押送到京师。

朱棣以胜利者的姿态端坐大殿，铁铉反着身子一屁股坐下，不肯拿正眼看一下新任皇帝，还破口大骂朱棣是叛逆。

朱棣命人割下他的口鼻，铁铉“亦不肯回顾”，大骂不止，最后被凌迟处死。至死，铁铉的骂声才停止。

铁铉的结局令人扼腕，然而他守土一方，竭尽职守，横逆加身仍刚烈如铁，又令人敬佩。噩耗传回山东，济南城内悲声动天震地，家家焚香拜祭，以示悼念忠魂。

明知前方为深渊，仍然坚持正道，这不就是“为天地立心”吗？即使是失败者，人们也不会忘记他。

明中叶起，民间各地修起了很多铁公祠庙，皆是祭奉铁铉。济南的铁公祠今天是国家 5A 级景区，在济南人民心中，铁铉已化身为关二爷一样的人物。这无关立场也无关成败，只是寄托着人民对“忠义”二字的敬仰。

驸马都尉梅殷也是个神奇的存在。老岳父朱元璋曾对梅殷寄予厚望，希望他能保护文弱的皇太孙。结果梅殷后来的一系列表现却大失水准，甚至毫无水准可言，活像一个半吊子。这位驸马爷在该打时不打，该降时不降，想打却没勇气，想降却拉不下面子，最后被朱棣暗中派人推入河中淹死，这才结束了梅驸马反复纠结的苦恼人生。

在这次大清算中，方孝孺的惨剧更令人触目惊心。

杀孝孺，天下读书种子绝矣

如果说黄子澄、齐泰被杀是自取其祸，方孝孺本不应该死。

方孝孺，是因空印案被杀的济南知府方克勤之子，从小就是个神童，师从洪武朝第一文臣宋濂。宋濂对这位学生推许有加，并曾预言：“再过二十年，你们就会相信我，这小子将来一定会成为一代文宗。”

早在洪武二十五年（1392 年），方孝孺就被举荐到京城，当时他已名满天下。但朱元璋并没有重用他，只是给了他一个汉中教授的职位，打发他去了四川。

这并不是朱元璋不识货，反而是他对人才的保护。在洪武朝，朱元璋以“猛”治国，他的政治策略是先“霸”后“王”——“上方心在赏罚，未遑教化”，这个时候重用方孝孺是不合适的，很可能害了他。

朱元璋并非不认可仁政，只是他认为皇权有力，君威彰显后方可以德治国，述行仁义。他把仁政寄托到了朱标身上，一天他对朱标说：“我给你留了个人才，现在我把他安排在蜀中磨炼他的棱角，到你当了皇帝再重用他，一定能给你很多帮助。”

朱标早死，朱允炆起用方孝孺为翰林学士，负责为他排疑解难。方孝孺才四十七岁，已是海内一代大儒。朱棣的首席谋士、黑衣僧人姚广孝很敬佩他的才华，特地让人给朱棣带话："攻下应天后，方孝孺一定不肯投降，您千万不能杀他。"

道衍还着重加了一句："杀孝孺，天下读书种子绝矣。"

方孝孺也是坚定的"削藩"派，但在这次"靖难"战争里，他并不算建文帝决策团的核心成员，主要工作是批答文书、起草文件，朝廷讨伐燕王的诏令、檄文都出自方孝孺之手。

也是由于这点，当朱棣需要一个人帮他起草登基诏书时，方孝孺成了最好的人选。

宣召方孝孺时，朱棣一身明黄色龙袍，端坐龙椅，好似睥睨天下、俯视万生。

方孝孺人未到声先至，全身缟素，披麻戴孝，大哭进殿。

朱棣好不尴尬又不便立即发作，两人进行了如下一番对话。

朱棣说："先生不要错怪我，我只是想效法周公辅成王啊。"

方孝孺问："成王安在？"

"已经自焚了。"

"为何不立其子？"

"国家乱了，需要年长的皇帝。"

"为何不立其弟？"

朱棣绷不住了："这是我们的家事！"

朱棣命左右递上纸笔："这封诏书，非得先生来写不可。"

方孝孺接过笔来投之于地，边哭边骂："死即死耳，诏不可草。"

方孝孺果然厉害，几句话把朱棣问得哑口无言，朱允炆就算是死了，他还有儿子，还有弟弟啊。按照太祖定下的规则，也该立其子或其弟，而不是你朱棣坐上龙椅吧？周公辅成王之类的鬼话就不要说了，天下人都知道你的狼子野心。

朱棣大怒，命将方孝孺磔于市，姚广孝的叮嘱早就被抛到了九霄云外。

关于方孝孺的死，还流传着"诛十族"的说法。

朱棣恼羞成怒地问道："你就不怕我灭了你九族？"

方孝孺大义凛然："便十族奈何！"

历史上从没有"诛十族"的说法，为了凑满十族，朱棣将方孝孺的弟子、朋友也算为一族，一并诛之，从此流传下"诛十族"这个触目惊心的典故。

"诛十族"可能是后来人们的传说，但根据记载，方孝孺族人受牵连被杀者达到八百四十七人，十族还是九族的区别已经不太大了。

往小了说，方孝孺全族被戮只是受战争波及的一个数字，与一场战争动辄数十万人伤亡相比微乎其微。往大了说，方孝孺被杀的意义远不止于此。

知识改变命运，不管改朝换代，沧海桑田，读书求知永远是人间真理。方孝孺这样的人才百年也难出一个，被称为"读书种子"的他"工文章，醇深雄迈。每一篇出，海内争相传诵"。

出家人道衍从不打诳语。"杀孝孺，天下读书种子绝矣"，所谓"天下读书种子"并不光是字面意思，道衍识人鉴才自有独到之处。

方孝孺不只是个读书人，更是个政治思想家。文章第一只是其次，道衍所看重的是方孝孺当世楷模的道德精神。

无论是君王的仁政构想，还是儒者的明道寄托，方孝孺已被定位为有明一代，承续道统，昌明圣学的历史传人。

以这个标准，"读书种子"出仕是为了"行道"而非利禄。这要求他固守价值理想，以之作为参与政治社会活动的准则。

所以"读书种子"的含义就是儒家"修己以安百姓""内圣而外王"的理想人格。

方孝孺正是一代雄主朱元璋在重法建君威时，特意为后世子孙所保留的道统传人，寄望于他发扬士人志行，儒家道统。

朱元璋千算万算，没算到朱棣会和大孙子朱允炆争皇位。方孝孺亦如他所料，坚持儒家道统，坚决不承认篡位者朱棣为合法。

道衍早已看到这点，故此叮嘱朱棣，切不可杀方孝孺。

堂堂大明皇帝，就容不下一个书呆子？朱棣大可表现得高风亮节一点，就算他不想让方孝孺说话，也不必用这样极端的方式。此事成为朱棣一生洗不去的污点，后人谈起那段历史，仍旧不寒而栗。

道衍一语成谶，我们都知道唐诗、宋词是古典诗文的最高峰，可是为何恢复华夏文化的明朝没出现过这种复兴?

有明一代昌盛的是小说等通俗文学，正统诗文的质量下滑明显，除了文学本身的发展趋势，与王朝本身对文化的导向也有关系。

方孝孺这样的“读书种子”被杀，天下读书人噤若寒蝉，谁还敢学方孝孺?

朱棣报复手段之残酷在历史上绝无仅有，他的手法被称为“瓜蔓抄”，意思是只要一人牵扯到清算事件中，亲族甚至朋邻乡里都要跟着倒霉，如瓜蔓辗转牵连。

这场大清算前后持续了十年之久，朱棣追治“奸党”一共杀了一万四千多人。历史上搞清算杀人过万的皇帝不在少数，但清算旧臣杀这么多人的，大一统王朝里朱棣是独一份。

不过，朱棣的屠杀与朱元璋不同，朱元璋杀功臣的原因我们已经知道了，朱棣杀遗臣却只是政治报复。

不杀这些人并不会危及他的统治，也不会为子孙带来什么隐患。在这件事上，朱棣残暴的一面表露无遗，因而受到后人的诟病。

朱棣为什么这么狠心，心虚是暴力的根源。朱棣明白自己得位不正，不得不用暴力掩盖自己的心虚，以堵天下人之口。

清算之外，也少不了论功行赏，在这点上朱棣恩怨分明。除了跟随他起兵“靖难”的那些将士们加官晋爵，成为新一代勋贵外，对曾有心或无意帮助过他的人，朱棣也是不吝封赏。比如“救命恩人、靖难战神”曹国公李景隆，因有“默相事机之功”，被授为奉天辅运推诚宣力武臣、特进光禄大夫、左柱国，加封太子太师，并增岁禄一千石。朝廷每议大事，李景隆都位列班首，地位俨然在诸臣之上。

但好景不长，李景隆这样先跟朱棣作战，后又投机卖主的人竟身居如此高位，受到建文遗臣和“靖难”勋臣的一致排挤。第二年，弹劾奏章就如雪片般飞来，把李景隆砸得晕头转向。朱棣虽然不相信李景隆会谋逆，但也不得不削去他的功臣勋号，令其赋闲在家以平息众怒。

然而，仍以曹国公身份在家安享晚年的李景隆并不能让众臣满意。他们仍不断上疏，将“无君臣之礼”“密谋造反”等一系列罪名扣在李景隆的身上。朱棣不胜其扰，褫夺了李景隆的爵位，将其圈禁在家并抄没家产。

备受欺辱的李景隆也曾做过反击，他以绝食十日相抗，可最终没有必死的勇气。李景隆就这样窝囊地活到了永乐末年，和朱棣同年去世。

李景隆死不足惜，可惜的是曹国公这个爵位。当初李贞和李文忠父子同爵是何等佳话，自李景隆被除爵后，曹国公从此断了世系。

徐增寿在最后时刻惨死在朱允炆剑下，朱棣痛惜之余，追封徐增寿为武阳侯，永乐二年（1404年）晋爵为定国公，子孙世袭。

至于一直与朱棣作对的徐辉祖，毕竟那是大舅子，又是元勋之后，朱棣想杀又不能杀，只得革去他的俸禄和爵位，勒令其在家闲住。永乐五年（1407年），徐辉祖病逝（一说被勒令自裁）。一个多月后，朱棣以“中山王不可无后”为由，命其长子徐钦继承魏国公爵位。

徐增寿的定国公一系与徐辉祖的魏国公一系，一直传承到明亡。一门两国公，徐家是真正的人生赢家。

不过和徐达的女儿们相比，这都不算什么。

徐达有四个女儿，次女为代王朱桂妃、三女终身未嫁、四女为安王朱楹妃，长女为燕王朱棣妃，也即永乐皇帝的徐皇后。

更厉害的是朱棣的三个成年儿子全都是徐皇后所生（四子朱高爔夭折），这意味着永乐皇帝以后，仁宗朱高炽是徐达的大外孙，宣宗朱瞻基是徐达的外曾孙，然后以此类推。就连以藩王身份入继大统的嘉靖帝朱厚熜（祖父朱见深），从辈分上说，也是徐达的第七世外孙。

所以可以这么说，老朱家的江山，有一半的血脉是徐家的。

徐达治军严谨，朱元璋曾表扬他：“为将不妄杀人，岂惟国家之利，尔子孙实受其福。”如此看来，朱元璋还真有先见之明。

屠戮建文遗臣是朱棣抹不去的污点，除此以外他还做了许多事，好几件大事都对后世影响巨大，有的直接影响到了当代。

虎狼有凶残的一面，也有温情的一面，历史人物同样如此。

永乐元年（1403 年），朱棣正式启用自己的年号，一个全新的永乐时代宣告到来。

第七章 开疆拓土

奴儿干都司

朱棣即位后，立即面临两大问题。

一、帝国的北方边境谁来镇守。

二、如何安置那些被他拯救于水火的兄弟们。

这两个问题解决不好，朱棣和他子孙的命运并不会比朱允炆好到哪里去。

在朱元璋时代，这两件事就是一件事，九大塞王就是为北方准备的，既安置了子孙，又保卫着中央。事情没能像明太祖计划的那样发展下去，朱棣从藩王成为皇帝，说明制度设计得再严密也总有空子可钻，为了确保藩王们无机可乘，最好的办法就是“削藩”。

但“削藩”这种事在朱棣手上不会发生，他自己就是藩王起家，以“靖难”的借口夺得帝位，登基后再学朱允炆，那不是自打耳光吗？

朱棣自有办法，只要让藩王没有能力再造反，允许他们的存在，并不会影响他的统治。他把几个塞王分别迁到内地，也把一些有劣迹的藩王革去王爵，废为庶人，并削除了不少藩王们的护卫。但他依然保留了大部分藩王，他们继续保有封地，拥有一定的军权，地位尊崇，时不时还能进京和朱棣把酒言欢。

朱棣是朱元璋还活着的儿子里的大哥，“大兄”不是白叫的。朱棣没有“削藩”，他只是“限藩”，限制藩王的权力。

换句话说，朱元璋的分封制并没有失败，它只是以一种极其惨烈的方式成功过渡到了集权制，天下还是老朱家的。

总体来看，朱棣的手段比较温柔，也比较从容。永乐年间的藩王们的权力虽然不如洪武时期，但日子还是比较好过的，和朱允炆相比，朱棣实在是个面慈心软的“大兄”。

在朱棣手上，“限藩”工作并没能全部完成，这还要有赖于他孙子朱瞻基的继续努力。

既然要“限藩”，靠藩王守边是不可能了，从东北到西北，朱棣需要进行重新规划。

首先看东北。提到东北不得不提奴儿干都司，提到奴儿干都司又不得不提辽东都司。

在元朝，东北实行“禁耕”法令，大片农田被改为牧场以满足蒙古贵族跑马的需求，基本就没啥经济活动，经过元末的战争，更是处于地广人稀的状态。

徐达拿下北平后，东北的形势仍不容乐观，辽东、辽南都盘踞着大量元军，他们大致可以分为三大部：鞑靼、瓦剌、兀良哈。

其中对辽东威胁最大的是兀良哈各部，他们居住在东北西部，大致范围在今天辽河以西到老哈河一带。为了防御，朱元璋在洪武八年（1375 年）设立辽东都指挥使司，隶属山东布政使司，领二十五卫、二州，管辖范围在今天东至鸭绿江、西至山海关、南至旅顺、北至开原的地区，相当于如今辽宁省的大部分。

辽东都司是个很特别的都司，它不设府也不设县，专以都司领卫所。说白了，这是种特殊的统治方式，即军事统治。

辽东民族组成比较复杂，又和朝鲜相邻，还时不时有倭寇来抢劫，正常种田、做生意不怎么安全，军人在那里既能种田（军屯）又能打仗，是比较直接和简便的方式。

辽东都司类似一个坚固的军事基地，有效地管辖着辽东大地，促使东北各地故元势力相继来降。

这又牵涉到另一个问题，强大的辽东都司位于朱棣后方，在他“靖难”时，为什么不见辽东兵力有啥大动作？

有两方面原因，首先朱棣非常聪明，他花大价钱收买了兀良哈部落，除了随他出征的那部分蒙古人，还有兀良哈骑兵。辽东都司受到蒙古的牵制，不敢动用太多兵力出击。

另一个原因就是辽东都司以北还有大量女真部落，“靖难”时期他们并不都效忠于大明，大部分部落态度暧昧，一旦辽东空虚，难保各部落不会趁火打劫，所以还要留下兵力以作防备。

要是辽王朱植当时在藩的话，辽东形势会更有利于建文帝。朱植驻藩广宁，虎踞辽东已有六年，他曾配合朱棣巡视辽东，也曾亲自领兵。史载朱植“习军旅，屡树军功”，名将郭英、刘真、宋晟都曾接受他的统率。

朱允炆召回忠于自己的朱植，不能不说是一大失策，辽王朱植也成为藩王中站错队的典型代表。朱棣对这个帮着朱允炆的十五弟十分嫌弃（帝以植初贰于己，嫌之），将他改封荆州，没收护卫。

朱植的广宁三护卫改为广宁左、右、中三卫，隶辽东都司，与韩王朱松、沈王朱模的安东中护卫、沈王中护卫一起，成为辽东都司的主力军队。

在辽东都司屯田十几年后，洪武二十年（1387年），冯胜率军出击招降纳哈出，这同时也对明朝统一奴儿干都司地区具有决定性意义。

在辽东都司更北，主要居住的是女真各部落。

女真是个古老的民族，据说可追溯到三千多年前的肃慎。女真在历史上绝非无名之辈，“女真不满万，满万不可敌”曾经是宋军的一句梦魇。当初完颜阿骨打率麾下悍勇的女真战士，在短短数十年内横扫东亚最强大的两个帝国辽国和北宋，建立起了大金王朝，并与南宋对峙了一百多年。

但是，女真人和大多数入主中原的北方民族一样，很快就在温柔乡中迷失了自我，最终被新崛起的蒙古所灭。

灭国后，女真人大体分为两个部分，中原地区和接近东北地区的女真人先后汉化，不再称自己是女真人；还有另一部分没有南迁的女真部落，他们其实主要是金朝猛安谋克制度下的边缘人群或旁支后裔，居住在东北更北的地区。这些人实际从未被金朝核心人群真正接纳，女真曾经创造的辉煌也与他们关系不大，他们中大部分甚至都不会说女真话，也不认识女真文字。阴差阳错，金朝灭亡后，女真的称呼要由他们来继承，这部分边缘女真人将重新创造自己的历史。

当然，在明朝人眼里，他们还是女真。而他们在和明朝打交道时，吹嘘自己有个强有力的祖先也可以为自己加分，所以各部落都称自己是“诸申（女真自称）”，自认为是女真核心部落的直系后裔。

反正明朝也不在意这些，在大明官方眼中，居住在苦寒之地的，除了兀良哈之外，不管祖宗是谁都称为女真，都是“野人”（兀良哈以下皆为野人）。

女真分布的疆域十分广大，在东至渤海，西至兀良哈，南接朝鲜，北至北海（贝加尔湖）的地区广泛存在，这些又恰恰是明朝国力、军力所不能及的地方，那些地方既不适合耕种，也不适合居住，明朝派兵实控那里得不偿失。

在战略上，这块地方又比较重要，辽东都司已经是帝国的边境，要是任由这么多女真部落被蒙古控制，那肯定是不行的。然而大明没有兴趣，也不想浪费那么多资源，去实际控制这么广大的一片苦寒之地，那怎么办呢？

老祖宗早就给想好了办法，叫作“羁縻”政策。

通俗点讲，“羁縻”政策的要义即“以夷制夷”。在农业社会再强盛的国家国力也终究有限，开疆拓土也要量力而行，在运力和后勤有其限度的条件下，对王朝落后的边陲地区使用“羁縻”政策是一项传统。

羁縻的含义："羁"就是用军事和政治的压力加以控制，"縻"就是以经济和物质利益给以抚慰。

"羁縻"政策后来被传承下来，成为中原王朝对发展落后的少数民族地区所采取的一种政策。

女真人居住的地区符合施行"羁縻"政策的一切条件，有强大的辽东都司做后盾，从洪武二十八年（1395年）起，明朝对黑龙江、嫩江、乌苏里江流域的野人女真部落进行招抚，设立卫所进行统治。

洪武二十八年，朱元璋只剩下了三年寿命，朱允炆上台后忙着"削藩"根本没空管什么女真，这个使命注定要在朱棣手里完成。

永乐元年（1403年）五月，一个叫买里的平住的人带着他的二十九个手下来到了京城，他们都是女真人。

作为一个野人女真首领，买里的平住做梦也没想过，自己能活着来到传说中的大明京师应天。时代真的变了，新登基的永乐皇帝表示，只要他们肯归附大明，就能得到大大的好处，还能不定期得到京师朝见。

应天的繁华让买里的平住一行眼界大开，更难得的是，皇帝陛下竟然还屈尊亲自接见他们，并赐给他们一堆好东西。

回到老家，买里的平住的经历成了他吹嘘的资本，听到这样的好消息，人人眼红不已，各部落女真头目纷纷向明朝效忠，换来实打实的好处和豪华旅游和自助贸易机会。

"羁縻"政策的"縻"生效了，这还不够，有"羁"有"縻"才是好的"羁縻"政策。

"羁"包括军事和政治的压力。随着女真各部落的纷纷归附，朱棣有条件完成对奴儿干地区的招抚，并在辽东都司支援下，将归附的女真诸部设为卫所进行管理。前来归附的部落越来越多，不过七八年下来，卫所已经设置到了一百三十多个。

时机成熟了，永乐九年（1411年）春，朱棣派太监亦失哈和都指挥同知康旺率领官兵千余人，乘坐二十五条大船，从黑龙江顺流而下，来到亨滚河口对岸的奴儿干正式建立起一个新的机构：奴儿干都司。

辽东都司已经够特别了，奴儿干都司是比辽东都司更特别的存在。这个都司既没有驻军，也不管理奴儿干众多卫所，更不负责管辖地方事务，存在的唯一意义还是招抚。

奴儿干都司名为都司，事实上更像是明朝对奴儿干地区实施“羁縻”政策的一个中转站，用来执行上传下达的任务。他们最常干的事是把奴儿干都司各卫首领集结起来，带领他们去京师朝贡。这相当于大明在奴儿干设立的一个办事处，除了招抚，并不起到多少军事和政治压力作用。

那如何有效实行“羁縻”呢，军事还是得靠辽东都司，政治上主要靠派官员前往巡视，这些官员中，最出名的就是亦失哈。

永宁寺

亦失哈，女真人，洪武初期跟随父亲武云归附明朝，被选入内廷成为一名小宦官。

永乐年间，亦失哈已升为太监。当朱棣想要选个可靠的身边人巡视奴儿干时，看中了精通汉语和女真语的亦失哈。

永乐十年（1412 年），继去年第一次深入奴儿干后，亦失哈被任命为钦差大臣，再次巡视奴儿干。这次他率领着一支庞大的船队，共有大小船只二百三十余艘，载满大批物资，沿途赏赐给当地百姓，亲切地执行了慰问加震慑的任务。

亦失哈此行干了两件大事。第一件，他抵达奴儿干都司稍事停留后，再次启帆东向，穿越鞑靼海峡，登上了库页岛。

库页岛位于黑龙江出海口东部，西隔鞑靼海峡同大陆相望，面积达到 7.64 万平方公里，比台湾岛还要大 4 万多平方公里。

从汉朝起，库页岛的记录就见诸文献，但苦于距离遥远，古代很长一段时间，都没能与岛上居民建立起有效的联系。直到唐朝，唐太宗灭掉高句丽后，唐人终于踏上了库页岛。

亦失哈登岛，以朝廷钦差的身份接见了当地部落首领和百姓并进行宣慰。这些人孤悬海外，被称为“海外苦夷”，在亦失哈之前，从没有中原王朝的官员登上过库页岛，更别说宣示主权了。亦失哈光荣地成为历史第一人，库页岛也就此被纳入明朝版图，通过朝贡的方式向大明表示效忠。

第二件事，亦失哈在位于黑龙江入海口附近奴儿干城（今俄罗斯尼古拉耶夫斯克）的特林北山上，修建起一座宏伟瑰丽的寺庙——永宁寺，寺名寓意为祈愿奴儿干地区与百姓永世昌宁。并在寺前勒石为碑，在一块高1.79米、宽0.83米的石碑上作“敕修永宁寺记”，用汉、女真、蒙、藏四种文字，记述下自己奉大明皇帝之命，巡视奴儿干，抚慰各部百姓以及修建永宁寺的情况。记载中，永宁寺“形势优雅，粲然可观”，成为明代与长白山寺、五龙宫并列的东北三大官府寺庙之一。

亦失哈二巡奴儿干成绩巨大。此后，他又多次巡视奴儿干，从永乐时期到宣德年间，总共达到了十次之多。达到的效果是，奴儿干各部“莫不朝贡内属”“子子孙孙，世世臣服，永无异意矣”，以后东北地区能保持两百多年的相对稳定，亦失哈功不可没。

宣德七年（1432年），亦失哈第九次到奴儿干巡视的时候，发现永宁寺已被吉列迷人所毁。他顾全大局，没有怪罪，没有追究，更没有处罚，而是“仍宴以酒，给以布物，愈加抚恤”。于是人民老少，踊跃欢欣，心悦诚服。

次年（1433年）春，亦失哈重建永宁寺，并刻石作“重修永宁寺记”。从此，永宁寺有两块石碑并立在特林悬崖之上，日夜守卫着明朝的东北边陲。

直到清朝嘉庆十三年（1808年），日本人间宫林藏在永宁寺遗址还曾目睹“众夷至此处时，将携带之米粟、草籽等撒于河中，对石碑遥拜”。屈指算来，历经两朝二十一帝近四百个春秋，生活在黑龙江口的百姓们对此碑仍敬若神明，亦失哈可谓德之大者。

岁月流转，风雨剥蚀，几经沧桑后，永宁寺已荡然无存。清光绪三十年（1904年），沙皇俄国将“敕修永宁寺”和“重修永宁寺”两块石碑拆除搬走，转移到海参崴的博物馆中，并将永宁寺附近遗址毁坏，这座著名的寺庙从此消失得无影无踪，只能在史书上找到它存在过的证据。

永宁寺虽不存，但亦失哈的名字已和奴儿干都司牢牢地联系在了一起。

朱棣重用亦失哈并不是巧合，它意味着在藩王失去实权后，大明王朝的另一股力量开始崛起，那就是宦官。

建州卫

奴儿干都司对明朝是如此重要，有件事不得不提。

还是在永乐元年（1403 年），另一个女真部落首领阿哈出也来到了京师，他的身份是胡里改部酋长，世居黑龙江依兰境内。

元末明初，北境并不安宁，阿哈出的部落不堪蒙古骚扰，沿着牡丹江向南迁移到了珲春江以西、图们江以北、邻近朝鲜的地方居住。

听到大明皇帝向女真部落挥动橄榄枝的消息，阿哈出也心动了，谁不想要好处呢。这年十一月，阿哈出和其他部落酋长一样，万里迢迢地来到了京城，同样得到朱棣的亲切接见。

朱棣不厌其烦地亲自接见一个个部落酋长，并不是对他们有啥好感，而是为了弄清各部落的情况，为自己的下一步动作收集情报。女真部落众多，“羁縻”政策的精髓就是设立卫所，“以夷制夷”。听阿哈出介绍完情况，朱棣表示其部落人口众多，需要一块稳定的居住地，为子民考虑，就在他们现居之处设立一个卫所，由阿哈出担任长官。

这番话，朱棣差不多对每个接见的酋长都要说一遍，并且总能奏效。

自金国灭亡以来，残存的女真部落一直得靠中原王朝生存，大元还是大明，对他们来说并没多大区别。效忠大明，换来能拿好东西的朝贡机会，自己能当卫所长官，族人能有一块稳定的栖息之地，怎么看都是个理想的选择，阿哈出自然是一口答应。

朱棣下旨，在胡里改部设建州卫，以阿哈出为指挥使。建州卫这个名字第一次出现在历史中，从此这部分女真被称为建州女真。

阿哈出对朱棣充满感激，他一心效忠大明，为朝廷在奴儿干地区的招抚出了不少力。作为明朝的臣民，建州女真在受到征召时有义务出兵帮助作战，在此后朱棣对鞑靼发动的军事打击中，阿哈出毫不含糊，派儿子释家奴带兵随征立下战功。朱棣升释家奴为建州卫指挥佥事，赐汉名为李显忠，并娶了阿哈出一个女儿。

这样，朱棣的一个身份就成了阿哈出的女婿，李显忠的妹夫。

可惜，当时朱棣已经接近五十岁了，据说他在早年受伤后失去了生育能力，除了之前生下的四子五女，当上皇帝后再无所出。故这位在史料中被称为金李氏的女子没能留下个儿子。

永乐四年（1406 年），建州女真的另一大支猛哥帖木儿部落也宣布臣服明朝。永乐十年（1412 年），朱棣分设建州左卫进行安置，以猛哥帖木儿为指挥使。

这些女真人就在建州繁衍生息，至少在永乐时期，各部女真和大明的关系是融洽的。

第八章 明越战争

安南之役

除了东北，朱棣还略施小计地拿下了西北的哈密，并设立哈密卫。哈密是古“丝绸之路”的枢纽，位于大明疆域西北端，地理位置异常重要。在这里驻军设置卫所，既能加强对甘肃的控制，又能钳制瓦剌、鞑靼等部，对大明的西北边境防御意义重大。

在压力最大的东北、西北方向，明朝都没动什么兵戈，而向来动静较小的东南方向，却成为朱棣即位后第一次大规模用兵的对象。

永乐四年（1406年）七月，朱棣下诏，征调全国精锐之师，大举对安南用兵。

安南也就是越南，在秦朝时秦始皇派赵佗率大军远征，征服百越后，将其纳入秦朝统治。到五代十国，安南又脱离中原统治，成为独立王国。

朱元璋平定两广后没打算对安南用兵，安南国王陈日煃也很识相地奉表称臣，朱元璋仍旧封他为国王，并在《皇明祖训》中把安南列为十五个不征之国之一。

话虽如此，但形势是会变的，朱棣有很充足的理由出征安南。

一、安南内乱，权臣黎季犛屠戮安南陈氏皇室，改名胡元一，自立为帝，改国号为大虞，在越南历史上被称为胡朝。陈氏受到明朝册封，胡元一是篡位的乱臣贼子，不把宗主国大明放在眼里。

二、朱棣本想做和事佬，派人护送劫后余生的陈氏宗室陈天平回安南，胡元一无视明朝保护，伏兵截杀陈天平，负责护送的明朝大理寺卿薛嵓、行人聂聪死于乱军之中。

这下好了，害死明朝外交官员，属于罪大恶极。

三、安南一直想吞并邻国占城，数次出兵侵犯。占城也是大明的藩属国，国王数次向明廷控诉，对明朝皇帝的调停，安南置之不理。

四、安南侵略性极强，侵犯占城也就罢了，竟然还敢袭扰中原王朝。元季安南就屡屡越界，侵入与元朝划定的疆土范围，占据思明土司五县之地。朱元璋曾诏谕安南归还，权臣黎季犛胁迫安南国王拒不从命，反而又趁着明朝“靖难”的机会占领了不少村寨，朱棣即位后曾要求归还，安南不肯。

于情于理，安南都做得不对。朱棣忍无可忍。他派出高规格阵容，拜朱能为征夷将军，统率沐晟、张辅等二十五员大将，二十万大军，兵分两路，从广西和云南对安南形成钳形攻势。

是时候把老账新账一起算一算了！

明朝出征安南是不是正义之战呢？这里面有个“宗藩”的概念。

古代中国是宗主国，周边国家是藩属国，这叫作宗藩关系。

自从秦始皇完成统一后，古代中国本部大一统王朝历来是东亚、东南亚的王者。出于强者的威慑，也出于对先进文明的敬仰，周边国家要向中国称藩纳贡，受中国的册封，并由中国赐予印玺，才能进行合法的统治，这些统治者不许称皇帝，只能称国王。

表面上看这是个不平等的关系，实际上吃亏的是中国，中国历代中原王朝多对藩属国采取怀柔政策，很少干预其内政，却无偿为其提供保护。藩属国只是名义上对中国称臣，在国内和皇帝无异。

纳贡听起来很委屈，其实是门暴富的生意，藩属国带上自己的一些土特产朝贡，为了显示天朝上国的富有和大度，中国皇帝会回赠价值比之高数倍乃至数十倍的礼物。

纳贡如此暴利，许多小国乐此不疲，来的人越来越多，次数越来越频繁，中原王朝的皇帝不得不对他们作出一些限制，规定他们来朝纳贡的次数和规模。

即使这样，也挡不住一些国家不按规定纳贡的热情，秉着“王者不治夷狄，来者不拒”的态度，中原王朝也总是不让他们空手回去。

长此以往，大家对中原王朝更是无比仰视，中国的文化和技术也被输送出去，形成了一个汉文化圈，他们的特点是视古代中国为世界中心，共同遵守华夏文明和思想。

安南就是长期深受汉文化影响的汉文化圈成员。

宗主国，不干预其内政不等于没有能力干预其内政。当藩属国不把宗主国放在眼里，教训它一下是很有必要的。否则大家都来学习安南，那还成何体统？

不管他叫黎季犛还是叫胡元一，也不管他在自己的国家怎么折腾，最后都得过明朝这一关。

“靖难”名将朱能现在已被加封成国公，身上还有荣禄大夫、右柱国、左军都督府左都督、太子太傅等一大串耀眼的头衔，是朱棣手下第一军人。

沐晟，沐英次子，承袭平西侯爵位，曾从征傅友德讨平麓川，是勋臣二代。

相比之下，新城侯张辅的资历要欠缺一点，他是张玉长子，张玉在东昌一战阵亡后，张辅继续随朱棣征战，辅佐他登上帝位，论功晋为新城侯。三位主将里，资历较浅的张辅将成为决定性人物。

张辅平定安南

永乐四年（1406 年）九月，大军抵达龙州，主将朱能突然病逝于军中，年仅三十七岁。由于沐晟统率西路军从云南进军，军中遂推举张辅代为行使主帅职权。

朱棣得到报告后立即批准，他还特地打了个比方，以当初洪武北伐时李文忠接替突然暴卒的常遇春为例，激励张辅取法先人，建功立业。

岐阳王李文忠、开平王常遇春，都是大明第一代功勋战将，早已成为历史传奇，张辅一个刚封侯没几天的年轻人，当得起这份重托吗？

朱棣很会杀人，杀戮建文遗臣毫不手软；朱棣也很会用人，相比朱允炆，他的用人手段是教科书级的，重用张辅就是永乐朝用人的亮点之一。

十月，张辅率军长驱直入，攻破隘益、鸡陵二关，取道芹站，击破安南伏兵，直抵新福。

十二月，张辅在富良江北与沐晟合兵，挥军猛攻安南赖以据守的重要据点多邦城。这时胡元一已把王位交给了儿子胡衮（胡汉苍），自己当起了太上皇。

面对明军的凶猛攻势，胡氏父子背脊发凉，他们还敢于顽抗的原因，在于安南军队还有秘密武器：战象。

说到战象，在古代战争史上早已有之。在西方，战象兵长期是军队中令人生畏的兵种。高度超过两米、体重超过五吨的战象往战场上一列队，就能给敌军造成强烈的压迫感，富强的政权往往还会给战象全身披挂甲胄，成为一个个移动的钢铁堡垒。

中国历史上其实早已出现过战象，据记载最早可以追溯到商朝，中国象棋中的“象”就是受到象兵的影响。

此后随着气候的变化，北方已不适合大象生存，再难以见到大象身影。但在温暖湿润的西南地区，大象始终存在，并成为当地武装力量的独特兵种。

然而，相比战象在西方战场的横扫千军，中国的战象却几乎没有露脸的机会。原因或许正如现代游戏中所体现的，大象要训练成战象，非数年不得其功，要给大象这样的庞然大物增加防御以加强其战场生存能力，更需要强大的国力支撑。

历史上拥有战象的都是西南边陲的政权或少数民族势力，普遍较为贫困和落后，自己的军队都缺乏训练、缺衣少甲，遑论组织起训练有素、武装完备的战象军团。

就战象本身来说，它也只能是军队的加分项而不是决定项，战争最终考验的，还是双方统帅的指挥艺术和整个军队的综合实力。宋人对战象就有评价“南兵象阵，自谓孔武”。

面对锋刃锐利、甲胄精良的中原王朝正规军，这些战象显得比较鸡肋，自身军队的孱弱实力决定它们无法成为战场上的决胜因素。

胡氏父子或许不知道，战象早就是明军的手下败象。沐英当初平定西南时，就发明火枪“三段击”战术击败了西南土司的大象。考虑到这一点，朱棣贴心地在征南大军中安排了沐英之子沐晟从征，并配备了大量火器。

而安南军善用战象的情报，也早就被张辅打听到了，他找来当地人问：战象有什么弱点？回答说大象胆小，怕火怕光，还怕一些稀奇古怪、没见过的野兽。

张辅就想，稀奇古怪的野兽，军中也没带啊，临时去哪儿找呢？他眼光四处一转，瞅到桌上的一枚印章，有了主意。

等到明军攻入城中，听得安南军果然放出战象，张辅不慌不忙地下令：放马。这马不是寻常的马，它们身上披着狮子的画像，眼睛被布条蒙住，一放出阵就是有进无退，直直地往象阵冲来。

这就是张辅受印章上的瑞兽狮子启发而想出的对策。

哪怕是人，看到一群扮成狮子的蒙眼战马，也得被吓一跳，何况这些胆小的大象。战象哪见过这些怪物，跑出一半，就像见了鬼一样掉头狂奔，反向冲击践踏己阵。

安南军就此一败涂地。

多邦城被攻破彻底瓦解了安南军的抵抗意志，明军一路高歌猛进，沿富良江南下，直捣东都升龙，次年（1407 年）五月生擒胡氏父子，连同他们的族人、大臣一起，槛送京师。

安南黎氏政权就此灭亡，此时距明军出击不过半年时间。

安南是平定了，问题又来了，最后的陈姓宗室陈天平已被胡元一截杀，国王没人来当了。张辅建议，既然无人可立，不如恢复汉、唐时期的规矩，在安南设郡县，进行直接统治。

朱棣批示同意，六月昭告天下，安南已平，改安南国为交趾布政使司，设十五府，四十一州，二百一十县，十四个卫所，这块分离出去四百四十六年的土地重归中国版图。

开疆拓土是历代皇帝梦寐以求的功绩，没想到尚未在北方打开局面，安南这块土地却以这种意外又迅速的方式重归大明，这是朱棣即位以来取得的第一个大成就。

欣喜之下，朱棣亲自赋写《平安南歌》，下诏进封张辅为奉天靖难推诚宣力武臣、特进荣禄大夫、右柱国、英国公，岁禄三千石。

凭借这一战，张辅成为永乐朝第三位晋封国公的“靖难”勋臣，另外两位是成国公朱能、淇国公丘福。

然而，这对张辅来说不过是个开始，他的名字，将持续闪耀数十年，成为永乐到宣德时期举足轻重的人物，张氏家族也因张辅而跻身明朝最显赫的军功贵族之列。

平定安南还有个收获，西南地区历来是接受东南亚火器传入的一个窗口，东南亚火器又是被葡萄牙人带到东方的。安南、缅甸军队逐渐掌握了一些新式火器，安南军中就装备了一些由葡萄牙人引进的火枪火炮，效果一流，据称“专用火器以敌中国”，给明军留下了深刻印象。

安南平定后，朝廷从西南获得了这些火器并加以引进，想到“靖难”时自己的骑兵在白沟河被郭英的火器部队打得晕头转向，朱棣深感有建立一支独立建制枪炮部队的必要性。大军班师后，他立即着手在京师设置神机营进行操练，为他的下一步动作做准备。

但是，安南毕竟已脱离中国自成一国四百余年之久，半年的时间能征服当地的军队，却远收征服不了民心。张辅回师后不久，陈氏旧臣简定又掀起叛乱，甚至击败了前去征讨的沐晟，朱棣只得又命张辅出征。

从永乐四年（1406 年）到永乐十二年（1414 年），张辅一共四征安南，战无不胜，在当地人心中张辅就是战神，有张辅坐镇，足以震慑安南。

永乐十四年（1416 年），张辅被召还京师不久，安南叛乱再起，此后不断反复，到朱棣驾崩时都没能彻底平定，成为明朝身上一块不断流血的伤疤。大大的明朝对小小的安南为何如此吃力，最后安南又怎么脱离了明朝，得到后面宣德一朝才有分晓。

第九章 大明的第十三个行省

西南大开发

这个话题可以从地理名称说起。

中国西北分布着张掖、武威、敦煌等名城，它们承载着西汉极盛的一段时光，那段时间汉人王朝扬眉吐气，喊出了“明犯强汉者，虽远必诛”的霸气口号，这些地名正来自汉朝向西域的极限扩张。

在西南同样遍布着这样的地名，如安顺、镇远、新化、兴化、遵义、宣威等，它们同样记录着中原王朝往西南的开拓历程。

其中自然少不了明朝。

贵州、云南这些地方自古以来就是中国疆土，没有半点争议，可在明朝并不是这样。

洪武时期，朱元璋给过云南很多次机会，可梁王杀使者，段家要求保留特权，彻底断了他的念想，这才派兵平定。延续数百年的大理贵族被连根拔起，云南再也不可能存在独立王国了。

自古以来云南没多少汉人，朱元璋让义子沐英永镇云南，跟着沐英留下的还有几十万军队和家属，这些人与当地人通婚繁衍，开枝散叶，他们的后代逐渐认同了自己汉人的身份。朝廷又不失时机地大力推行儒家文化，几百年下来，云南终于彻底汉化，不再是中原王朝眼中的“夷”。

这个过程是非常困难的，云南土司们并没有那么驯服，后来还闹出过很大的动静。

贵州又是另一番光景。

元末明初并没有贵州这个整体概念，元朝时贵州地区名义上分属几个不同的行省，实际上被历史悠久的四大土司控制：水西安氏（毕节一带）、播州杨氏（遵义一带）、思州田氏（面积最大）、水东宋氏（面积最小）。

四大土司比云南的梁王识相多了，他们在洪武五年（1372 年）前后先后归附，朱元璋将其中最大的思州宣慰司一分为二，设为思州、思南两个宣慰司，稍晚又在水西和水东之地设立了贵州宣慰司，仍然命令土司镇守，向中央纳贡。

朱棣是个一心开拓的皇帝，硬骨头的安南都轻松地啃下来了，他打算要动一动更近的那三个宣慰司。即位后，朱棣不仅提高了贵州的税赋，还规定土司们必须定期进京汇报工作，若是土司或继承人出现变动，不管多远都要亲自来到京师受封。

朱棣觉得，这么严格的政策怎么也能抓到动动贵州土司的借口，没想到桀骜不驯的土司们在永乐皇帝面前很温顺，他们不仅全盘接受了新政策，而且从不误点，总是保质保量地完成任务，不让皇上抓到一点把柄。

朱棣的机会

永乐八年（1410 年），朱棣心心念念的机会出现了。

这一年，思南土司田大雅终于死了，这个恭顺的宣慰使一死，思南立即出现了不安定因素。他儿子田宗鼎与思南副使黄禧结怨已久，承袭宣慰使后，田宗鼎就与黄禧吵作一团，时不时还要搞几次武装械斗。

得到思南内乱的消息，朱棣召来了负责思南的官员询问田宗鼎和黄禧都是什么样的人。

官员回禀：田宗鼎是田大雅不成器的儿子，他凶狠残暴，杀人无数，简直就是个浑蛋。黄禧虽然也不是啥好人，可与田宗鼎相比要靠谱得多。

朱棣沉思一会儿，作出指示，别管田宗鼎，把黄禧降职为辰州知府。

官员先是一愣，不是惩罚田宗鼎，而是把黄禧降职？随即他就明白了朱棣的意思。

田宗鼎失去黄禧牵制后变得肆无忌惮，很快又和思州宣慰使田琛发生了矛盾，两人仇怨越结越深。黄禧看到有机可乘，就勾结田琛一起对付田宗鼎，两方从小规模冲突发展到大规模交战。

这正是朱棣的计划。

如果只是为了思南和平，正确做法是扶持黄禧，打压田宗鼎，让两者互相牵制。为了贵州“改土归流”，只好让思南百姓忍一下，把田宗鼎扶上马再送一程。他的终点是鬼门关。

永乐十一年（1413 年），朱棣派顾成挂帅，统兵五万征讨贵州。

顾成很老了，那一年他已八十三岁，老将军接到命令，只是与往常一样谢恩，平静的脸上没有半点犹豫。因为他清楚，出征贵州，自己是最合适的人选。

“靖难之役”中，顾成协助朱高炽防御北平立下奇功，战后获封镇远侯，官拜后军都督府右都督。他的前半生，有近半时间与贵州联系在一起。洪武十四年（1381 年），顾成奉调充任傅友德先锋征讨云南，第一仗就拿下了要地普定。傅友德率军继续前进，顾成留守普定。后来，他被任命为都指挥同知，镇守当地，平定叛乱数百起，与贵州结下了不解之缘。

朱棣的眼光极为犀利，顾成在贵州就是块金字招牌，当地人称他为“顾老虎”。得到顾成统兵征讨的消息，土司们奔走相告：“顾老虎”又回来啦，谁要是嫌命长，就去跟他对着干吧。

顾成参与了洪武年间对西南的大部分军事行动，即使八十多岁了，威名还是不减当年。三个月不到，叛乱就被平定，田宗鼎、田琛、黄禧等都被生擒送往京师。

这也说明，一员得力将领对西南地区的重要性，要是朱棣能派张辅长镇交趾，那么情况可能会很不一样。

讨平田氏后，朱棣顺势将思州、思南宣慰司分为八府四州，设贵州布政使司，贵州都指挥使、贵州都司，同时宣布“改土归流”，司官都用流官，府以下仍用土官。

在没有建省之时，贵州是个边缘之地，一会儿划给四川，一会儿又归属云南或湖广。贵州建省后，开始从边地变为内地，结束了大小土司各自为政的局面，中央政令从此可以直达贵州。这也意味着，当地那种互不统属的土司体制宣告解体。

永乐十一年（1413 年），贵州终于首次以大一统王朝的一个行省级单位，也是大明王朝第十三个行省的面目，出现在了中国的版图上。

顾成这位贵州建省至关重要的人物，也进入了生命的倒计时。

自洪武八年（1375 年）调守贵州，到永乐十二年（1414 年）逝于贵州，顾成征伐镇守近四十年，两次统兵平定水西、思南、思州战乱。在人生垂暮之际，他奋起余威，为贵州建省贡献了最后一丝力量。

第二年（永乐十二年，1414 年）五月，这位与贵州结缘数十年之久的耄耋老人，在他的镇守之地贵阳城安然离世，享年八十有五，朱棣追封他为夏国公，谥“武毅”。

顾成共有八子，三子早逝，四个嫡子在“靖难之役”中被建文帝诛杀，他去世后，嫡孙顾兴祖袭爵。庶子贵州都指挥佥事顾勇长期驻扎贵州，后阵亡于正统年间征麓川之役，顾氏后人承袭世职居住在贵阳，直到明末。

贵州的“南京人”

贵州建省，并不等于任务就完成了，朝廷通过贵州三司管理，以卫所为据点进行移民屯垦，经历了一个非常长期的过程，才把贵州彻底纳入“王化”，这其中还离不开驻屯军人们的贡献。在六百多年前能有决心把贵州纳入中央直接统治，除了非凡的决心，更需要将无数军户留在贵州开枝散叶，经过一个长期而艰苦的过程，才能最终得以实现。

今天，在贵州西北地区仍有一个自称“南京人”的族群，他们留存的碑刻、谱书以及口口相传的故事等资料，都说明他们是明初戍守贵州诸卫所的将士。他们在贵州扎下根来，却并没忘记自己的先祖，还是对故土念念不忘。

西南不只贵州，还有云南，事实证明明朝的手段是非常成功的，自此云贵真正成为大一统王朝的一个省份。安顺、修文、息烽、真安这些地名提醒我们，这是大明最大的贡献之一，也是朱棣最大的贡献之一。

第十章 大明第一才子解缙

旷世奇书

《永乐大典》是个啥，恐怕许多朋友还不十分清楚。《永乐大典》是国家最珍贵的文物，也是天下读书人梦寐以求的宝贝。

一套古籍，有这么大的价值吗？

确实有。

《永乐大典》不是《史记》那样的纪传体史学著作，也不是《资治通鉴》那样的编年体通史，它是一套类书。

古代要对书籍进行检索是个相当麻烦的事情，为了“类聚资料”，古人会编写分门别类的工具书以供查寻资料，这种书就叫类书，类似于今天的百科全书。

《永乐大典》就是永乐年间朱棣下诏编写的一部百科全书式的文献集。全书 22877 卷 11095 册，三亿七千万字，汇集古代图书七八千种。从文学到艺术，从史地到哲学，从宗教到科学无所不包，凡是当时有价值的典籍几乎都收录了进去，气魄雄伟、内容恢宏，被公认为人类有史以来最大的百科全书。

《永乐大典》比法国狄德罗、达兰贝主编的《百科全书》和著名的《大英百科全书》都要早三百余年，它收录的内容就是一部汉字书写的文明历史，足以证明中国传统文化三千年绵延而不绝。

古籍这种东西是不可再生资源，《永乐大典》之后，乾隆朝修《四库全书》，焚毁了许多古籍，而这些古籍大多数被收录在《永乐大典》里。这是一个集中华文化大成的大典，它收录了古代无数孤本、残卷内容，文化价值无与伦比。

可以这么说，《永乐大典》不亚于中国传统文化的一次复兴，所以说对现代人来说，整套《永乐大典》比现存的任何文物都重要。

说了半天，《永乐大典》到底去哪儿了呢？让我们从头讲起。

永乐元年（1403 年）七月的一个晚上，朱棣叫来了大明朝第一才子解缙，告诉他自己决定编一部书，一部网罗天下典籍的宝书。

鉴于公认的前天下第一才子、最适合担任主编的方孝孺已经被诛族，这个重任只好落在现天下第一才子解缙身上。

解缙，江西吉水人，从小就是远近闻名的神童。他五岁读书，七岁写诗，十二岁通《五经》，不到二十岁就高中进士，授庶吉士，官至翰林学士，只要不出啥大差错，以后直接就是阁部官员，想不发达也难。

朱元璋很重视解缙，经常把他带在身边，为了表示亲密，一次他对解缙说道："大绅（解缙的字），我和你明面上是君臣，其实，我一直拿你当儿子看呢。你对我应当知无不言，言无不尽，别怕得罪人。"

不管朱元璋说的是真是假，但解缙相信了。或者说，解缙本来就是个敢于说真话的人。

在洪武朝当官是件危险的事情，解缙确实有才，也很有个性，他居然敢公然抨击朱元璋一手策划的胡惟庸案。就在大家都以为解缙马上就要人头落地的时候，朱元璋却一反常态，虚心接受了他的批评，并表扬了解缙。

解缙立马名声大噪，成为大家眼中的英雄。他也有点飘飘然起来，在朱元璋惩处李善长的时候，大家都知道其中的利害关系，一句话也不敢多说，只有解缙又跳出来上疏为李善长喊冤。

平心而论，解缙的意见并没有什么错，但官场上的门道他没摸清，胡惟庸和李善长注定要死，太子朱标都无能为力，一个小小的解缙还想为他们逆天改命不成。

这种事关站队的大是大非都看不懂，朱元璋不得不重新考虑解缙的政治前途。

解缙自我感觉依然良好，他表现得疾恶如仇，不断上疏弹劾同僚，引发大臣几次对他围攻。这样下去，解缙铁定是要下场凄惨的。

朱元璋不舍得杀了解缙，他找来解缙父亲吩咐道：“你儿子大器晚成，领回去多教育，十年后朝廷还要用他。”

这是朱元璋微妙的处理方式，是和方孝孺同样的处理方法。解缙是个人才，却读不懂皇帝的心意。十年后，解缙已人到中年，想必已经知晓为人处世的变通方法。朱元璋贬斥解缙不是对他的处罚，而是对他的保护，也是留给朱标的遗产。

解缙回乡七年后，朱元璋驾崩，他很悲痛地进京吊丧，不料遭到政敌袁泰的攻击。朱允炆听信了袁泰的话，解缙不仅没能吊唁成功，还直接被发配到了河州（今甘肃兰州附近），直到建文四年（1402年），经过多方活动才将他召回京师。

作为洪武到建文朝数一数二的两个大才子，方孝孺和解缙在朱允炆手下的待遇判若云泥。朱允炆失国后，他们的选择也截然不同，方孝孺对朱棣死扛到底，解缙则选择归附朱棣。

永乐皇帝上台，正需要才子来装点门面。解缙的仕途终于步上正轨，他被任命为翰林侍读。不久，朱棣建立文渊阁，解缙与黄淮、杨士奇、胡广、金幼孜、杨荣、胡俨等进文渊阁参预机务，明朝内阁制度由此开始。

等到朱棣想要修书的时候，第一才子解缙自然成了主编的最佳人选。朱棣召来解缙，提出了他的要求："这套书，要把天下古今各类典籍，不厌浩繁，混融于一书之中——'凡书契以来经史子集百家之言，至于天文地志阴阳医卜僧道技艺之言，备辑成一书，毋厌浩繁'。"

简直是正中下怀，解缙立马召集人手，加班加点，不到一年就拿出一部成品，得意扬扬地命名为《文献大成》。

朱元璋雪藏解缙，就是为了培养他适应官场的能力，显然解缙没能做到，他还是没弄明白皇上朱棣的意思。

朱棣何许人也，那是在《明史》中被歌颂为"远迈汉唐"的永乐大帝，他要搞的修书工程是何其浩大，解缙用一年时间就能轻松编完的书，在朱棣眼里根本不合格。

朱棣责骂了解缙一通，为了确保工程质量，朱棣请出了他的军师——"黑衣宰相"姚广孝。

姚广孝就是道衍，这时他已复姓为姚，被赐名广孝。道衍在朱棣"靖难"过程中立下大功，已被拜为资善大夫、太子少师。朱棣对他十分尊敬，每次与姚广孝交谈，都称他为少师，而不直呼其名。

朱棣下旨，让他最得意的军师和大才子解缙共同负责这项工程，务必编纂出一部旷古未有的奇书。他给解缙配备了豪华的团队，包括五个翰林学士、二十名翰林院官员。

看到这个阵势，解缙终于明白了朱棣要的是什么样的书。

朱棣负责提供资源，姚广孝负责把关质量，解缙可以尽情施展他的才华。这部书修了三年多，前后参与编书的总共有三千人之多，涵括了各行各业的精英。

常言道：盛世修书，乱世修典。古代修书是一项大工程，只有当王朝有充足的财力物力时才能成功，尤其是这样一部旷古未有的奇书。时人形容修书盛况，"天下文艺之英，济济乎咸集于京师"。

这是解缙一生最辉煌的成就，也是他仕途的巅峰，负责编纂《永乐大典》期间，解缙已成为内阁首辅。随着修书工程进展顺利，朱棣更是对他另眼相看。

永乐五年（1407年）十一月，经过三年多的紧张编纂，终于大功告成。朱棣阅后十分满意，亲自撰写序言，定名为《永乐大典》。

书修完了，庆功宴上却没有解缙的身影，此时他已被贬到了交趾。

解缙的成败得失

常言道，伴君如伴虎，越接近皇权，权力越大，危险也越大，学会揣摩上意就越重要。朱元璋给了解缙十年时间学习这门技能，他学习得怎么样呢？

永乐三年（1405年），朱棣遇上了一桩头疼事。这事说起来不小，家国天下，宗法立长，也该确定继承人人选，以备不时之需了。

主要候选人有两个，长子朱高炽和次子朱高煦。

朱高炽生性沉稳、儒雅仁爱，俨然有明君潜质，缺点是身胖腿瘸、高度近视，且体弱多病。

朱高煦长得高大阳光、丰神俊朗，且继承了朱棣勇武的基因，缺点是性格暴躁、冲动易怒。

朱高炽是嫡长子、燕王世子，按道理讲太子之位该属于他，可立储这种事变数极大，历史上皇帝根据个人喜好废立太子的事数都数不过来。

尤其是朱高煦，“靖难之役”中他立下汗马功劳。当年在江北，朱棣拍着他的背说出那句“加油啊，世子经常生病”并不是句玩笑话，朱棣越看朱高煦越像自己，他倾向于把那句话兑现。

朱高煦也有许多同道中人，他在军中表现勇猛，得到了“靖难”勋臣们一边倒的支持。但这个时候有一个人站出来表示有话要说，他就是金忠。

金忠在历史上名声不显，可他有个老朋友叫袁珙，袁珙又有个知己叫姚广孝。金忠在燕王府出头是袁珙举荐的，袁珙又是姚广孝请到燕王府的。“靖难”时，金忠和姚广孝一起辅助世子朱高炽留守北平，这几个人有千丝万缕的关系，而且他们都是朱高炽的人。

眼看朱高煦得到武将们的支持，金忠并没有直接表示反对，而是建议朱棣去问问饱读诗书的翰林学士们。

这个建议很有说服力，不能光听武将的，总得问问文官吧。朱棣觉得有道理，他最信任的文官就是那群内阁学士了，于是他叫来了首辅解缙。

姚广孝的高明之处在于，看上去不显山不露水，却在无形之中掌控着大局，关键时刻总是能一针见血。他不厌其烦地煽动朱棣造反，用自己的旁门左道之术给将士们树立信心，“靖难”过程中他虽然没跟随朱棣出征，可在重大事情的决断上总能找到他的影子。最关键的是，他总是对的。

翰林学士是一群什么人？从小饱受儒学正统教育，在他们心里嫡长之议不可废，废长立幼是取乱之道！让朱棣听取他们的意见，不是明摆着反对立朱高煦为太子吗？金忠的分量不够，姚广孝不便直接出面，让内阁学士与外面那帮武将斗，正是棋逢对手。

姚广孝已安排妥当，下一幕就看主角如何表演了。

主角之一正是内阁首辅解缙，于是就有了历史上著名的“好圣孙”对话。

果然一听朱棣有意立老二朱高煦为太子，解缙直接把头摇成了拨浪鼓：“按祖宗礼法，从古至今都应该立长子为太子。大殿下是重仁重孝之人，不二之选。如果舍了他，陛下你将来的麻烦事多着呢。”

听着解缙还摇头晃脑地引经据典，大谈历代废长立幼的前车之鉴，朱棣没有说好也没说不好，只是脸色有点不自然起来。

解缙明白光靠礼法还无法说服朱棣，作为一代才子，揣摩上意的功夫现在也有了一定的火候，他随即祭出了撒手锏：“好圣孙！”“好圣孙”是指朱高炽长子朱瞻基，朱棣虽然不怎么喜欢儿子朱高炽，但非常喜欢这个聪明的孙子朱瞻基。

解缙这记揣摩上意结结实实地甩到了朱棣脸上，皇上绷着的脸终于露出了笑容，解缙明白自己成功了。

立储之事很快尘埃落定，朱棣同意立长子朱高炽为太子，次子朱高煦为汉王，并令解缙撰写立储诏书，以告天下。

解缙大获全胜，这次成功的揣摩为他捞足了政治资本，朱高炽亲自登门表示感谢，表示日后只要他即位，解缙就是立下拥立之功的头号功臣，子子孙孙都将因此受益。

随后，解缙在永乐朝的地位不断上升，朱棣对他大加赞赏，甚至说出了“天下不可一日无朕，朕则不可一日无解缙”这样的话，与他老爹朱元璋当年的“恩犹父子”有的一拼。

得意的解缙没有注意到，在自己背后有一双眼睛始终在恶狠狠地注视着他——汉王朱高煦。

一句“好圣孙”让朱高炽坐上了太子之位，也让朱高煦失去了太子之位，朱高煦怎能不恨解缙。

朱高煦绝不甘心只当个汉王，他恶狠狠地发誓：除非我死了，否则我一定要当上皇帝。为了实现这个心愿，他继续培植自己的势力，以为将来的不时之需作打算。随着他的势力越来越强，表现得也越来越明显，所用的礼秩甚至超过了亲王标准。

听了朱棣的吹捧，解缙真把自己当魏征了，他转身就向朱棣打了个小报告，说应该立即制止朱高煦的越礼行为，否则事情会越闹越大。

解缙感觉良好，他觉得朱棣一定会听他的话。或者说，之前揣摩上意大获全胜，让他觉得已找对了皇上的思路。可是他忽略了朱棣身上政治家的属性，而且是最顶层的政治家。这个人掌握的是核心权力，从来都是作为支配者，而不是被支配者来行事的。

解缙太天真了，自古帝王家务事就不是外人能插手的，朱高煦用什么礼仪朱棣自然会管，要你解缙多什么事？

上次是朱棣主动召见他，这次是解缙主动打小报告，性质就完全不一样了。没有征求你的意见，你主动跑来说我儿子的坏话，什么意思？朱棣的反应是大怒，毫不留情地斥责解缙是在离间他们骨肉。

此事以后，解缙在朱棣心中的印象分直线下跌，“恩礼浸衰”。朱棣赐给内阁学士服装，独独不给解缙，已经很说明问题了。

要是有足够的政治智慧，解缙应该按照历史的安排，继续一门心思地把书修好，哪怕遭到打击报复也要忍气吞声。只要熬到朱高炽即位那一天，胜利就是他的。

可是解缙很快又失误了。朱棣决定讨伐安南，解缙再次站错了队，上疏反对出兵。这次朱棣不再客气，直接把他贬到了交趾，让他为军队督饷——既然反对出兵，那我就让你为出兵筹集军饷。

这是朱棣对解缙的最后一次警告。

还是那句话，解缙要是够聪明，就该在交趾默默耕耘，等待机会的再次降临。这时他还只有三十五岁，还有大把好时光，只要等朱棣驾崩，他的荣宠只会超过永乐时代。

解缙在交趾没闹出什么事情，问题出在永乐八年（1410 年），解缙得到了入京奏事的机会。当他坐了好几个月马车，跋山涉水一路颠簸地到达京师后，看到京城的繁华，触动了他曾经的回忆。旧时的荣耀仿佛重新回来了，解缙放荡不羁的个性又蠢蠢欲动了。

朱棣正好出兵打蒙古去了，解缙没得到拜见皇上的机会，可他觉得好不容易回来一趟，就这么离开太可惜了。闲着没事干，解缙便溜溜达达，去了太子府和朱高炽叙旧。

按说，解缙做过朱高炽的老师，师生见个面，喝喝茶聊聊天，倒也无可厚非。可是这桩事情，解缙事先既没请示，事后也未汇报，而是自顾自地离开了应天。

这样任性的举动终于给他引来了杀身之祸。朱棣不在，朱高煦在，他暗中盯着解缙的一举一动：皇位之争日趋白热化，你个贬臣却趁圣上远征之机，私见朱高炽，该不会图谋不轨，意欲篡位夺权吧？

等到朱棣班师，汉王朱高煦便笼络一帮大臣添油加醋，往解缙脑袋上扣了无数个屎盆子。朱棣龙颜大怒，当即诏令锦衣卫逮捕解缙，将他打入死牢候审。

对这桩公案，《明通鉴》如是记载：“伺上出，私现太子，径归，无人臣礼。”

就像当年大臣读不懂朱元璋一样，解缙也没读懂朱棣，或许对他这样做学问的头脑，读懂帝王的心思太难了。

《永乐大典》修成，朱棣龙颜大悦，参与人等都获封赏，君臣一片欢腾，其中却没了主编解缙的影子，但这桩荣耀还是属于解缙的，无人可以剥夺。

在解缙的主持下，这部旷古奇书的规模远远超过了前代编纂的所有类书，保存了14世纪以前中国历史地理、文学艺术、哲学宗教和百科文献，有“万书之书”之称，为后世留下许多丰富的故事和难解之谜。

到乾隆年间，许多古代典籍已散失不存，清代学者从《永乐大典》中辑录出三百八十五种，共四千九百四十六卷古籍，许多都是亡佚已久的秘籍，全赖《永乐大典》才得以保存下来。包括《春秋释例》等著作，其中最著名的就是北宋薛居正监修的《旧五代史》，可以说，没有《永乐大典》，就没有如今的二十四史。

所以，历代学者都把《永乐大典》看作辑佚之渊薮，他们在其中爬梳整理，把分散在各卷中的典籍汇总起来，使许多佚书得以重现人世。

明朝有九十六人担任过内阁首辅，整个历史上《永乐大典》总编纂只有解缙一人。解缙这个名字已随《永乐大典》的修成而光耀史册。

缙犹在耶

解缙怎么样了呢？

永乐十三年（1415年）的冬天，解缙已经当了整整五年的囚犯，当初因为他的事被连坐进来的人，好几个已经病死了。

解缙还坚强地活着，无从知道他在狱中想些什么。从他如此坚强的求生欲来看，解缙可能是想明白了，只要活下去，就有希望。朱棣已经五十岁出头，只要活过他，荣耀将重新归来。可惜醒悟得太晚了，朱棣不会给他机会了。

一天，锦衣卫指挥使纪纲照例呈上“诏狱”犯人名单给朱棣过目。有意无意间，朱棣瞅到了解缙的名字，他说出了一句水平很高的话：“解缙还在吗（缙犹在耶）？”

十三年的皇帝当下来，朱棣的治国、驭人水平已经炉火纯青。在永乐七年（1409年），他就说过一句类似的话，当时他在北平翻阅奏章，也看到了一个熟悉的名字：平安。朱棣看看左右，很平淡地说了一句：“平保儿还在世吗（平保儿尚在耶）？”

平安被俘后没死，现在正担任都督佥事，活得好好的，任命是朱棣亲自下的。当初不杀平安是政治需要，如今天下坐稳了，那个两次险些弄死自己的平保儿怎么还活着？话传到平安那里，他识趣地自杀了。

“缙犹在耶”参照“平保儿尚在耶”来理解，显然朱棣对解缙这个人还在世是有点意外的，而他说话的对象又是特务头子、拿揣摩上意当饭吃的锦衣卫指挥使纪纲。

纪纲要听不懂，工作就不要干了。当夜，纪纲就请解缙吃了顿饭——他生命中的最后一餐。饭桌上，解缙被灌得酩酊大醉，随后锦衣卫将衣衫单薄的解缙拖到雪花飞舞的室外，用积雪将他掩埋。解缙很快就死了。

解缙的教训告诉我们，政治这种游戏不适合解缙这种顶尖才子，他们自视极高演技又差，恃才放旷又容易动真感情，脾气往往还死硬。解缙和杨慎、徐渭并称为明朝三大才子，再加上大才子方孝孺，四个人都是输家。

方孝孺，凌迟，诛十族。

解缙，冻僵而亡，家人流放。

杨慎，杖责罢官，老死在谪戍之地。

徐渭，忧惧发狂自杀九次，晚年贫病交加，抱愤而卒。

最合适他们的去处还是修书、写文章，政治游戏对他们实在是太残酷了。还是解缙父亲解开看得通透，解开同样有经纬之才，曾“二魁胄监，五知贡举”，但他谢绝了朝廷给他的官职，一心从事著述、办学，培养人才。

可是中国古代千年来的传统观念是“学成文武艺，货与帝王家”，又有几个人能甘于平凡，埋头学术呢？就连孔子也未能完全做到。

大明第一才子就此落幕了，他的一生不过短短四十七年，大起大落之辉煌和低谷令常人难以想象，最后在洁白无瑕的白雪中了却此生。

才比天高，命如草芥。

解缙死后二十一年，明英宗朱祁镇下诏敕还所抄家产；死后五十一年，明宪宗朱见深下诏为解缙平反昭雪，恢复官职，赠朝议大夫，谥“文毅”。

《明史》赞解缙曰：“才高，任事直前，表里洞达。”

第十一章 郑和七下西洋

郑和下西洋

永乐七年（1409年）九月，张辅平定安南简定叛乱后解救了一个人质，此人是暹罗派往明朝的贡使。这位贡使很倒霉，出使明朝本来是个肥差，哪知回去时碰上安南叛乱，一堆好东西被抢光不说，人还给扣了起来。现在人是救出来了，可他的船没了，如何回到暹罗去呢？

这个问题没有困扰他太久，这时正好有一支庞大的船队经过安南，暹罗正位于船队的航线上。

这是支很特别的船队。

它不是商队，随船却带着大量瓷器、丝绸、茶叶等货物；它也不是舟师，船上却带着多达二万七千余人的军队。

更令人诧异的是它的船只，船队拥有四十八艘大船，根据记载，这种大船长四十四丈（148米）、宽十八丈（60米）。船有四层，船上九桅可挂十二张帆，锚重有几千斤，要动用二三百人才能启航，可以容纳上千人，载重八百多吨。

什么样的人才配拥有这样一支豪华舰队呢？答案只能是大明皇帝朱棣，这支舰队是他特意打造，专门承担维护西洋和平任务的庞大舰队。

同样特别的，还有这支舰队的指挥官，他的名字叫郑和。

在“靖难之役”的郑村坝之战中，奋勇冲杀的朱棣身旁总是紧紧跟随着一批贴身护卫。这些护卫里有个叫作马三保的宦官，他作战勇猛，为北军逆转李景隆立下战功，战后朱棣特意赐他姓名：郑和。

郑和有个悲惨的童年，他是在明初平定云南之战中被掳到京城的战俘，据说来自元末盘踞云南的梁王手下的色目贵族家庭。照这种说法，郑和很可能是高鼻深目的色目人或是与色目人的混血儿，长相和气质都很不错（丝貌才智，内侍中无与比者）。

梁王拒不投降被明军消灭了，郑和也就成了战俘。因为年纪小，他的脑袋是保住了，可他被送到京城成了一名宦官，分配给了燕王朱棣。

讲到宦官，许多人有刻板的印象，觉得他们惨遭不人道的待遇后，从此成为不男不女的阴阳人，心理变态，刻薄歹毒。不可否认确实存在这样的宦官。不过宦官是个庞大的群体，一棍子打死全部不是个理智的判断。宦官中同样不乏忠义之士、良善之人，以及另一个群体——武装太监。

郑和就是个武装太监，“靖难之役”中，由于人手严重不足，朱棣发动王府中所有能拿兵器的人替他打仗，燕王府的宦官也全部被编入军队。除了身体有一点儿残缺，宦官的力量并不弱于普通男性，加之又是朱棣身边心腹，很快就有一批宦官在北军中成长起来，成为领兵的军官。

除了云南人马三保，其他有记载的还有西番人添儿（赐名孟骥）、滇人保儿（赐名李谦）、胡人猛哥（赐名云祥）等，这些人跟随朱棣起兵有功，后来都被赐姓名。

郑和是最特殊的，因为成为这支舰队的指挥官，他的名字将永远不会被人遗忘，成为中国航海史上不朽的传奇。

“靖难”成功，坐稳皇位后，朱棣想起了海外诸藩，他决定派出一支庞大的船队出使西洋，向各国宣布自己才是现任大明皇帝，催促诸国前来朝贡。

选谁指挥这支庞大的舰队呢？郑和实在是最合适的人选。郑和是一位虔诚的穆斯林，同时也精通佛法。另外他还有军事经验，又是朱棣最信任的心腹。

所有优秀的条件他都占齐了，选郑和，朱棣最放心。

永乐三年（1405 年），船只准备完毕，带着朱棣昭告天下、使万国来朝的愿望和另外一个只有郑和知道的使命，即在海外探访朱允炆的踪迹，舰队拔锚启航，从苏州沿江出海，前往西洋诸国。

船队经福建，过占城、安南，在爪哇遇到了一点麻烦。当时东爪哇和西爪哇正发生内战，西爪哇把东爪哇打得节节败退，眼看就要取得最后的胜利。

郑和并不知道岛上的事，他的船队照例登陆了。

西爪哇发现岛上出现了一群带着武器的陌生人，误认为这是东爪哇请来的援兵，他们发起了攻击。等到搞清楚这是大明的船队时，已经有一百七十名猝不及防的明军士兵被杀害。

将士们群情激愤，一致要求复仇，郑和手下士兵多达二万七千人，他们调转炮口，就等着郑和一声令下，轰平这个小小的西爪哇。

西爪哇王怕得瑟瑟发抖，眼看一起国际军事冲突就要爆发，关键时刻，郑和保持了足够的冷静。经过反复调查，他确认这是一起误会，西爪哇王还没那么大的胆子敢对大明动武，郑和决定保持克制，约束了部下的行动。

这是个很不容易作出的决定，可能会给人留下大明软弱可欺的印象。郑和明确地告诉西爪哇王，大明不动你不是因为怕你，而是给你机会，该怎么解决你看着办吧。西爪哇王感激涕零，这事最后以西爪哇国遣使谢罪，赔偿黄金六万两的代价和平解决。

朱棣对郑和的处理方式很满意，轰平西爪哇容易，培养个敌人却划不来。西爪哇国小力弱，国王恐惧之下喊出六万两黄金的抚恤金，凑了两年才凑出一万两。当西爪哇的使者忐忑地带着一万两黄金来朝贡时，朱棣只是呵呵一笑，大明还缺你们那点黄金吗？认识到自己的错误就好，剩下的抚恤金看你们也拿不出来，就算了吧。自此，西爪哇对明朝死心塌地，到处宣传明朝皇帝的宽容与大度。

这次航行，郑和先后抵达今天的菲律宾、越南、泰国等地。所到之处，明朝船队与各国开展贸易，告知大家大明新君即位，快快前去朝贡。

第一次出海，明朝船队最后到达了印度南部城邦古里。

郑和也懂做生意。古里是个贸易王国，从永乐四年（1406 年）十二月到第二年四月，郑和一直停留在古里，进行贸易和买卖。根据记载，到了和古里人做生意的日子，古里国王会派来主管贸易的头目，挑选郑和宝船上的货物，然后逐一讨价还价。

议价的方式很有地方特色，中国人是用算盘来进行计算，古里人是手脚并用，用手指加上脚趾的二十指进行计算。当双方在一个价位上达成共识后，只要大家抬手两掌相击，就算完成了这笔生意，再也不许反悔。这种看起来很原始的计算方法，结果竟然是“毫厘无差”，让中国官员“甚异于常”。

古里国王扎莫林王很有国际视野，他很早就宣布古里是一个自由港，任何船只在驶往他国途中都可以在此停泊，补充淡水和食物。此后，郑和的船队就以古里作为补给基地，稍事休整后继续向西进入阿拉伯海。

出海航行绝不是一帆风顺，就像在陆地上会有盗匪一样，海上也同样存在靠抢劫为生的武装团伙，他们就是海盗。

通常来说，郑和这个规模的船队海盗是不敢觊觎的。普通海盗不要说打劫，看见明朝船队都得绕着走。然而海盗中亦有江湖，大大小小的海盗中也有这样的狠角色，比如一位名叫陈祖义的人。

说来也巧，陈祖义本就是中国人，出生于广东潮州，洪武年间因为犯事全家逃到了海外。经过一段时间的“奋斗”，陈祖义成就了一番打家劫舍的事业，混成了海盗中的大佬。他的老巢在马六甲海峡一带，活动范围遍及东南亚沿海。陈祖义手下拥有几百艘战船、万余名海盗，是当时世界上最为强大的海盗集团之一。

陈祖义的海盗事业蒸蒸日上，严重威胁着各国商船，“凡有经过客人船只，辙便劫夺财物”。鼎盛时期，他已不满足在海上抢劫，还把手伸向了陆地，他攻陷过多达五十座沿海城镇，为求自保，一些南洋小国甚至向他进贡以求平安。

陈祖义对各国前往朝贡大明的航线造成严重威胁，为了消灭他，朱元璋和朱棣都开出高额悬赏，在洪武时期，陈祖义的人头就值五十万两白银之多。可是由于他远在南洋，明军鞭长莫及，陈祖义依然活得很滋润。

听到明朝船队下西洋的消息，陈祖义先惊后喜。惊的是船队规模庞大，硬拼恐怕难以取胜；喜的是听说船队指挥官是个太监。这个太监虽然打过一些仗，却从没有过海战经验，而他手下的水手们也都只在内河航行过，不懂航海，更不熟悉地形。

天时、地利、人和，陈祖义觉得自己全占了。

郑和也在动陈祖义的脑筋，一路行来，他听到无数对陈祖义的控诉，一个海盗猖獗至此，郑和觉得有必要展露大明的威严，为南洋诸国做一回主。郑和派人招抚陈祖义，陈祖义觉得可以将计就计，用诈降的方式将郑和轻松拿下。

身为跟随朱棣征战多年的武装大太监，郑和压根儿就不相信陈祖义。郑和不是和平使者，该翻脸的时候他毫不留情。

陈祖义将计就计，郑和反手来了个将计就计再就计，在三佛齐港口，当陈祖义满心欢喜地前来诈降时，等待他的是明朝船队的火攻之术。横行一时的陈祖义集团就这样覆灭了，五千多名海盗被消灭，陈祖义本人也成了俘虏。

回到京城，朱棣下令当着各国使者的面将陈祖义斩首示众，以彰显天朝威严。可怜这位陈祖义惹谁不好，偏偏去惹郑和，而消灭陈祖义只是郑和七下西洋中一个小小的成就。

郑和归来是个戏剧性的场面，君臣两人都给了彼此一个很大的惊喜。

朱棣召郑和进宫，原原本本地听郑和讲完了这趟充满异域风情的传奇之旅。高高在上的皇帝像听故事一样听得津津有味，终此一生，朱棣成了忠诚的航海支持者。

听完故事，朱棣带郑和来到了一个地方，这次轮到郑和大吃一惊了。目光所及之处，是数百艘大大小小完工和未完工的船只，数量之多让见过大世面的郑和也十分震惊。

朱棣得意地宣布，他之前向大家提出的那个建议，现在已经付诸实行了。这个建议不是指郑和下西洋，它的影响远大于此，朱棣说的是迁都。

这些船只大部分是为迁都所准备的运输船，其中也有为郑和再次下西洋而造的宝船。郑和回朝十一天后，就奉旨开始了第二次海外之旅。

六百年前的壮举

朱棣希望郑和能航行得更远一些，把他的敕谕宣播到更远的地方。永乐皇帝要让更多国家知道大明天子“厚往薄来，怀柔远人”的政策。

算上第一次在内，从永乐三年（1405 年）到宣德八年（1433 年），郑和一共七下西洋。前后二十八年的时间里，他有一半时间是在海外，最远航行到了非洲东海岸的“木骨都束”，这个地方今天叫索马里。

由于当时技术条件的限制，不管哪个国家航海都不敢真正深入海洋，基本上是沿着海岸航行，出海也就是在近海转悠。郑和开始也是这样，但是几次航行下来，他发现要抵达传说中的“木骨都束”，靠沿岸航行的办法很难实现。

这时郑和已拥有了丰富的航海经验，经过观察，他决定利用印度洋洋流和季风的规律，横渡印度洋，直达索马里。

这是个空前的壮举！

郑和横渡印度洋，要比哥伦布横渡大西洋早八十七年，比达·伽马斜渡印度洋早九十二年，在 15 世纪，这是世界航海史的巅峰水准。

为了纪念郑和创造了历史，今天的教科书里也有郑和下西洋的故事，书中写道：郑和七次远航，为促进我国和亚非国家的友好交往作出了贡献。

这话当然不假，不过还有许多事是教科书不会告诉你的。比如郑和每次出海，都要浩浩荡荡地带上超过两万名士兵，远远超过了护卫需要的兵力，这又是为什么呢？答案是郑和并不光是天使，当形势需要战争时，他便转身恢复了武装大太监的本色，毫不迟疑地进行战争。

消灭海盗陈祖义只是小菜一碟，第三次下西洋时，船队经过锡兰山国（今斯里兰卡），国王亚烈苦奈儿觊觎宝船上的货物，派兵五万袭击船队。

锡兰山国是个小国，国王觉得发兵五万，不用打就能吓得明朝人屁滚尿流。他哪知道当年郑和参加“靖难之役”时，动不动就是几十万人冲杀，五万人实在不值一提。

趁着锡兰山国兵力尽出，都城空虚的机会，郑和复制了朱棣“靖难”的战术，他避开锡兰军主力，带兵攻入锡兰山国都城。国王还在等着手下献宝，但等来的却是手铐脚镣，亚烈苦奈儿全家一个没跑掉，被明军带回献俘朝廷。

这次出航，郑和还顺手办了件小事。

满剌加国（马六甲国）原本是暹罗（泰国）的附庸，郑和来到后带来了朱棣的册封，封拜里迷苏剌为国王。有了明朝撑腰，拜里迷苏剌的腰杆硬了起来，从此满剌加不再附属暹罗，成为一个独立王国。

从此满剌加对大明死心塌地，明朝也得到了马六甲海峡的控制权。

第四次下西洋，郑和在苏门答剌（苏门答腊）又遭到阴谋篡位的当地权臣苏干剌的袭击，可是这位权臣惨败，最终被明军生擒。这位倒霉的苏干剌成了又一个被郑和献俘的人，朱棣按照对乱臣贼子的律法将他诛杀。

郑和下西洋是为了和平，和平不能光靠嘴皮子，往往需要通过战争来实现。郑和用强大的军事力量告诉那些“喜战好斗”的岛国，真理在大炮的射程之内，拿了钱就要听话，不然就会被灭国。

除了宣读诏书、册封、打仗、做买卖，郑和还干了不少有趣的事。他的海外之旅带回了许多奇珍异宝和各种珍禽异兽，其中许多是朱棣和大臣们从未见过的，如狮子、金钱豹、大西马、花福鹿（斑马）、长角马哈兽（直角大羚羊）。

更让朱棣兴奋的是，郑和还带回了一头“麒麟”。

根据古代神话记载，传说中的麒麟长着羊的头、狼的蹄子，头顶是圆的，身上是彩色的，高两米左右。

郑和带回来的这头动物与记载完全吻合，甚至更加高大。麒麟可是古代祥瑞之兽，只有圣王出世或天下富饶时，它才会降临人世。由于时间恰好是朱棣决定迁都，正在营建新的宫殿，朱棣觉得这是上天给他的恩赐，群臣也不失时机地大拍马屁写诗称颂。

后来证明，这只不过是一头长颈鹿，来自东非麻林国（今肯尼亚一带）。

新航路开辟时，西方人像土匪一样是奔着抢劫、殖民去的，发现新大陆就像发现了宝藏。但千百年来修齐治平的教育，让明朝人做不出这样的事，朝廷也没有海外贸易的需求。随着在永乐二十二年（1424 年），最支持郑和出海的朱棣驾崩，郑和下西洋的活动也暂时告一段落了。

此后，郑和被派往南京担任守备太监，职位虽重，他却感到浑身不舒服。他像个未到年龄就被强制退休的人一样，心里不停地回忆着当初下西洋的大场面，齐呼万岁，万国来朝，那是大明何等的盛世啊。

不能出海的日子是黯淡无光的，富庶的南京也是索然无味的。郑和的生命已和海洋紧紧联系在了一起，他多期盼能再下一次西洋啊，哪怕为此搭上自己的性命，也在所不惜。

宣德五年（1430 年），激动人心的诏书终于来了，明宣宗朱瞻基决定再次派遣郑和出使西洋，告诸西洋诸国，明朝又有了新皇帝，要求各国遣使来朝。

郑和已经是个老人了，时光仿佛一下子回到了三十多年前，第一次出海的情景依旧历历在目。

这年十二月初六，郑和率船队从南京下关出发，于宣德七年（1432 年）十二月二十六日到达忽鲁谟斯（今霍尔木兹海峡附近）后回程，按照惯例，船队在经过古里时靠岸补给。

二十八年前，一个叫郑和的年轻太监率领庞大的船队来到这里，带来了东方大国的问候与威严。斯文儒雅、不恃强凌弱的明朝人赢得了当地人的好感，从此古里国王一直和明朝保持着良好的关系。

古里，是郑和第一次出洋时停留时间最长的地方，以后每次出海，他都把古里作为补给基地。

二十八年后，老太监郑和又来到了古里，他已经六十二岁了，本以为此生再也没有扬帆启航的机会，这次意外的机会已经让他心满意足。

在途中郑和染病，再也走不动了。宣德八年（1433 年），郑和在古里去世。

郑和航海史，就是中国古代航海史的顶峰，没有之一。

关于郑和下西洋的遗迹和传说广布于国内外，东南亚的印度尼西亚、马来西亚、泰国等国，以“三保”“三宝”为名的地方和名胜随处可见，关于郑和的传说到处可闻。

六百多年前，郑和为后人带来我国南海主权的象征。如今，遍布南海的岛礁中有两个响亮的名字：永乐群岛和宣德群岛。它们正是得名于郑和下西洋的壮举。

在《全球通史》中，是这样记载郑和下西洋的壮举的：

> 明朝 1405 年至 1433 年间的七次远航都是在一个名叫郑和的宦官的指挥下进行的。这些探险队由 62 艘船组成，共载 28000 人。一般的船宽 150 英尺，长 370 英尺，但是最大的船则宽 180 英尺，长 444 英尺。与哥伦布的小旗舰——宽 25 英尺、长 120 英尺的“圣马利亚号”相比，它们是名副其实的浮动宫殿，而“圣马利亚号”比哥伦布的另外两艘船“平塔号”和“尼娜号”还要大一倍。中国探险队不仅在规模上，而且在所取得的成就方面给人留下了深刻印象。它们绕东南亚航行到印度；有些船继续西航到亚丁和波斯湾口；还有个别船则驶入非洲东岸的一些港口。我们应该记得，此时葡萄牙人还只是刚刚开始沿非洲海岸探索航路，直到 1445 年他们才抵达佛得角。

郑和七下西洋，为中国和世界树立了一座航海历史的丰碑，六百多年后的今天，仍然仰之弥高，光彩永恒。

第十二章 迁都北京

迁都

在郑和忙着下西洋的时候，朱棣也没闲着，他在办一件更大的事儿。

派谁来镇守北方呢？这是个大问题。

朱棣的选择与朱元璋相同：迁都。

应天繁华富庶，可距北方实在遥远，鉴于主要敌人都在北方，唯有迁都才能让朱棣安心。

此时，国家的北方比较落后，政府决定进行迁都以支援北方建设。另外鉴于北境不怎么太平，有必要维持一支强大的边防军，需要的军费和物资都要从南方转运。

明朝，还有更要命的南北割裂问题。洪武三十年（1397 年），朱元璋通过搞平衡的办法压下了“南北榜案”；建文四年（1402 年）朱棣即位，问题岂是短短五年就能够解决的，官场上来自江浙的官员仍然占据着统治地位。

比如建文元年（1399 年）科举三甲全都是江西人，永乐二年（1404 年）科举前七名也都是江西人。出于地域保护，他们不光排斥北方官员，连四川、湖广的官员也在被排斥之列。

大明看似是大一统的，可南北方汉人文化上的割裂还需要时间融合。朱元璋毕生不断把江浙的富户迁徙到北方落户，并不仅是为了打击地方豪族，还有靠这个办法融合南北的意思在里面。

这个问题要在朱棣手里解决，最简单直接的办法就是迁都。动用行政手段，强行将政治中心和文化中心北移，强迫南北汉人进行文化交流融合。

朱元璋有这个条件，朱棣也有这个条件，他们都是创业皇帝，有足够的威信。如果朱棣再不做，到了他儿子孙子那里，就失去了动力和条件。所以，迁都必须在朱棣手里完成。

下一个问题是迁到哪里。这对朱棣而言，实在是个不需要考虑的问题，他的选择始终只有一个：北平。

为什么是北平？我们来假设一下，朱棣没有迁都北平的话，明朝会朝什么方向发展。

先要明确，大明的敌人在哪里？

毫无疑问，北方的蒙古。不要以为北元没了蒙古人就臣服了，他们只是暂时退回大漠，时刻准备着卷土重来。

在朱元璋时代，蒙古好歹还有个叫都城的地方作为明确的打击目标。到了朱棣时代，他们干脆连都城也不要了，大汗的蒙古包在哪儿，哪里就是王廷。这样做的好处是大汗时刻可以进攻，也时刻可以逃跑，这让明军出塞这种传统活动变成了毫无意义的野外探险。

蒙古各部落人数依然众多，就算没有了统一的指挥，他们的威胁也没有丝毫减弱。更多时候，他们会分散成小股队伍，不断地骚扰侵袭边疆。而当他们大规模集结起来的时候，仍然能与明军进行兵团级别的正面对决。

如果一个帝国不能保卫边疆，不能保护自己的子民，它将被百姓所唾弃。

都城远在南京，又没有了藩王，朱棣只能放权给武将。武将得到兵权不可避免的结果是军阀化，形成武将世家。

根据以前王朝的经验，边境是战事最多的地方。中央禁军由于长期承平，战斗力在第二代开始就直线下降，边军接受战争锤炼的机会要远远地大于中央禁军，这个比例与立国时间成正比。

几代人下来，北方就可能出现尾大不掉的封建军阀，中央禁军的堕落让朝廷无力讨伐，长此以往，中央对北方的控制力将持续下降。随之带来的可能是两个结果：重蹈南宋覆辙或再次出现藩镇割据。

迁都的利与弊

迁都有什么好处呢？

以当时的信息传递速度，为了能及时应对北方的威胁，必须要在北方设立一个重镇，有兵、有粮、有指挥机构。当无法依靠藩王，又对武将放心不下时，天子离北方近一点才放心。

就边防来看，都城在北平，边关镇将不敢不全力以赴。后来几次蒙古大规模入侵，边关总兵们没人敢丢失防地，更没人敢弃城逃跑。因为一旦蒙古人突破自己的防区，骑兵两天就能跑到京郊抢劫，到时候皇帝追究起来也是个死。

都城在南京就不一样了，天高皇帝远，蒙古人来抢了又走，报不报朝廷可以自己把握，跟蒙古人做个交易、放个水，也没太大的问题。

蒙古最远打到北平郊外也打不动了，因为背后就是天子，北平必须守住。要是皇帝不在，北平就可能被放弃，北方也就不设防了。

有明一朝，蒙古的威胁要到隆庆年间才真正开始减弱，在此之前，所有大明皇帝的头号敌人都是蒙古。

那么，为什么是北平？

最直接的原因是朱棣曾经的燕王身份，他从二十岁起就藩北平，早就习惯了那里的风土人情，饮食口味。他更熟悉北平，北平也更熟悉他，四年

“靖难”中，北平军民始终支持着他，这让他无比感动。

相比南京那群对他表面恭敬、背地里不知在想些什么的文官，迁都北平既安全，又是对子民的回报。

还有一个原因，古人非常迷信。

到了帝王这个级别，低级的迷信未必管用了，帝王最信的是祥瑞、灾异、长生不老之术，满脑子都是如何让自己多活几年，让后世江山永固。北平是朱棣的龙兴之地，从风水角度来讲，他也更青睐于北平而不是应天。

更现实的原因是，不同于西安、洛阳、开封这些主要靠驮马运输的地方，应天到北平有漕运这种运输方式。古代的漕运地位相当高，是最经济的运输方式，仅运输一项，就能省却无数人力物力。

另外，这还与朱棣的喜好有关：打仗！

朱棣身上有许多标签，“好战”一定是最醒目的那个。民间一直有传说朱棣的生母是蒙古人，他对此极力否认，但从他的行动来看，确实有几分蒙古人的特点。他喜爱在千军万马中往来冲杀的感觉，当战鼓响起，战马奔腾的那一刻，才是朱棣最意气风发的时刻。治国理政只是工作，跨马冲杀才是朱棣一生所好。他是个为战争而活的男人，生于战争，也死于战争。

敌人在北边，朱棣在南边，哪天自己手痒了，要长途跋涉一千五百多里才能和敌人照上面，到时人家早就跑得没影了。在北平就不同了，他能自己直接掌握重兵，随时御驾亲征。这份快意，怎一个爽字了得。后来，他真就这么干了。

话说回来，迁都北平就真的只有好处没有坏处吗？那肯定不是。

世界上没有完美的事情，迁都也是如此，除了加重南方的负担，消耗国力，它还把皇帝放得离边境过近。对朱棣这不是问题，但不是人人都是朱棣，历代开国皇帝不是在尸山血海中厮杀出来的，就是通过过人的权谋和手段登上宝座的。他们的段位，后人无法企及。

这就是古代王朝衰落的另一个实质性原因：不是依靠完善的制度治国，而是过于依靠皇帝的个人能力治国。

一个王朝的兴衰与皇帝息息相关，皇帝明，则王朝兴；皇帝暗，则王朝衰。

这和迁都北平有什么关系吗？当然有。

在永乐时代，迁都北平毫无疑问利大于弊，可对后来那些明朝皇帝来说就未必是这么回事了。可是再把眼光跳出明朝，又会觉得他这个决定英明无比——因为事物是在不断变化中的。不管如何，迁都的副作用在后面会慢慢地体现出来，对明朝而言这不全是个好消息。

有理由相信，朱棣迁都的想法绝不是即位后才有的，在他还没坐上龙椅时就已下了这个决心。

永乐元年（1403 年），朱棣改北平为北京，称为“行在”，意思是天子所在的地方。他本人长期住在北京，很少在南京居住。同时，他又命令重开海运，以舟师向北京运粮。

永乐二年（1404 年），朱棣下诏从山西等地迁徙万户以实北京，并下令疏通大运河，保证漕运的通畅。

永乐四年（1406 年），朱棣下诏以南京皇宫为蓝本，兴建北平皇宫和城垣。

永乐五年（1407 年），朱棣的原配徐皇后（徐达之女）去世，朱棣选择为她在北京营造陵墓。朱棣后来也葬在那里，这就是明十三陵中的长陵。

这些措施表明，朱棣从来没有考虑过以应天为都城，迁都势在必行。

虽然早早就开始准备，宫廷的营建却一度停止了，直到永乐十五年（1417 年）才正式全面开工。永乐十八年（1420 年），北京皇宫和北京城建成，朱棣改北京顺天府为京师，正式下诏迁都。

是什么原因造成了中间长达十一年时间的建设停顿呢？

第十三章 永乐扫北

鞑靼的威胁

永乐七年（1409 年）初，朱棣得到一个消息，蒙古卷土重来了。

在“靖难之役”中，蒙古没来找明朝的麻烦，除了朱棣的拉拢以外，最重要的原因是他们自己也内乱了。

此话还要说回蓝玉捕鱼儿海大捷之后，也速迭儿袭杀北元大汗脱古思帖木儿，自立为“卓里克图汗”。也速迭儿来自阿里不哥一系。与忽必烈一系相比，阿里不哥家族有很大的不同，争位失败后他们遭到忽必烈打压，被限制在西部蒙古草原地区活动，这让阿里不哥的后裔拥有浓厚的蒙古文化背景。

也速迭儿上台后，蒙古大汗从此再无汉文的年号和庙号，蒙古政权的汉文化因素迅速衰退。

阿里不哥家族夺位带来另一个更严重的后果，汗位由稳定的传承转为靠实力说话的争夺。蒙古分裂为以忽必烈系为核心的鞑靼部与以阿里不哥系为核心的瓦剌部两大集团，这两个名字和它们的来历，非常重要。

瓦剌是以阿里不哥属民后裔为主的西部卫拉特蒙古，居住在科布多河、额尔齐斯河流域、准噶尔盆地一带。鞑靼是以忽必烈系北元大汗直属部众以及东道诸王后裔部众为核心的蒙古人，居住在蒙古高原东部的鄂嫩河、克鲁伦河、贝加尔湖、呼伦贝尔一带。

为了争夺汗位和霸权，他们开始了长期的争斗。

也速迭儿在1388年成为大汗，四年后病死。从他死后到永乐六年（1408年）这十六年里，汗位换了四茬，没有大汗能活到寿终正寝，全部死于内乱。

内乱是“靖难”期间蒙古没乘虚而入的主要原因。在那几年里，不光朱棣、朱允炆叔侄俩在打，蒙古各部落的兄弟们也在尔虞我诈中想着如何干掉对方，从大明北方到蒙古高原都是一片喊打喊杀的声音。

蒙古的汗位争夺很有特点，大汗通常不是在两大候选人中决出，往往是权臣弑主后迎立他人或干脆自立为汗。建文四年（1402年），窝阔台庶子合丹后裔鬼力赤在部下阿鲁台帮助下取得汗位，这时大家已经无所谓“元”不“元”了，为了彰显自己为正统，鬼力赤干脆去故元称号，改国号为“鞑靼”（实际是也速迭儿废元国号，国号仍称蒙古，明人仍依旧称，称为鞑靼），传统意义上的北元到鬼力赤这里结束。

1408年，鬼力赤被阿鲁台所杀。阿鲁台迎立爱猷识理达腊之孙本雅失里（1408—1412年在位）为汗，绕了一大圈后，汗位又回到了忽必烈一系手中。

对于谁当蒙古大汗，朱棣没有发言权，他关心的只是蒙古人的实力。强大的鞑靼或强大的瓦剌都是明朝不希望看到的，一旦哪方打破均势再次统一蒙古各部，随之而来的必定是大举入塞。所以拉偏架是必需的，只有让鞑靼和瓦剌保持均势，谁也吃不掉谁，他们才会对明朝表现出足够的尊敬。

本雅失里成为大汗后，均势被打破了，鞑靼越发强大，对瓦剌保持压制，并开始有余力南下侵扰，大明边境再次拉响警报。

更过分的是，本雅失里杀死了朱棣派去的使臣郭骥，并准备掩袭兀良哈诸部。事到如今，说好话已经不管用了。

既然鞑靼想要战争，朱棣就给他战争。

永乐七年（1409 年），朱棣任命丘福为大将军、总兵官，领兵十万出征鞑靼。

丘福，燕王府旧人，“靖难”名将，朱棣创业班底。起兵过程中，朱棣手下张玉、谭渊、陈亨、王真等大将先后阵亡，丘福的排名一再上升，也为自己挣来了淇国公的爵位。

张玉、朱能已死，张辅还在安南，丘福成了朱棣手下最能打的将军。但是与曾统领“靖难”北军的张玉等不同，丘福长期担任的是前锋的角色，对他能否独领一军，朱棣颇有顾虑。

临行，朱棣反复叮嘱丘福一定不能轻敌，务必广划筹策、相机而进。丘福听得很认真，他诚恳地表示一定听从朱棣的教导，不骄不躁，谨慎进军。

然而性格问题是无法改变的，丘福胸中永远跳动着一颗前锋的心脏，一上战场，朱棣的告诫就被他抛到了九霄云外。

永乐七年（1409 年）八月，丘福兵至塞外，中鞑靼诱敌之计，撇下主力轻敌冒进，被引入埋伏圈。淇国公丘福连同武城侯王聪、同安侯火真、靖安侯王忠、安平侯李远等全部阵亡，明军伤亡惨重，余部大多溃散。

一战损失一公四侯及数万精兵，是大明开国以来对蒙古作战前所未有的大败，朱棣犹如遭到一记当头棒喝。

没法忍了，朱棣要御驾亲征！

御驾亲征，名字很霸气，其实很危险。

战场看着刺激，实则步步充满杀机。皇帝虽然金贵，但毕竟不是不死之身，一样免不了会受伤、染病、被俘甚至死亡。

将领出征是本分，皇帝亲征却不是义务，不到最后一刻他有不冒险的权利。

当然，风险和收益是并存的。御驾亲征是激励军队士气最好的办法，比屠城还管用，战场上一见到黄龙旗，将士们立即信心满满，战斗力上升，这都是因为皇上亲临战场的加成。

朱棣要亲征，除了好战的基因在蠢蠢欲动，还有个冠冕堂皇的理由——他本身就是头号“靖难”名将。“靖难”第一名将不是丘福，也不是张玉、朱能，而是朱棣本人。

“靖难之役”中，筹划方略的是朱棣，冲锋在前的是朱棣，退敌断后的还是朱棣。张玉、朱能虽勇，最多也不过是掌管五军中的一军。朱棣是统帅是参谋是将领是士兵，一人扮演多重角色，打得不亦乐乎。尤其他在“靖难”中展现出的骑兵指挥水准已炉火纯青，多次利用骑兵的机动性迂回夹击，扭转不利局面。与故去的大明第一名将徐达相比，朱棣已经达到至少不弱于徐达的水平。

永乐八年（1410 年）二月，朱棣集结起五十万大军，在震天的鼓乐声中，浩浩荡荡地出德胜门，踏上了亲征鞑靼的漫漫征途。

这条北征之路，朱棣二十年前走过多次，他仿佛回到了二十多岁时，那时自己还是燕王。朱棣不免想起当年那个青涩的毛头小伙，出塞只是平平常常，那个年轻的胸膛中跳动着一颗不知畏惧的征战之心。如今，他已成了声名远播的永乐皇帝，那些蒙古人的战斗力还剩下几成呢?

飞云壑之战

朱棣的对手是本雅失里和阿鲁台。

蒙古军队最强大的时候，还要追溯到王保保时期。徐达北伐时，王保保早就名满天下，他是北元在大漠军事力量的统帅，手下掌握着最精锐的军团，这样强大的王保保还是在徐达兵锋之下连吃败仗。

现在，大明军界第一人兼皇帝，能力不逊于徐达的朱棣带出五十万大军前来复仇，叫只有鞑靼本部支持的本雅失里和阿鲁台如何抵挡?

答案是无法抵挡，本雅失里和阿鲁台很快达成了一致：逃跑。但是在往哪个方向跑的问题上，两人又闹起了分歧。本雅失里说，我们往西跑，我的妹夫绰罗斯·马哈木一定会收留我们的。阿鲁台一听，不同意，说马哈木是瓦剌酋长，去找马哈木不是送死吗？绝对不行，他要往东撤退，回到鞑靼部落去。

阿鲁台讲得有道理，本雅失里也有他的苦衷。北元小朝廷在捕鱼儿海被蓝玉一锅端后，故元后裔力量已大不如前，崛起的鞑靼贵族们看他的眼神不像是看大汗，更像是在看傀儡。

本雅失里想这样下去，阿鲁台干掉自己也是迟早的事，倒不如借此机会摆脱他。毕竟马哈木是亲戚，不如搏一搏，万一他能帮自己成为真正的大汗呢？

大敌当前，君臣二人来不及争吵，只得各自逃跑！

经过判断，朱棣决定先追跑得较慢的本雅失里。他亲自率领前锋在斡难河畔追上本雅失里，仅一个回合本雅失里就被打败，丢弃全部辎重仓皇逃跑，身边仅剩下七骑跟随。

收拾完本雅失里，轮到阿鲁台了。

六月初八，哨骑带回阿鲁台踪迹的消息，朱棣掉头回来，在飞云壑（斡难河东北）追上了阿鲁台部主力。

斡难河，还是斡难河，仿佛是宿命一般，本雅失里和阿鲁台一个往西一个往东，跑来跑去都没跑出斡难河流域。

这条河流是蒙古族的发祥地，1206年成吉思汗在这里即大汗位，建立大蒙古国，开始对外东征西讨，建立起横跨欧亚的超级帝国。二百多年过去了，斡难河水还在静静地流淌，仿佛周围什么事情都没发生过一样。外面的世界里，成吉思汗的传说还在流传，他的子子孙孙却正成为别人的猎物。

作为首领，阿鲁台深知自己不是朱棣的对手，他派出了外甥朵儿来到朱棣军中请降，说愿意俯首称臣。这个主意还是相当可行的，但是他手下将领们并不服气，仍要一战。

阿鲁台出自蒙古阿苏特部，是蒙古化的伊朗人。阿苏特部曾经很强悍，他们被西征的蒙古大军带回东亚，后来成为蒙古军团的一支近卫部队，也被称为“阿速军”，历来被元朝皇帝作为撒手锏使用。阿鲁台的手下以阿速骑兵为核心，素称骁勇，为了捍卫祖先的荣耀，他们坚决反对阿鲁台这种投降主义的态度。

只是他们都忽略了一件事，投降能否成功，说了算的不是蒙古人，而是朱棣。

听朵儿讲完阿鲁台的意思，朱棣只是冷冰冰地说了两个字：不准。

朱棣明白，阿鲁台是个很狡猾的人，不狠狠地敲打一下他是不会真心投降的，何况大军完全有吃掉阿鲁台的能力，绝对不能放虎归山。

朱棣有骄傲的资本，这时他已拥有秘密武器——神机营。

火药在中国发明，由蒙古西征传到欧洲被发扬光大后，又通过东南亚传回中国，前文说过在出征安南时，张辅为朱棣带回了先进的枪炮（已，征交趾，得火器法）。“靖难之役”中，朱棣被郭英的火器轰得晕头转向，深感建立一支专门编制的火器部队的必要性。

看到张辅带回的更先进的火器，朱棣的眼睛发亮了。

世界上第一支独立建制的纯火器部队——神机营，就此诞生。

神机营，配备有步兵（全配火器）、炮兵（装备各种火炮）、战车（车营，装备木头战车），全营兵力五千人左右。另附属一支五千人的骑兵部队，名为“五千下”，由谭广指挥（又得都督谭广马五千匹，置营名“五千下”）作为随驾护卫马队，一同担负“内卫京师，外备征战”的重任。

神机营的射击方式经过改良，他们以五十七人为一队，盾牌手和刀手在前方和两侧保护，其余三十三人分三列站位，前列开枪、中列递送、后列装药，循环不断，与第一列十人错开一个身位不影响开枪——“遇敌牌居前，五刀居左，五刀居右，神机枪前十一人放枪，中十一人转枪，后十一人装药”，以往偏慢的装填速度得到了很大提升。

与神机营一起直属皇帝指挥的，还有另外五个军营和三千多精锐蒙古骑兵，他们后来发展为“五军营”和“三千营”，与神机营一起被称为“京师三大营”，成为明军精锐中的精锐。

当对手是大明最杰出的骑兵统帅朱棣，且其手下还有一流的火器部队助阵时，阿鲁台的部队就有点实力不足了。这次战斗中，朱棣的阵型是“神机铳居前，马队居后”。鞑靼地处东蒙古，他们和西域之间隔着瓦剌，很难从西方进口武器装备，因此阿鲁台的手下以轻骑兵为主，缺少甲胄防护。神机营几轮齐射打得鞑靼骑兵纷纷坠马，随即马队跃马而出大砍大杀，当者披靡。根据《明实录》记载，战斗开始后“人百其勇，矢下如注”，打得鞑靼军队人仰马翻。

明军追击出一百多里，直接端了阿鲁台在长秀川的老巢，缴获大量辎重，史载“牛羊杂畜满山谷，及河之两旁，连延百余里”。

这次战役，明军大胜，唯一的遗憾是让阿鲁台跑掉了。这年冬天，老本折得精光的阿鲁台派人送来了贡马再次求和，得到准允。

但阿鲁台绝不是个老实人，这不过是他的权宜之计。这个鞑靼人很麻烦，他还会继续阴魂不散，骚扰大明二十四年之久。

瓦剌的麻烦

本雅失里投奔妹夫马哈木后，开始时受到了优待，可惜当阿鲁台大败的消息传到马哈木耳中时，这位大汗受到的待遇就越来越差了。

本雅失里已经失去了价值。

鞑靼和瓦剌是一对难兄难弟，听到阿鲁台被打得一败涂地的消息，瓦剌人笑得很开心，损失惨重的鞑靼要很久才能恢复元气，这意味着他们的机会来了。

马哈木和阿鲁台并没有什么两样，大汗只是傀儡，生杀废立全由他们操纵。历任瓦剌和鞑靼首领的另外一个共同点是，一旦有机会，他们都想灭掉对方，统一全蒙古。永乐十年（1412 年）五月，马哈木终于除掉了本雅失里，另立答里巴为大汗。

而明朝的底线则是绝对不能再出现一个统一的蒙古。一旦这成为现实，他们下一步必定是大举入寇。

所以，哪个太强大就给他一拳，哪个太弱小就拉他一把，这就是朱棣对鞑靼和瓦剌的态度和策略——一定要让他们“公平”竞争，不允许出现强者。

马哈木对阿鲁台的优势越来越大，他要大举进攻鞑靼的信号越来越明显。为了不让马哈木得逞，朱棣又要出征了。

永乐十二年（1414 年）春，朱棣再次率将士踏上征途，按照惯例，这次的兵力还是五十万。

马哈木还是有些实力的。他手下真正的精锐不多，大约只有三万骑兵，可这三万人却拥有十万余匹精壮的战马（每人带从马三四匹），为重装骑兵。马哈木在他们身上下了血本，靠着与西域的通道维持着这样一支装备精良的骑兵队伍，指望他们临敌破阵，无坚不摧。听说朱棣来了，马哈木并不惊慌，他只是下令撤退，大踏步地撤退。

撤退不等于认输。

自从在太原被徐达击败以后，蒙古就改变了战术，他们不再争取迅速击败明军。当需要决战时，他们总是大踏步地后退，尽量拉长明军的补给线，把他们引诱到自己设定的战场聚而歼之。当初徐达的岭北之败、丘福的胪朐河之败，都是中了这样的圈套。

这个战术的毒辣之处在于，就算朱棣明知道自己是在步入陷阱，他也只能一步步地走进伏击圈，否则要想在茫茫大漠中捕捉到敌军主力，希望是极其渺茫的。

这次马哈木也没有例外，他布置的疑兵总是稍战即退，就像明军的向导一样，一步步把对手引入设置好的战场。

手下看出不对劲，提醒朱棣注意敌军的陷阱。但朱棣仍下令追击。

六月初七，明军抵达忽兰忽失温（今乌兰巴托东），就是这里了，决战之地。

马哈木精心选择这个地方是有原因的，瓦剌骑兵早已抢占好了山头，以逸待劳，就等着人困马乏的明军到来。骑兵相当于冷兵器时代的坦克，重装骑兵又相当于重型坦克，当三万钢铁洪流从高处冲击而来时，大地都会发出可怕的颤动。马哈木确信，在他精锐骑兵的冲击下，明军将一败涂地。

看到明军进入伏击圈，马哈木下令兵分三路，居高临下发起冲锋。

瓦剌骑兵很自信，根据以往的经验，地形之利将帮助他们把冲击力发挥到最大，位于低地的明军将像一群绵羊一样被分割、驱赶，等待他们的只有杀戮。但当他们逼近时才发觉根本不是这么回事，在以往不可能的距离上，明军的火器就密集地开火了。这次的炮火来得比以往更加猛烈，并夹杂着大量的引火物，胯下的战马没有见过这种场面，开始不听使唤，冲击势头为之一顿。

“神机铳居前，马队居后”，最后面是步兵，朱棣的战术没有改变，在当时，这几乎就是世界上最先进的战术。

而且，明军的步兵并不是缺乏保护。战场上，攻防双方都在挖空心思地斗智斗勇。为了防骑兵，人们发明了拒马。但是这些东西都是死的，不能和步兵一起推进，为了解决这个问题，朱棣复活了战车这种古老的武器。

当时的战车并不是我们现在所说的那种钢铁洪流，而是指木制的古代战车，从商代到战国，它们一直是诸侯们最重视的装备。一个国家有多少战车代表着国家的实力，所谓“千乘之国”“万乘之国”就是指的诸侯们的军事力量，数量越多越强大。

随着骑兵的崛起，战车逐渐退出了历史舞台，被长久封存起来。眼看骑兵们在战场上横行，古人又想起了战车，战车进攻虽然不行，但把它改装一下用来防御骑兵，实在是个不可多得的好东西。

把战车加以改良，就能给骑兵设置障碍，步兵可以躲在后面用枪炮射、用长矛捅、用大刀砍马蹄。而当神机营配上战车，更是大大提高了他们的战场生存能力。以往火铳手或许只来得及打出两枪，自从有了战车这道屏障，他们就有机会射出第三枪、第四枪。不要小看这一两枪的差距，神机营有几千杆火铳、几百门火炮，哪怕命中率只有一成，一轮齐射的威力也相当可怕。

瓦刺重装骑兵固然强悍，但当他们面对这种周密的打法时，地形的优势已经起不到什么作用了。

别忘了，明军也有骑兵。

身为当时最优秀的骑兵统帅，朱棣深知保有一支强大骑兵部队的重要性。这几年间，大明利用从阿鲁台处的缴获和鞑靼后来的进贡，骑兵规模已经得到了很大扩充。

讲到这里，我们要提一提“三千营”的贡献。“三千营”本来是个特指，指的是三千名蒙古骑兵。蒙古骑兵在“靖难”中为朱棣提供了许多帮助，他觉得这帮人既忠诚又勇猛，干脆选出收降的三千人编成一营五司，成为一支特别的编制，负责操练官军以及近身侍卫。

随着他们训练出更多的骑兵，三千人的编制很快就不够用了，后来亲军卫和辽东官军又不断加入，三千营扩充成了一支蒙汉混编的骑兵队伍，实际兵力早就远远超过了三千。

瓦剌第一波冲击受阻后，朱棣亲自带着“五千下”骑兵和未来的“三千营”发起反冲锋。皇上身先士卒，将士精神百倍，黄龙旗所到之处，如同一柄利剑一样劈波斩浪而来。瓦剌军确实凶悍，即使遭到多兵种联合打击，他们依然与明军进行着白热化的激战，这场战斗从中午一直打到天黑，马哈木才最终不支败退。

面对拥有步炮骑协同的明军，只有重装骑兵的马哈木失算了，他输得并不冤枉。

此战明军共计斩首数千级，战果中包括十余名瓦剌王子。

激战中，明军将领满都阵亡，都督马聚、中军主将武安侯郑亨受伤，明军的损失大致与瓦剌军相当。

瓦剌确实要比鞑靼难对付得多，这是当时两支最为强大的骑兵部队的直接对抗，朱棣依靠出色的临阵指挥，靠枪炮与步骑协同、兵力优势取得了最后的胜利。

虽然战损比并不出色，但这显然是明朝的一场大胜仗，马哈木苦心积攒的家底损失殆尽，瓦剌国力不比大明，需要很长的时间才能恢复。

马哈木和阿鲁台一样，惨遭失败后恢复了对大明的恭敬，次年送来贡马谢罪。不过，马哈木已经没有机会见证瓦剌在他手上恢复荣耀了，两年后（1416 年），他就和答里巴一起在与鞑靼的争斗中身亡。

关于这次战争，蒙古史料记录了一些细节。鞑靼的阿岱汗为报前仇，派手下锡古苏特上阵讨伐瓦剌。这位锡古苏特与瓦剌阵营的珪林齐曾结拜为“安答”（义兄弟），两人都有“巴图尔”（勇士）的称号，一个以刀法闻名，一个以箭术著称。

在瓦剌和鞑靼还没打得这么你死我活的时候，锡古苏特曾对珪林齐说：“他日双方若要交战，必然是我们俩交锋了。”珪林齐说：“在我射箭时，你不披甲也无妨。”锡古苏特说：“在我砍劈时，你不顶盔也无妨。”

到了果真刀兵相见时，锡古苏特披了三层甲，胸前还系了块铁盾牌。珪林齐顶了两层盔前来迎战，他先发一箭，将锡古苏特的前鞍桥连同两层甲胄和铁肩一起射穿，锡古苏特的身体仰躺在鞍桥上。珪林齐正要赶上，冷不防旁边射来一支冷箭，将他的战马护面射穿，珪林齐被掀落马下。锡古苏特调整过来催马上前，一刀将戴着双层盔的珪林齐的头颅劈为两半。

此战马哈木被鞑靼攻杀，其妻萨穆尔公主被阿岱汗所纳，儿子脱欢被赐给阿鲁台为奴。马哈木一家至此式微，当时谁也不会料到这个脱欢后来能有多大的成就。

第十四章 明朝的锦衣卫

强化法制

永乐十四年（1416 年），死掉的不止一个马哈木，还有另一个提到过的人物——锦衣卫指挥使纪纲，那个执行大明第一才子解缙死刑的纪纲。

为什么是由锦衣卫来执行这个工作，而不是刑部呢？这关系到大明司法机构的问题。

历代司法机构不外乎“三法司”，即刑部、大理寺、御史台 / 都察院。电视里我们看到大案需要进行“三司会审”，就是指这三司。

举个例子，某官员收受贿赂，东窗事发，案子递交到了刑部。

刑部官员就会问，他收了多少钱啊，说已经招了，白银五十两。该官员就会拿出厚厚的《大明律》，翻到具体的条令。白银五十两，够判了，先给他入监。

《大明律》，太祖皇帝朱元璋亲自制定的综合性法典，共分 30 卷 460 条。

当时能想到的主要罪行，朱元璋都给统一分类，安排到了《大明律》里。刑部收到人犯，只要按照犯事的具体情节找出犯法的条令，就能判断此人是否有罪。

这只是第一步。

接下来，刑部会拿出《大诰》，找到类似案例的判决标准。

《大诰》，朱元璋亲自写定的刑典，洪武十八年（1385年）以诰文的形式向全国发布，洪武十九年（1386年）颁行天下。这本书在明代拥有率最大，没有之一。明太祖规定，《大诰》每户一本，家传人诵。家有《大诰》者，犯笞、杖、徒、流之罪减一等。

如果没有怎么办？无《大诰》者，罪加一等。

《大诰》体现的是朱元璋“乱世用重典”的法治思想，条令过于严酷，内容比较血腥，流行时间仅为洪武—永乐前期，之后基本不再行用。

对照判决标准，这是第二步。

最后一步，刑部会通过《问刑条例》来确定该人犯的量刑细节。

由朱元璋制定的《大明律》不可更改，但是时代在发展，总会出现各种各样的新情况、新问题。《大明律》很快就不够用了，在实行的过程中难免会存在着法律与现实脱节的情况。为适应社会的需要，司法官员陆续整理、修订新的条例，这就是《问刑条例》，可视为《大明律》的子法律。

刑部官员翻出《问刑条例》一看，受贿白银五十两，死不了，先施笞刑，再流放。

刑部是中央审判机关，既管审案又管判决。到这儿，刑部就审完了。但案子还没结束，刑部还要将该案移交大理寺复审。

大理寺是慎刑机关，负责对刑部移交的案子进行复审，以及平反冤假错案。

大理寺一看，罪行确凿，人犯、口供俱在。没问题，照此执行。

不过有可能这个官员觉得冤枉，说他有戴罪立功的情节，能否从轻发落？那大理寺就得复审，审议他的立功情节是否属实。

复审就没刑部什么事了，需要请出另一个机构：御史台。

御史台就是都察院，它是最高监察机关，拥有弹劾百官、辨明冤枉、提督各道的权力，是充当天子耳目、整顿风纪的部门。

大理寺和御史台复审完毕，不管什么结果，这件案子差不多可以结案了。为什么是差不多呢？因为还存在另一种可能，皇上关注到了这件案子，看完卷宗，他不太满意，觉得案情还不清楚。

这种情况，就需要出动“三司会审”，刑部、大理寺、都察院堂官全部参加，皇上会派人旁听监督，或是干脆由他亲自指定主审官。

以上就是三司的运作流程。一般的案子，三司有权独立判决，除了一种情况：死刑。如果判决结果是死刑，必须上报皇帝，请得旨意才能行刑。皇帝核实无误，会用朱笔在名单里把死刑犯的名字打钩，称为“勾决”。要是皇帝觉得不对劲，会再次发回重审，称为“覆狱”。

三司就是传统意义上的整个司法系统。可到了明朝，司法制度的创新达到了一个新的高度，出现了凌驾于三司之上的特殊机构，它们就是厂卫。

厂卫不是一个机构，而是一个合称，最多时包括四个部门。为了方便区分，我们先说其中最著名的一个：锦衣卫。

三法司的配置处理一般的案件绰绰有余，可要是案件不那么一般呢？比如胡惟庸案这样以官员为主要对象的大案，本身三法司许多官员都牵涉其中。朱元璋认为这些技术型官僚都不可信，他需要对百官进行全方位的监控，时刻掌握他们的动向。

洪武十五年（1382年），朱元璋把仪鸾司改制为锦衣卫，并提高它的行政级别。

锦衣卫就此华丽登场，它的历史甚至超过了后人认可的明朝本身，长达二百九十年。

有了锦衣卫，朱元璋对臣下业余生活的“关怀”变得无微不至，经常可以看到这样的对话。

朱元璋：“宋濂啊，昨天家里是否请客？”

宋濂：“是的。”

朱元璋：“客人是谁？”

宋濂：“是 ×××。”

朱元璋：“吃的什么菜？”

宋濂一一如实回答。朱元璋很高兴，说宋濂没骗自己。

为了证明自己不是蒙的，朱元璋还会拿出画像当场核对。连大臣和老婆吵架，朱元璋也知道得一清二楚。比如宋讷（国子监祭酒）晚上和老婆吵架，第二天被朱元璋询问，却说昨晚无事。

朱元璋却说：“不对！你明明和老婆吵架了，还自己一个人坐着生了好久的闷气。”说罢叫人拿来画像，正是宋讷生气独坐的模样。有了锦衣卫，朱元璋对臣下的监控水平发生了质的飞越。

要是你以为锦衣卫不过是个特务组织，专门干的是监视、打小报告这种低级业务，那就错了。

锦衣卫在明朝影视作品中出场率极高，他们往往作为反派人物出场，个个武艺高强，身穿飞鱼服，腰挎绣春刀，一副唯我独尊的派头，是苦大仇深的主角的劲敌。这些倒没有夸张太多，锦衣卫确实有这个实力。

锦衣卫名字中的“卫”是指卫所，清楚地表明它是个军事组织。

锦衣卫地位极高，位列亲军上十二卫之首。一般的卫所领有五个千户所，锦衣卫竟然领有十七个，编制人员达数万人。到了嘉靖时期，人员更是膨胀到十万人以上。与其他卫所不同的是，锦衣卫并不直接参与作战，他们主要负责武器研发、收集情报、策反敌将等幕后和隐蔽的工作，属于特殊军事部门。比如在万历年间平倭援朝战争中，锦衣卫的情报工作就为明军出力不小。

影视剧里常出现的那种锦衣卫其实是个特指，指的是其中的一个司法机关——北镇抚司。

北镇抚司

《明史·刑法志》：“洪武十五年添设北司……于是北司专理诏狱。”

锦衣卫有南北两个镇抚司，南镇抚司主抓卫所的军纪、法纪，北镇抚司专门负责皇帝钦定的案件。北镇抚司既是刑侦机关，又是司法机关，直接向皇帝本人汇报，可以自行逮捕、刑讯、处决，不必经过三司。

上面那句话中还出现了另一个名词“诏狱”。

“诏”，“奉诏行事”的诏，寓意是除了天子没人敢管，国家法律在这里不存在。进了“诏狱”的犯人等于九死一生，要是有人能熬到活着出“诏狱”，准会换来大家另眼相看：这家伙是个硬骨头。

“诏狱”云集了大明刑讯逼供界最优秀的“人才”，经过他们总结前人经验，代代努力发明创造，把“诏狱”变成了一个令人闻风色变的地方。

“诏狱”最恐怖的地方不是死，而是求死不能。

普通人是没资格进“诏狱”的。作为专门关押政治犯的监狱，“诏狱”要想弄死一个犯人，喝口水也能让他噎死。但“诏狱”要不想让犯人死得那么快，可以有一百种办法。他们精心计算好一个个酷刑的尺度，让犯人承受极度的生理痛苦而又不至于死亡。

比如“洗澡”，“诏狱”的“洗澡”类似于杀猪，将犯人捆在铁床上，浇上开水后用铁刷刷洗，几刷子下来就皮开肉绽，但由于力度和部位把握得恰到好处，犯人又不至于很快死掉。

如果“洗澡”太血腥，还有不见血的酷刑，如立枷。犯人必须戴着五十至三百斤不等的重枷昼夜站在特制的木笼里，脚下可垫若干块砖，受罪的轻重和苟延性命的长短，全在于抽去砖的多少。

“诏狱”酷刑之多，据说总共有五大类十八种，叫作五毒俱全，因为过于残酷，就不一一介绍了。总而言之，把它想象成一个修罗场就对了。

北镇抚司实际相当于一个挂名在锦衣卫下面，直接对皇帝负责的独立司法机构。在洪武年间，得到朱元璋授权的北镇抚司“缇骑”四出，不辞辛苦地抓人塞满“诏狱”，为胡李党案立下汗马功劳。到洪武十九年（1386年），受牵连致死者已有三万多人，超过了锦衣卫设立前的一百倍。其中，随处可见直接向皇帝负责的锦衣卫的身影，北镇抚司的恐怖名声也就是在那时建立起来的。

在洪武朝，整个锦衣卫并没存在太长的时间，从洪武十五年（1382 年）朱元璋设立锦衣卫，到洪武二十六年（1393 年）裁撤锦衣卫，锦衣卫仅仅存在十一年就被废除。

朱元璋设立锦衣卫的目的很清楚，就是他强化君权、清洗功臣的工具。经过“胡蓝之狱”及郭桓案、空印案的清洗，开国功臣基本被一网打尽，剩下的再也没有威胁，锦衣卫这把快刀也到了封存的时候。

朱元璋不再需要锦衣卫，不代表他的子孙不需要。朱棣“靖难”成功，一登大位之后，怀念建文帝、质疑他得位不正的旧臣大有人在，迫切需要有人帮他干一些不甚光彩、见不得光的事。重设朱元璋用得得心应手的锦衣卫实在是大有必要，于是纪纲成为第三任锦衣卫指挥使，也是永乐朝首位锦衣卫指挥使。

纪纲，朱棣心腹，山东临邑县人，建文二年（1400 年）投北军，被朱棣收为帐下亲军，因功授千户。

朱棣看人的眼光还是很准的，纪纲执掌天子亲军和北镇抚司后，积极替他诛杀建文旧臣，铲除异己。北镇抚司的事业在纪纲手上进一步“发扬光大”，其中最有名的就是冤杀断案高手周新和大才子解缙。周新刚直不阿，解缙恃才傲物，两人都不为朱棣所喜。纪纲善于揣摩上意，事情办得很妥帖，深得朱棣欢心。

永乐十四年（1416 年），很受宠的纪纲很突然死了，下场很惨——凌迟处死。

纪纲被杀一点也不奇怪，锦衣卫指挥使们有掉脑袋的传统。

身为天子亲军锦衣卫的统领，看似光鲜的锦衣卫指挥使，风光不一定，要命倒是真的，作为替皇帝做脏活儿累活儿的机构，无论是干得好还是干得不好，都是在刀尖上跳舞。有明一朝，能善始善终的锦衣卫指挥使不超过一半。他们的结局往往千奇百怪，死得花样百出。

毛骧是开创基业的第一任指挥使。他很早就跟随朱元璋，原本是军中的一名武官，因征讨有功，一直擢升到都督佥事，这已是正二品武职，是深受朱元璋信任的。问题是，受到朱元璋的信任并不是什么好事。朱元璋用人如用刀，毛骧在他手里也只是一把杀人的利刃而已。

得到朱元璋信任的毛骧就任锦衣卫第一任指挥使，帮助朱元璋办理胡惟庸案是他辉煌的顶点，也是人生的终点。当案件处理接近尾声时，毛骧莫名其妙地就成了胡惟庸余党，锦衣卫首任指挥使就这样被不明不白地处死了。

毛骧死了，锦衣卫还在，还要继续为朱元璋清洗功臣的事业继续出力。这种情况下，蒋瓛成为第二任锦衣卫指挥使。

蒋瓛兢兢业业、踏实肯干，在胡惟庸案后，他完成了另一桩大案——蓝玉案的调查处理工作，功臣勋贵被进一步一网打尽。

蓝玉案处置得如此合自己的心意，蒋瓛深受朱元璋好评。但朱元璋也给予了他与前任毛骧同样的“赏赐”——掉脑袋。

蒋瓛的命运和毛骧如出一辙，这是锦衣卫刚开始的两位指挥使，也是洪武朝仅有的两位。如果说锦衣卫是朱元璋的一块抹布，那锦衣卫指挥使就是这块抹布上最脏的那一处，无法见人也无法洗白，只能挥刀截断，两位指挥使人头落地即是明证。

轮到纪纲了。

纪纲死得突然而又迅速，当天被指控，当天逮捕审讯，当天就被凌迟处死，于法于理都不合程序，在大明也是绝无仅有的。

经过三个月的调查，朝廷对外宣布的理由是纪纲谋逆，不过真正的原因恐怕人人都心知肚明。纪纲没有谋逆的动机，朱棣却有处死纪纲的动机，他知道的太多了。

纪纲同他的前任们一样必须死。

一个王朝有许多张面孔，而北镇抚司和“诏狱”就是大明王朝见不得光的阴暗面。死在他们手下的人未必都是清白的，但这样一个凌驾于三司之上的特务组织，本身就是对法律的践踏。

北镇抚司的存在和前三任指挥使的非正常死亡都说明，封建社会不可能有真正的法治，权力大于法律是司空见惯的事。

即使是正经的三司，也不是什么清白的地方。这个体系看上去有制约、有合作、有监督，实际操作却不是这么回事。历史悠久的刑部在明朝的司法系统里权力最小，受到的干扰最大，很多时候都要听命于厂卫。大理寺受到朝廷派系斗争的影响最大，都察院又受到刑部的掣肘。有这么多因素影响，一件案子办到最后往往面目全非。

更可怕的是，锦衣卫只是厂卫系统中的一个部分而已，除它之外，还有更令人闻风色变的超级特务机构：东厂、西厂、内行厂。

宦官的崛起

讲到东厂就要讲到宦官。从立下大功的亦失哈与郑和身上不难发现一个现象，代表帝国巡视北境、出使西洋的最高官员，他们的身份都是宦官。

亦失哈与郑和的故事告诉人们，原来宦官也是可以干出一番事业的。

重用宦官，正是永乐朝的一大特色。

宦官，给人的印象是不男不女的阉人妖孽，多数祸国殃民，但是宦官有这么多坏处，皇帝为什么还是要重用他们?

因为皇帝很孤独。

称孤道寡并不全是皇帝的自谦，万人之上意味着高处不胜寒。大臣们都是政治动物，当面唯唯诺诺，可他们转身在想些什么，无从知晓。回到后宫，皇帝又没有一个可以商量事情的男人，这种情况下，不男不女的宦官拥有天然的优势。

宦官有几大好处：

一、不会篡位。有奴隶当上皇帝，有叫花子当上皇帝，还有女人当上皇帝，从来没听说有宦官能当皇帝的。

二、宦官与皇帝的关系亲近。他们很多从小就被分配给未来的皇帝，感情培养的比较深厚。

三、宦官忠于皇帝。宦官是皇权的衍生品，依附于皇帝才能生存，要是被皇帝抛弃，他们的地位就会一落千丈。

四、不会乱搞。宦官通常没有老婆更无儿无女，为家族谋利益的动机要小得多。

宦官确实作过不少恶，历史上宦官乱政的事时有发生，汉唐是重灾区，朱元璋吸取教训，严厉禁止宦官参与政治，甚至铸下铁牌“内臣不得干预政事，预者斩”。

说归说，朱元璋也离不开宦官。在洪武一朝，宦官队伍就已颇具规模，他们经常被派出去“传命四方”，实际上就是钦差大臣。

对朱棣来说，重用宦官更有他的理由。

以郑和为首的武装宦官群体帮助他在“靖难之役”中立下汗马功劳，有一大批宦官因军功获得封赏，郑和只是其中之一；“靖难”过程中，逃入北军的宦官带来的情报为他的决策提供了重要依据；朱棣既要防范建文遗臣，又要监视藩王，还要加强对军队的掌控，需要绝对信任的部下。

宦官能为他带来文臣武将所不具备的信任感，两相权衡之下，显然是可以接受的。

在朱棣手下，宦官队伍得到了长足的发展。除了郑和、亦失哈以外，著名的宦官还有王安（监京营）、王彦（出镇辽东）、马靖（出镇甘肃）、马祺（出征安南监军）、侯显（多次出使西域）等。

朱棣对宦官制度另一大贡献，是搞出了东厂这个政治怪胎。

厂卫，有厂也有卫，厂前卫后，主要就是指东厂。

电影里，东厂出场的都是太监，他们都是武林高手，善于使用绣花针之类的阴毒暗器。这是艺术的夸张，不要把太监和宦官搞混了。

在特征上，太监和宦官完全相同；在身份上，他们有很大的不同。太监都是宦官，可宦官不全是太监。

就算从小接受宫刑入宫，有人干一辈子也未必能成为太监。太监是宦官中的高官，都有执掌有司的权力或肩负皇帝的使命。

东厂全称“东缉事厂”，首领是东厂掌印太监，由朱棣信任的宦官出任，下面一般称他为“厂公”或“督主”。太监数量稀少，除了首领确实是太监，东厂人员都是从锦衣卫里挑选而来的。

皇帝有了北镇抚司，为什么还要弄出个东厂，应是为了防止锦衣卫权力溢出，实现互相制衡。可是在实际操作中，皇帝显然更偏爱太监。

皇帝爱用宦官并不是因为喜欢，而是信任使然。许多宦官是皇帝从小的玩伴，算得上亦师亦友。这些人是接触皇帝时间最长的群体，一旦他们与某位皇帝绑定，很可能是一辈子的事。

这就导致了东厂诞生后，原本风光的锦衣卫在大部分时候都要听命于东厂，成为东厂的爪牙。

奇怪的是，这么重要的特务组织，除了知道它是朱棣在永乐十八年（1420 年）设立的，首任厂公是谁，有何业绩，任何史料都没有记载。所以，东厂在永乐年间干了些什么，记载都是缺失的，甚至在成立的头几十年里也是如此，仿佛从来不曾存在这个机构。

东厂真正登上历史舞台，还要等到明英宗正统年间。东厂从此一直活跃在大明的历史舞台上。它有记录的首位厂公叫作王振，这个名字给大明带来一段刻骨铭心的伤痛。如果没听过王振不要紧，东厂还有一位最著名的督公，他的名字叫魏忠贤，人称“九千岁”。

总之，东厂是朱棣设立的，宦官力量真正开始膨胀也是从永乐时期开始的——“盖明世宦官出使、专征、监军、分镇、刺臣民隐事诸大权，皆自永乐间始”。

第十五章 朱允炆的生死之谜

胡濙的报告

“公平公正”地调解了瓦剌和鞑靼的纠纷后，朱棣终于有时间腾出手来着手进行他的迁都大计了。南北漕运已经打通，紫禁城已营建完毕，北京的人口也充实得差不多了。

永乐十九年（1421 年）正月，大明的都城正式迁往北京，此后中国六百多年的政治格局，由朱棣奠定。

此时朱棣已经六十多岁了，他生过几场大病，身体一年不如一年。

一般的皇帝，早就能偷懒则偷懒，研究养生之道去了。可朱棣不是一般的皇帝。哪怕百病缠身，朱棣也绝不愿当个怠政的皇帝。不，那不是他的风格。

“解药”还是有的，当重披战甲、再染风霜时，当年那个英武的燕王仿佛又回来了。

从永乐二十年（1422 年）起，朱棣再次发起北征，不是一次，是每年一次，且连续三次。

是蒙古的威胁变大了吗？

马哈木死后，阿鲁台的实力得到了恢复，他确实又不安分起来，永乐二十年（1422年）还攻入兴和，杀死了大明镇将王唤。可阿鲁台也就是个抢一把就跑的实力，实在难言强大，根本不敢和朱棣正面对抗。

永乐二十年，朱棣亲征鞑靼，阿鲁台一如既往地玩起了猫捉老鼠的把戏，明军未能捕捉到鞑靼主力，反抢一把后班师。回师路上，朱棣顺路教训了依附阿鲁台的兀良哈部。

接下来两次北征也是小题大做，朱棣更像是出塞游行炫耀兵威。这种事，完全用不着朱棣本人出马，择一有能之将完全可以胜任。更可信的理解是，朱棣渴望出征，骨子里好战的天性从未改变。只有跨上战马的时候，病痛对他的折磨才能稍减。

永乐二十一年（1423年）的第四次北征就是这样，朱棣再次带大军攻打鞑靼，阿鲁台早已远遁。朱棣率大军在草原上溜达了三个月，一个鞑靼兵也没见到，眼看这次出征就要亏得血本无归，突然出现了一大群鞑靼人。不过他们不是来打仗，而是来投降的。原来鞑靼王子也先土干被阿鲁台欺负得太惨，主动率部前来归附。朱棣很高兴，他敕封也先土干为忠勇王，并赐姓名为金忠，随即下令收兵班师。

回军时路过宣府，朱棣又在这里见到了一个人——被他派出去执行秘密任务的胡濙。

胡濙求见的时间是入夜，朱棣已经上床睡觉了。按说皇上休息没人敢去轻易叫醒他，除非有非常重要的事。内侍敢帮胡濙传话，说明胡濙这个人在近侍那里也是挂了名的，他的使命极其重要。

果然，当内侍小心翼翼地叫醒朱棣，告诉他是胡濙求见时，朱棣马上睡意全无，立即召胡濙进见。

两个人关起门来，一直谈到深夜。谈了点什么，史书没有记载。关于这件事，后来胡濙去世后，大臣李贤在他的墓志里写道，两人大谈山川风光、旅行见闻、民情风俗，以及相关保国安民的事。这显然是一番谎话，这些事尽可以白天慢慢说，根本不值得两个人半夜关门密谈。

自从上次执行完考察太子的任务，胡濙又消失了七年之久，朱棣还没回到京城，他就急匆匆地赶到宣府连夜求见，一定是有重要的事情汇报。

虽然不知道具体谈的是什么，但根据胡濙肩负的秘密使命很容易推断出具体谈了什么，就是那个人的下落。

朱允炆有极大的可能性没死，他的下落有许多种说法，甚至有传说称，胡濙已在湖湘一带几次遇到了他，故意没有点破而已（数遇建文，不窘之，使得逸去）。

假设这个说法是真的，那胡濙该怎么做呢，把朱允炆带回京城吗？真是这样的话，对朱棣又有什么好处呢？这个“失踪人口”早被宣布死亡，朱棣急切地想要知道他到底在干什么，却并不想真正见到他。

无足虑

相传胡濙的汇报中，最重要的是三个字：无足虑。就是，没什么好担心的。

确实如此，事情已经过去二十多年了，朱棣的统治是卓有成效的，人们对建文帝固然还抱有同情心理，但又有几个人真正希望他复辟？谁又希望平静的生活再起波澜？

胡濙的态度也是这样，朱允炆已无足虑，皇上再也不用紧张了，这块大明王朝的伤疤就让它随风而去吧。

但随着时间的推移，朱允炆到底是不是还活着慢慢地变得不那么重要了。不管他是生也罢，死也罢，都已经无法撼动朱棣的皇位，哪怕这龙椅上溅满了建文遗臣的鲜血。

建文帝的下落是历史之谜，无须再用太多文字来分析了。他无论去了哪里，活到几岁，历史上都没有了他这个人物。

朱棣是个心狠手辣的皇帝，这不代表他不是个好皇帝；朱允炆是个重文复古的皇帝，这也不代表他是个好皇帝。对于他们的历史评价，后人没有争议，朱棣的皇帝远远比朱允炆当得成功。

这就够了，从那以后，朱棣再没有问过朱允炆的下落，也再没有担忧过有关朱允炆的事，从此胡濙便留在南京任职。

第十六章 『永乐盛世』

最后的北征

永乐二十二年（1424年）春，阿鲁台犯大同、开平，朱棣召集群臣商议再次北征蒙古。六月，明军进至答兰纳木儿河，可惜一个蒙古士兵也未见到。七月，朱棣结束了第五次，也是最后一次亲征。

七月初十，明军回师抵达翠微岗，朱棣决定在这里休息一下。小憩时，他突然问服侍在旁的宦官海寿："大概什么时候能到北京？"

海寿回答："八月中旬可以到。"

朱棣沉默了一会儿，又对身边的杨荣说："太子政务已熟，回到北京朕就把军国大事都交付给他，自己可以安度晚年了。"

左右无人敢言。

在那一刻，朱棣或许预见到了什么。七月十七日，明军抵达榆木川（今内蒙古多伦西北），在这里，朱棣的生命接近了终点。一天后，他猝然崩逝，享年六十五岁。

这片位于今日锡林郭勒大草原上的去处，朱棣并不陌生，他从青年时代便驰骋于此，传说他的母亲也来自这片草原，如今他仿佛重归母亲的怀抱。

生于战乱，兴于“靖难”，崩于北征，为战争而生，为战争而死——这就是朱棣。

朱元璋创业的难度固然前无古人，朱棣夺位成功的难度也是后无来者。

与朱元璋后期的保守相比，朱棣有一颗更为进取的心，他从不知防守为何物，人生信条就是进攻，进攻，再进攻。年轻时，他和兄弟一起北伐，人到中年亲自上阵冲杀，当上皇帝后五次御驾亲征。

就问哪个皇帝能做到？——“昔汉武、唐宗者，虽屡破北狄，但均系遣大将而非亲征。汉人天子远渡沙漠者，唯明成祖一人。”

《明史》里这么评价朱棣：“六师屡出，漠北尘清。至其季年，威德遐被，四方宾服，明命而入贡者殆三十国。幅陨之广，远迈汉唐。”

后人多称其为：永乐大帝。

是否实至名归呢？

朱棣一生所做的大事：经营奴儿干都司、迁都北京、疏浚大运河、派遣郑和五下西洋、修撰《永乐大典》、平定安南、五征漠北。

随便一件，都足以成为彪炳千秋的功绩。难以想象的是，这些功绩都是朱棣在位二十二年的时间里完成的。

“永乐盛世”

为了进一步评判朱棣的功绩，我们需要引入“永乐盛世”这个概念。

朱棣即位后励精图治，使得国家富强、赋税充足、疆域辽阔，他的统治史称“永乐盛世”。

异议在于，永乐时期百姓的生活水平并没怎么提高，甚至可以说一度相当恶劣。由于战乱及灾祸，流民遍地，许多人陷入饥饿之中，不得不剥树皮、挖草根充饥，甚至陷入卖儿卖女的悲惨境地——“老幼流移，颠踣道路，卖妻鬻子以求苟活。”

永乐皇帝朱棣搞的都是大工程，动辄几十万人，多则上百万人。他屡次用兵又让军费居高不下，更让民生艰难。他统治期间还发生过规模较大的民变，即山东的唐赛儿起义，聚众数万人，一度击败朝廷派去的精锐京军。

这些都是事实，所以有人认为百姓温饱都没能解决，哪称得上什么盛世，盛名之下其实难副。

其实这是一个关于古今盛世概念不同的问题。

今天的盛世，讲的是老百姓安居乐业，居民生活水平显著提高，社会安定团结，大家都以生在中国而自豪。

古代可不是这样，封建社会衡量是否盛世的最大标准只有两个：皇帝的文治、武功。

朱棣的文治、武功就达到了巅峰状态，修成旷世奇书，海外万国来仪，开疆拓土无数。

大明在朱棣手上达到了极盛时期。以此标准，永乐实为盛世。如果后世的康熙能被称为大帝，那永乐更是当之无愧。

至于百姓生活如何，则不在古代盛世的考量范围之内。再说得直接点，由于小农经济生产力的限制，古代压根没有一个王朝能真正解决百姓的温饱问题。

若要以普天下百姓丰衣足食为标准，古代所谓盛世则没有一个合格。对朝廷来说，只要社会基本稳定，国库充盈，文臣武将都在可控范围，就是盛世。所以我们评价古人，还要用古人的标准。

朱棣身上有很多黑点，比如得位不正、屠戮建文遗臣、“削藩”留下隐患、创立特务政治等。可当历史上的朱棣向我们走来的时候，他的身份必定是永乐大帝。

“靖难”成功是朱允炆的不幸，却未必是大明的不幸，很难想象在建文帝手里能完成这些功业。

朱棣驾崩，庙号太宗，谥号“体天弘道高明广运圣武神功纯仁至孝文皇帝”。是为明太宗。

远迈汉唐略有夸张，梁启超对朱棣的评价比较客观：

> 明成祖以雄才大略，承高帝之后，天下初定，国力大充，乃思扬威德于域外，此其与汉孝武、唐太宗之时代正相类。明成祖既北定鞑靼，耀兵于乌梁海以西，西辟乌斯藏，以法号羁縻其酋，南戡越南，夷为郡县。陆运之盛，几追汉唐，乃更进而树威于新国。郑和之业，其主动者，实绝世英主明成祖其人也。

至于后人为什么都叫朱棣明成祖，那是明世宗朱厚熜时候的事了。

第十七章 夺嫡之争

谁来即位

由于驾崩得过于仓促，永乐皇帝朱棣没有来得及以诏书的形式正式指定继承人，这导致了一个严重的问题：谁来做皇帝？

在早立太子的情况下，谁来做皇帝本不该成为一个问题，可它就偏偏成了个大问题。

朱高煦可不是吃干饭的。

永乐二年（1404 年），朱高煦夺嫡失败，只捞了个汉王爵位，他其实并不服气。这些年来，朱高煦从未甘心，他不断地陷害太子近臣，培植私人武装，想着怎么把大哥拉下马来。

不管朱高煦如何给自己强行贴金，还是朱棣掌控一切，朱高煦能扰乱朝纲，完全来自朱棣的偏爱。

朱高炽肥胖腿瘸，还体弱多病，确实不为朱棣所喜。

太子朱棣是封了，可这最终决定权，还是在他手里。朱棣这么英明神武，凭啥就不能选个精神小伙继承家业？朱棣动摇了，他又有了把那张许诺过的支票兑现的想法（勉之，世子多疾）。

越是这么想，朱棣越是看朱高炽不顺眼，一点小事都能找碴儿。有一次，太子朱高炽去北京办事多带了几个厨子，朱棣专门下手谕责备："典膳局厨子二十人，为什么不向朕汇报？"简直是没事找事，多带几个厨子又能如何，那每天吃喝拉撒是不是也要汇报呢？

朱棣对太子的不满意已是众所周知的事，这种不满在永乐十二年（1414 年）达到了高峰。

这一年，朱棣结束了第二次北征，打败马哈木后得胜班师。按照规矩，父皇打了这么个大胜仗，太子必须出宫迎驾以示祝贺。也许是因为行动不便，朱高炽这次犯了点小错误，他没能在正确的时间出现在正确的地点。这很难说是什么大事，可是朱高煦跳出来说，太子早有对父皇不敬之意，大军得胜而归却不来祝贺，他这是对父皇表示不满呢。

联想到之前种种，朱棣一下大怒，他当即下令，将东宫臣属全部抓起来，下狱听候处理，并有废掉朱高炽太子地位的意思。

眼看事情向失控的方向发展，两个人勇敢地站了出来。

其中一个是杨士奇。

忠于太子的人们

杨士奇，江西袁州人，一岁丧父，母亲改嫁，继父叫罗性，曾任德安同知，杨士奇因此改姓为罗。等他稍大一点明白了家世，看到罗家祭祖，他就想起了自己的祖先。他便偷偷地找了个角落，用泥巴捏了土像，又从祠堂里拿来祭品，郑重地向亡故的父亲跪拜行礼。

这年杨士奇六岁，寄人篱下还能不忘祖先，这样的孩子不成大器都说不过去。

杨士奇的行为被继父罗性发现，罗性不仅没有生气，还称赞他有志气，不忘本。在继父的帮助下，杨士奇重归族谱，恢复杨姓。

自此以后，罗性亲自教杨士奇读书，视如己出。只是好景不长，几年后罗性就因得罪权贵被罚戍边，后在陕西去世。杨士奇母子一下又断了生活来源，陷入朝不保夕的悲惨境地。

为了帮助母亲撑起这个家，杨士奇不得不中断学业。他带母亲回到德安老家，在当地私塾找到一份教书先生的工作，一边侍母一边学习。

又过几年，杨士奇在当地教育界有了点名气，有机会到县里当上个小官，官名叫训导。这个职位类似于县教育局的一个科员，总算端上公家饭碗了。

杨士奇会在这方寸之地，安静地当个训导吗？答案是不会。不知怎么搞的，他竟然把县里的公章给弄丢了。在那个年代这可不是小事，轻则贬官，重则坐牢。

按照圣贤书的教导，杨士奇应该投案自首，争取宽大处理。要是黄子澄、方孝孺这类人犯了事，恐怕检讨书早就写了几十张了，但杨士奇的选择是立马逃跑避风头。

杨士奇不是那种食古不化的书呆子，他是懂得变通的。此事可大可小，根据他的判断，投案可能要坐牢，自己一个不入流的小吏，只要避过一时风头，就不会再有人注意到他。果然，没有人来追捕他，县太爷没精力把资源浪费在这个小吏身上，只要他不出现，大家就当这事没发生过。

杨士奇从此在湖北、湖南一带，当起了一个流浪教书先生。他的收入并不稳定，还常常遭人白眼，可以说生活是比较困顿的。

在这艰苦的环境下，杨士奇没有放弃希望，仍然努力读书学习，为自己的将来而奋斗。

变数在建文年间到来，新皇登基大赦天下，他那点小事再也没人提了。朱允炆召集臣子修撰《太祖实录》，杨士奇由于其扎实的史学和文学功底，得到大儒王叔英推荐，被破格提拔进入编撰组。

这时杨士奇仍然只是个布衣，他穿着粗布衣服坐在书桌前，和煦的阳光之下，平和的文墨缓缓流淌。编辑史料是一件非常需要耐心的事情，耐心往往也和枯燥相伴，无论多么聪慧的天赋或者隽永的思想，都困囿于文制的规章和现实的压力之下难以施展。

也正因为如此，在吏部对进入史馆的文臣进行的考试中，吏部尚书张紞在考核中读完杨士奇的答卷，当即从座位上站了起来，说出了六个字："此非经生言也。"意思是杨士奇的文章不像那些千篇一律的机械八股，让人有眼前一亮的感觉，要不，给他个机会试试？

那个不起眼的、没有功名的、安静的杨士奇，在翰林院众人惊愕的表情中，声名大噪。杨士奇就这样通过考官的边际效应展现出了自己的才学，把命运牢牢地把握在了自己手里。作为这次考核的第一名，杨士奇进入吴王府中担任审理，直到建文四年（1402年）的到来。

干得早不如干得巧，没过多久燕王朱棣攻进京了，急需用人的朱棣很快把杨士奇提拔进内阁参与机务，内阁以解缙为首，一边倒地支持立朱高炽为太子，杨士奇也是太子党之一。

天子的愤怒降临东宫，整个东宫的大臣全部被抓入"诏狱"，只有杨士奇和蹇义被朱棣叫到大殿之上，进行最后的询问。看着杨士奇，朱棣不怀好意地询问道："太子监国期间的表现如何啊？"

此时的形势是极其凶险的，谁都能看出朱高炽的太子之位岌岌可危，朱棣的问话给了杨士奇一个选择的契机：背叛还是坚持。

杨士奇并不用杜撰出朱高炽的不法之事，他只需要揣摩上意，隐晦地暗示一下太子有失职行为，就能保住自己，同时又为朱高煦夺嫡立下大功，立即就能改换门庭。

如果坚持说太子没有过错，那就等于说朱棣错了，明明迎驾来迟，杨士奇当面欺君，实属罪加一等。

是抛弃太子朱高炽，转身投入汉王朱高煦的怀抱？还是坚持初心，不计后果地挽救太子？这是考验人性的时刻。

杨士奇一生做事只认一个道理：这事对不对。只要认准是对的事，他就会百折不挠，义无反顾。

太子朱高炽并没有明显的过错，就是皇上也不能让我说违心的话，既然太子没错，就有责任为他坚持到底。

可是接下来又是考验智慧的时刻，迎驾来迟的小失误是有目共睹的，如何才能挽救太子呢？饱读诗书的杨士奇在一瞬间想到了对策，他决定用自己献祭。杨士奇回答道："太子仍然和以前一样孝敬。凡是这些迟迎的事情，都是臣等的罪过。"

说完，杨士奇一脸坦然，准备迎接下狱论罪的命运。

杨士奇的回答出乎朱棣的意料，他为太子有这样忠诚而机智的手下感到惊讶，开始考虑自己的反应是不是太激烈了。

朱高煦立马坐不住了，这个千载难逢的机会怎能不把握住，他授意心腹跳出来说，杨士奇也是东宫官员，理应功过一体，下狱论处。朱棣一想有道理，就让人先把杨士奇抓起来再说。

杨士奇让朱棣稍稍冷静了一下，可太子的危险还没有解除。

另一个人很及时地出现了，又是金忠。

当初朱棣立太子时，金忠并没有表明立场，而是把难题踢给了解缙，这让他很好地隐藏了自己，给朱棣造成了他是中立派的假象。立朱高炽为太子后，朱棣将金忠派到南京，职责之一就是监视朱高炽有无不轨之心。

金忠和姚广孝、袁珙一样，是为朱棣登大位作出特殊贡献的人群。"靖难之役"时，他始终跟随在朱棣身边为其出谋划策。如果说朱棣的军师本部设在北平，那么金忠就是北平派出到前线的联络军师。

显而易见，金忠背后站着的是姚广孝，他们都是太子党。

史书上记录，金忠跪下磕头，说太子绝没有对皇上不敬的意思，请求不要废掉太子，他愿以身家性命担保（愿连坐以保之）。

金忠是朱棣派到南京的人，他与姚广孝的关系非同一般。谁的意见都可以不听，姚广孝的意见朱棣不能无视，出谋划策十几年来，姚广孝每次都证明他是对的。

坚定的杨士奇和金忠，终于让朱棣原本因为愤怒而焦躁的心平静下来，连带着充斥在整座大殿中的疑云一起，收归在了那个沉默着离开的背影之上。

朱高炽渡过了这次最大的危机，命运的天平开始向他倾斜。

从永乐二年（1404年）到永乐十二年（1414年），整整十年过去了，朱高煦已经是个三十三岁的中年人，作为一个亲王，他早过了该“就藩”的年龄。

“就藩”意味着出局，这当然是朱高煦不情愿的。只有离权力核心越近，当机会来临时才能得到最大的利益。朱棣先后两次让他“就藩”，朱高煦都赖着不肯走。由于十来年都没能把朱高炽扳倒，朱高煦变得越来越急躁。他不但私下招募精兵，加紧武力夺嫡的准备，还无法无天到亲手用铁瓜击杀了惩办他部下的兵马指挥徐野驴。

永乐十四年（1416年），风言风语终于传到了朱棣的耳朵里，他召来东宫重臣蹇义询问朱高煦的表现。

蹇义，洪武十八年（1385年）进士，一根官场超级老油条，油到了滑不留手的地步。他奉命辅佐皇太子监国，却表现得像个局外人。在历次风波中，他都是明哲保身，既不得罪朱高炽，也不得罪朱高煦。许多为太子说话的官员或被杀或坐牢，却丝毫没有波及蹇义。

这次问话，蹇义本来有机会为朱高炽一锤定音，成为压倒朱高煦的最后一根稻草。但是由于过于谨慎的态度，蹇义怕朱棣迁怒于自己，他哼哼唧唧了半天也没有正面回答。

于是，问题再次转到了杨士奇这里。

蹇义的担心不是没有道理，朱棣一向非常忌讳大臣谈论自己的家务事。过去十几年，在这种问题上栽跟头的官员不计其数，他们许多都被杀了，还有许多官员正在坐牢。朱高煦有问题，也不该由他们这些东宫臣僚来举报，当初解缙就是因此而死，现在皇上却一反常态地询问太子党对汉王的态度，什么意思？

杨士奇在两年前因为回答得不合朱棣心意而坐了牢，这时已被提前释放。这个问题答不好，他很可能再次回到大牢或者掉脑袋。

最安全的办法是学习蹇义，找个借口说不清楚或是顾左右而言他。但杨士奇不是蹇义，他以后能名垂青史，成为大明著名的“三杨”之一，靠的不是谨慎圆滑，而是正直与智慧。

后来朱高炽即位，是为明仁宗，有些官员拍马屁，上疏歌颂当今太平盛世，以蹇义为首的群臣皆以为然，只有杨士奇不同意，他说：“陛下虽然泽被天下，但是‘靖难’所牵连的流徙尚未归乡，战争所导致的疮痍尚未恢复，百姓仍然为温饱担忧。应当继续休养生息数年，太平盛世才可期至。”

明仁宗朱高炽表示赞同，他对蹇义等随大溜的大臣说：“朕对你们至诚，是希望匡正辅佐、纠正错误。（朕待御等以至诚，望匡弼）但只有杨士奇曾经五次上疏，你们等人均无一言。果真朝廷政事毫无错误？天下太平了吗？”

群臣羞愧无比，纷纷向仁宗谢罪。

在永乐十四年（1416年）的那一天，面对朱棣抛来暗藏杀机的问题，杨士奇电光火石般精心设下了一套说辞。他回答道：“臣与蹇义都是侍奉东宫的，其他外人不敢对我俩谈论汉王的事情。但是皇上两次派遣其就藩，他都不肯赴任。现在知道陛下要迁都，马上就请留守南京。这些请陛下仔细考察他的本意。”

这个回答说明，杨士奇并不是一根筋的直肠子，他的权谋水平也是相当高的。他先是强调自己和蹇义是东宫的人，以退为进，表明自己本不应回答这个问题，是陛下问我才不得不回答。然后话锋一转，并没有直接攻击朱高煦，这样做既有风险也会被人指为小人，而只是陈述了汉王迟迟不肯“就藩”，还请求留守南京的事实。

在《韬晦术》中，此类计谋是这样的——己所不欲，拂逆则伤人之情，不若引人入晦，同晦则同欲，无逆意之患矣——既保全自己，又达到拉朱棣下水，攻击朱高煦的目的。

“唯陛下熟察其意”——剩下的，就留给您自己想吧。

朱棣反复思考杨士奇的话，是啊，朱高煦都三十六岁了，已经到了中年，还迟迟赖在自己身边不肯走，到底是为了什么？

朱棣又联想到一件事，汉王曾向他要去了三卫兵马充当王府护卫，其中包括天策卫。天策卫，亲军上十二卫之一，得名于天策上将李世民。得到天策卫，朱高煦高兴得手舞足蹈，且以李世民自居。

李世民是怎么上位的？朱棣太清楚了，老二朱高煦无法无天，不会真想当李世民，让自己当李渊吧？

该让朱高煦“就藩”了。不过且慢，在此之前，朱棣还需要再做一件事，给老大朱高炽安排一次小小的测试，确认太子是否合格。

这是一次最终测试，通过了这次考验，朱高煦会彻底出局，朱高炽的太子地位再也无人能够撼动。

这件事不能找太子的人，也不能找汉王的人，朱棣需要一个绝对信任的人。他找来了胡濙。

在朱棣最需要的时候，胡濙又出现了。自从永乐五年（1407 年）开始，胡濙已经为朱棣执行了整整十年的秘密任务，他知道很多秘密却从不多说一句，还有谁比他更合适呢。

永乐十五年（1417 年），还在湖广探访的胡濙被召回京师。朱棣临时给他指派了一项新的任务，去南京检查太子朱高炽的工作。

出发前，朱棣特地交代胡濙：“你到了南京多待几天，仔细考察后给朕发密奏。字体一定要加大加粗，这样即使晚上送到，我也能马上看（书奏字须大，晚至我即欲观也）。”

这番话说明朱棣矛盾的心情，既想快点解决朱高煦的事，又担心朱高炽不称职。把如此重要的任务交给胡濙，既是一种荣耀，也是一种危险，胡濙的秘密报告将决定这场旷日持久的夺嫡之争的最终走向。

胡濙的责任重如泰山，他却很坦然。

胡濙忠于朱棣，不代表他没有立场。他在建文二年（1400 年）中进士，他的同榜进士中有两个姓杨的年轻人：杨溥、杨荣。与“三杨”中的二杨有同年之谊，三人都是从小受儒学熏陶，以立嫡立长为正统。胡濙确实不是太子党，但他心里支持太子的正统地位。

胡濙来到南京，仔细记录太子的行事，经过归纳总结后送到北京。这份密奏中记载了什么事不清楚，只知道胡濙对太子的评价是“诚敬孝谨”。

一锤定音。

朱棣立马打发朱高煦“就藩”去乐安州，即日启程！

至此，这场夺嫡大戏才终于落幕，朱棣“自是不复疑太子”。

办完这件事，胡濙再次出访，足迹遍及江、浙、湖、湘各省府州。直到永乐二十一年（1423年），他最后一次见到朱棣，带来了那个人的消息。

这场前后持续十五年的夺嫡大戏里，太子朱高炽这边许许多多的人付出了贬官下狱乃至生命的代价，却仍然前仆后继地保护朱高炽。他们的奋不顾身令人动容，他们的行动给人带来一丝温暖，原来冷冰冰的官场上并不只有利益交换，还是有东西值得用生命去守护的。

然而，最值得称道的并不是金忠、杨士奇等众多的太子党们，而是朱高炽本人的表现。

朱高炽的表现

事实上，威胁朱高炽地位的并不只有汉王朱高煦，还有赵王朱高燧。

三个儿子里，朱棣最喜欢的是小儿子朱高燧。朱高炽被立为太子后，朱高燧一度与二哥朱高煦结成同盟，一起把水搅混。朱高炽遭到怀疑的那些日子里，也有朱高燧不小的“功劳”。

朱高燧要想得到皇位，得摆平两个哥哥。太子有文官支持，汉王有武将支持，赵王又有谁支持呢，答案是宦官。

宦官的优势是能接近皇帝，掌管宫中符宝。为了达到目的，朱高燧竟然剑走偏锋，勾结太监黄俨、杨庆等人，策划了一起下毒案，欲给亲爹下毒后，利用伪诏废掉太子，然后自立为皇帝。

这种事的难度实在太高，阴谋很快暴露。朱棣得知勃然大怒，他在皇城右顺门亲审朱高燧，用刀锋一样的目光注视着自己最疼爱的儿子，缓缓地问道：“是你干的吗（尔为之耶）？”当初朱元璋在洪都城下也是这么问背叛自己的侄儿朱文正，最后朱文正被圈禁至死。

匍匐在下面的朱高燧早已吓得面如土色，豆大的汗珠滚滚滴落，说不出一句话来，四周更是鸦雀无声。

这时一个声音响了起来："这肯定都是下人所为，高燧事先一定不知道。"声音的主人是太子朱高炽，未经许可为谋逆的弟弟辩解，顶撞盛怒中的永乐皇帝，这可不是闹着玩的。

朱棣表情复杂地看了朱高炽一眼，想着朱高燧时常在自己面前说太子的坏话，现在太子却为他辩解，不知太子到底是傻还是聪明。

朱棣很确信赵王本人是知情的，但骨肉之情还是让他无法痛下杀手。朱高炽的话给了朱棣一个台阶，他最后决定放过朱高燧，只是将他的党羽全部处死。

此事以后，赵王退出了夺嫡，再也不敢对大哥不敬。

就算对一直想置自己于死地的二弟朱高煦，朱高炽同样仁慈。

朱高煦不法之事被揭发后，朱棣一度想把他贬为庶人，又是朱高炽站出来哭着为他求情，朱高煦才得以保留了王爵，只是被驱逐"就藩"了事。

面对弟弟们的咄咄逼人，朱高炽应对得小心谨慎。朱高炽长期被留在南京监国，事无大小，他总是把处置权留给朱棣，让别人无话可说。他用宽仁的心对待所有人，也赢得了下属的衷心爱戴，这才是他能屡遭构陷却始终屹立不倒的原因。

朱高炽是个有智慧的胖子，也是个宽仁的人。结合他即位后的表现来看，他的仁慈是出于内心的，并非一时的故作大度。否则，这么多官员被杀被抓，为何还有如此多的人一如既往地支持他？当一个人心怀天下、仁慈对待所有人时，他就拥有了一种独特的光芒。

张辅的使命

按照安排，朱高炽的太子之位已经稳了，即位是顺理成章的事。可朱棣是在回师途中的突然驾崩，朱高煦的机会又出现了。

朱高煦为什么有自信能成为李世民呢，因其背后有人支持。李世民背后是整个天策上将府的支持，朱高煦也有自己的力量，那就是支持他的“靖难”勋臣们。

朱高煦和“靖难”勋臣们的交情是在战场上形成的。几位军界重要人物，如淇国公丘福、成国公朱能、永春侯王宁、武安侯郑亨都是他的支持者。让朱高煦比较难过的是，朱能和丘福死得太早，让他感觉就像失去了程咬金和秦叔宝一样，后来发生的事证明，失去这两个人的影响是巨大的。

朱棣崩于榆木川，身边没有皇子随行，也没有留下诏书正式指定皇位继承人，这里面就有了操作空间。参考当初秦始皇驾崩后胡亥夺位的故事，有实力者将有机会夺得皇位，比如有军队支持的朱高煦。

不情不愿地“就藩”后，朱高煦认真分析了目前的形势：老爹朱棣是个狠角色，从来只有他抢别人的，要是想去抢他的东西，那就是提着灯笼拾粪——找死。所以只能暂时潜伏下来，等待朱棣归西后再图大举。为了掌握朝廷动向，他把大儿子朱瞻圻留在北京管理他的情报网，随时随地向他汇报京师的风吹草动。

朱棣亲征，带走了主要大臣和京营精锐，京师只留下老弱病残。如果在大军未返回之前被朱高煦得到消息，他将有机会发动军事政变把朱高炽拿下。到时，这帝位不交给汉王，又能交给谁呢？

跟随朱棣出征的文臣杨荣、金幼孜和太监马云等人意识到了这个漏洞。他们搜集军中锡器铸成锡棺，秘密收敛起朱棣遗体，封锁消息，秘不发丧。他们每天仍旧派人前去帐内送餐、请安，保持着大军还朝的样子。

文臣的应对很得力，但别忘了这是在军中，士兵们听命于他们的将领。没有武将的支持，断然不能成事。

此次随驾的高级将领有：英国公张辅、武安侯郑亨、宁阳侯陈懋、阳武侯薛禄等人，他们分统诸军。这其中爵位最高、战功最卓著的英国公张辅的态度尤为关键。

张辅也是“靖难”勋臣，他和朱高煦一起打过仗，他是不是汉王党呢？如果之前张辅曾经是，在朱棣驾崩的这个节点，他已经毫无疑问不再支持朱高煦。因为他成了朱高炽的丈人。

和朱元璋一样，为了拉拢武将，朱棣使用的也是屡试不爽的联姻手段，他把四个女儿都嫁给了武将，又让太子朱高炽纳张辅之女为妃。

拥立朱高炽显然符合张辅的利益，而且根据记载，朱棣驾崩前没立下遗诏，但对张辅有过交代——“上还至榆木川，不豫，遂崩。召辅受遗命，诸军悉受节度。”

为什么是召张辅而不是召文臣，没人比一生戎马的朱棣更清楚。纵然军中有人心怀异志，有张辅坐镇也足以压制。

要是丘福、朱能还在，张辅说话就没这么一言九鼎。郑亨、陈懋、薛禄他们都和朱高煦有点不清不楚，丘福更曾是汉王的头号支持者。可惜，他们都不知道朱棣已驾崩，朱高煦失去了先发制人的先机。

计议已定，文武官员分头行动，杨荣、福寿日夜兼程先行回京秘报太子朱高炽。考虑到六师未回，张辅派出三千铁骑随后出发，增强京师的警戒力量。

潜伏在北京的朱瞻圻也意识到了什么，一天之内，他就派出六批人通报京师的异动。但是这种事情不能光靠猜，朱高煦胆子再大，也不敢在没掌握朱棣确切死讯的消息下有所动作。

朱高炽抢得先手，他立即严加布防，并派出朱瞻基迎回朱棣锡棺，并以代理统帅的身份率领大军回师北京，牢牢地掌握了主动权。

朱高煦失去了最好的行动时间，这次他又失败了。

好在他还有机会，假以时日，汉王还会卷土重来，并以更猛烈的方式。

永乐二十二年（1424 年）十二月十九日，为期二十七天的全国性哀悼结束了。京城出现了一支长长的队伍，队伍的仪仗如同二十多年来人们看惯的一模一样。不同的是，朱棣现在躺在他的棺椁之中，被抬向这副躯体的终点。永乐皇帝被葬进了他早已准备好的长陵中。一通极其烦琐的礼节过后，长陵地宫的石门被永远地掩闭了起来。

从朱元璋到朱棣，一个轰轰烈烈的时代宣告结束，接下来的大明会走向何方呢？

第十八章 明朝皇帝为何普遍短命

短寿的秘密

永乐二十二年（1424 年）九月初七，朱高炽即皇帝位，颁布大赦令，定次年为洪熙元年。

熬了二十年，朱高炽少不了要大展拳脚，开创一番自己的事业。

洪熙元年（1425 年）五月二十九日，四十八岁的朱高炽在钦安殿驾崩，当了八个月零二十二天皇帝。

朱高炽死因不明，流传着多种说法，有纵欲过度说、心脑血管疾病说、误服丹药说，甚至还有被朱瞻基谋杀说。

朱高炽到底因何而死，如果他的献陵没被打开，我们永远也无法得知了。

不过，可以根据掌握的资料来进行一下推断。

先看一下明朝十六位皇帝的寿命。经过统计后发现，最长寿的皇帝居然是最勤政的朱元璋，他活到了七十一岁。排第二的是同样勤奋的朱棣，他活了六十五岁。

朱棣以后，明朝皇帝开始变得短寿，活过六十岁成了奢望，后来寿命最长的两个皇帝朱厚熜和朱翊钧也只是活了五十九岁和五十六岁而已。

大部分皇帝连活过四十岁都困难：明英宗朱祁镇活了三十七岁，明宪宗朱见深四十一岁，明孝宗朱祐樘三十六岁，明武宗朱厚照三十一岁，明光宗朱常洛三十九岁，明熹宗朱由校二十三岁。

……

连明太祖、明成祖在内，大明皇帝的平均寿命也不过四十多岁，而据估计明朝人的平均寿命是四十五岁左右。

皇帝拥有全国最优质的资源，享受最好的医疗服务，还活不过平头老百姓，这是不是太不能令人相信了。

再对比一下清朝，皇帝的平均寿命是五十三岁。

有人或许要问，清在明之后，是不是时代和医学的进步让清朝皇帝比明朝皇帝长寿呢？答案是否定的，即使唐朝和宋朝，皇帝平均寿命也都有四十六岁，明朝还不如唐、宋。显见，明朝皇帝的寿命是有问题的。

现代医学研究证明，遗传基因是决定人寿命长短的因素之一。朱元璋和朱棣的寿命给了一个很好的样本，老朱家的基因并不差，活到六十五以上问题不大。

为了证明，还可以举其他世系藩王的例子，长寿的比比皆是，如代王朱桂之子代府襄垣王朱成鍨甚至活到了九十岁。

徐达家族的短寿基因

朱棣和朱元璋的寿命基本正常，从朱高炽起就不正常了，问题会不会出在朱高炽的母亲身上？

朱棣的原配是徐氏，三个儿子都是徐皇后所生，徐皇后是徐达之女。

徐达本人活了五十四岁，徐皇后活了四十六岁。魏国公总共传了十一代，只有徐达的玄孙徐俌活了六十八岁，其他都去世较早。

为了谨慎起见，再查证一下赵王朱高燧一脉的寿命，发现只有第六代赵王朱厚煜（1498—1560 年）活到六十三岁，其他大多没有活过四十岁。

还有一个证据是代王朱桂一支，朱桂本人享藩五十五年，活到七十三岁才去世，他的寿命没有问题。

朱桂的正妃徐氏是徐达次女，洪武二十六年（1393 年）生一子朱逊烇。

朱桂之后，历代代王寿命大都很短。代王世子朱逊烇仅活了二十六岁（1393—1418 年），由朱逊烇长子朱仕壥袭爵。朱仕壥活了五十一岁（1413—1463 年），后来的代王们，除了第八代代王朱鼐钧（1559—1627 年）算比较长寿，其他都没能活过朱仕壥，大部分在三四十岁壮年而卒。

看代王朱桂的世系，几乎就和朱棣的世系同步发展，这说明朱桂后代的寿命和朱棣后代的寿命差不多。徐达还有个四女徐氏成为安王朱楹正妃，朱楹在永乐十五年（1417 年）薨逝，无子，国除，这一支无法统计。

基于这些样本，可以作出一个大胆的推论：朱家本来并没有短寿的基因，从朱棣下一代开始，寿命一代不如一代，原因极可能出在徐氏身上。徐达家族可能有某种基因，导致后代长寿的很少，以致影响到了后来的大明皇帝。

以上，并没有科学证据支撑，纯属个人推论。

享寿不永对皇帝是个致命的缺陷，它往往意味着上位没几年，制定的政策还未收到实效，就可能在下一任皇帝手上停止或被推翻，国家会再次面临变数。

第十九章 朱高炽的历史评价

“仁政”

十几年的时间里，朱高炽曾长期在南京监国，但这并不能算作他的功绩。夺嫡事件的存在，让朱棣长期对朱高炽严加防备，严禁太子擅自决断，大事小事都要他亲自批准才作数。他真正能自己做主的，也就是这九个月。

短短九个月能干出点什么功绩呢？主要来说，还是一个“仁”字，一如他当太子时一样。

孔老夫子提出了儒家“仁义礼智信”的中心思想，“仁”就是核心，就是最高道德规范。

朱高炽以“仁”赢得文臣的支持，到他即位后，他的“仁”便被放大为“仁政”。

永乐二十二年（1424 年）十一月，朱棣刚刚下葬两个多月，朱高炽就连烧三把火，让大臣们瞠目结舌。

一、下诏赦免了建文帝旧臣和永乐时遭连坐流放边境的官员家属，允许他们返回原处。

二、在公开场合为被杀的方孝孺、齐泰、黄子澄等平反昭雪，称他们为忠臣，恢复名誉。

第一条，大臣们还能用新皇登基大赦天下的理由来解释。第二条已经突破了他们的思维——这些人可都是先帝最恨的“削藩”祸首，新皇帝竟说他们是忠臣？要为他们平反？

当他们看到第三条时，更加震惊。

三、承认建文一朝的合法地位，称其在位期间的政府为朝廷，将被朱棣废掉的朱允炆称为“君”，将他的死亡（名义上的）称为“崩”。

朱允炆是合法的皇帝，等于说朱棣是乱臣贼子，“靖难”的正统性从何而来？这不等于打朱棣耳光吗，先帝可是尸骨未寒啊。

大臣们怎么想朱高炽不管，他就是干了，并且特别询问：“齐泰、黄子澄可还有家属，他们虽然死了，也是忠臣啊。如果还有家属的话，把他们放回来吧。”不是问一次，而是反复询问。

朱高炽用坚定的信念和行动完成了这些事。根据他的早逝来看，如果不是当时就办，他就没有机会了。

大臣们从怀疑到错愕再到叹服，大家看皇上的眼光变得充满敬佩，因为这才是历史本来的模样。他们知道，遇到明主了。

这是个有勇气有温度的胖子，在皇位还未坐稳的情况下，这个举动是有一定政治风险的。朱高炽不畏人言，不怕背上不孝的骂名，坚持凭自己良心做事，这是真正的仁厚，仅凭此举已无愧“仁宗”的庙号。

除了修正父亲的错误，以及必要的一些恢复生产、治理官场的事，朱高炽还办了一些大事。

夺嫡之争中，许多东宫官员被下狱，右春坊大学士黄淮、太子洗马杨溥等太子党核心人物已经蹲了十年大牢。太子即位，这些人自然立即释放，事业进入快车道。朱高炽将他们提拔进内阁，同时入阁的还有杨士奇、金幼孜、杨荣，后来人们所称的“三杨”就是指其中三位姓杨的阁臣。

朱高炽非常信任这些对他不离不弃的文臣，赋予了他们参与决策的权力。为了使他们的决策权不至于受到品级较高官员的质疑，他搞出了一套兼职体系，如杨士奇兼任兵部尚书，杨荣兼工部尚书，黄淮兼户部尚书。这样，他们就可以直接过问在职大臣们的行政事务，并施加政治影响。

永乐时期的内阁还是个责任有限的咨询机构，在朱高炽手里，它完成了发育。内阁制度和“三杨”，成为他留下的一笔最丰厚的政治遗产。这个制度从洪武时期开始萌芽，到永乐时期发展，在朱高炽手里得到了完善，形成初步的文官政府制度。

这是文官们的政治回报，除此以外，朱高炽也没有忘记边防问题。他将调入内地的四卫之兵调回山西屯守，对朱棣弃守大宁这一战略失误进行了补救，又向北边派出了七个军镇的镇守总兵官，颁发了六个将印，奠定了军镇发展的基本模式。

可以说，朱高炽在短短九个月的时间里，在文武方面都是有所建树的。

“仁君”

朱高炽也是个有点小脾气的大胖子，就算偶露峥嵘，也会在事后给大臣道歉并进行安抚。唯一的特例是翰林侍讲李时勉。朱高炽对女色颇为贪恋，李时勉便上疏劝谏，劝皇上要“谨嗜欲”。朱高炽一看大怒，“谨嗜欲”，不就是说自己好色吗？朱高炽将李时勉召到便殿进行问询。不想李时勉丝毫不惧，对答如流。朱高炽气得令武士用金瓜击打李时勉。

李时勉被武士当殿打断三根肋骨，再投入狱中。即使这样，朱高炽还没消气，直到垂危之际，他还恨恨地说“时勉廷辱朕”。

朱高炽本来还打算搞出更大的动静：还都南京。据说此举是朝廷高官们作为把资源从北方边境转移出来的策略而强烈要求的。

这个建议可谓正中朱高炽下怀，他从小在南京读书长大，“靖难”成功后又长居南京，南京就是他的基本盘。朱高炽对北征不感兴趣，也不喜欢北京，另外，他还关心维持北方京师的费用，这项费用不但大大地增加了东南百姓的负担，也使各政府部门难以应付。

洪熙元年（1425年）四月十六日，朱高炽下诏重新把北京降格为“行在”，并派出皇太子朱瞻基到南京谒陵，以为迁都做准备。

然而这件事最终没办成。五月，朱高炽病重，二十九日去世，庙号仁宗，谥号“敬天体道纯诚至德弘文钦武章圣达孝昭皇帝”。

虽然在位短短九个月，朱高炽在历史上的评价却很高，这个温和仁慈的大胖子，寿命在明朝皇帝中排倒数第二，评价可以排进前五名。

朱高炽用宽仁的心对待一切，不但没有惩罚曾长期与他作对的二弟朱高煦和三弟朱高燧，反而厚待他们。强横如朱高煦，也被大哥的大度折服，明仁宗在位期间，汉王保持克制，没有表示出不满。

朱高炽的所有做法，都合乎儒家的“仁政”思想。他也有一些小缺点，可是他有足够的肚量认识自己的缺点和向人道歉。不管他有什么错误，它们都可以被一颗仁爱的心和一心为公的热诚所弥补。

历史上的短命皇帝基本上没什么存在感，但朱高炽算是个例外，后世将他与西汉的文帝、景帝相提并论。

当然，朱高炽得到一边倒好评的部分原因，也来自他的统治仅有九个月，他生前迅速完善内阁制度并授意阁臣密疏言事，表现出了一定程度的怠政倾向。他或许并不完美，但由于在位时间过短，性格缺点终究没有暴露出来，使得朱高炽以“仁君”的形象定格于历史中。

第二十章　大明王朝的运行曲线

“仁宣之治”

洪熙元年（1425年）六月二十七日，朱瞻基正式登基，改次年为宣德元年。他就是后来的明宣宗。后人习惯把朱高炽、朱瞻基父子俩的统治合在一起称为“仁宣之治”。

朱瞻基在位时间不算长也不算短，正好十年。这十年，是大明一个关键的分水岭，它不但没能恢复大明立国时的荣光，还从此进入了下行通道。

这就有点矛盾了，不是说“仁宣之治”吗？盛世更好听，治世也不差啊。历史上有著名的“文景之治”“贞观之治”，“仁宣之治”又能差到哪里去。

我们先明确一个治世的概念，治世——意味着国家充满朝气，社会生机勃勃，有勇往直前的推动力，国力和信心都处于一个满溢的状态。

治世之后，通常会出现两种局面：

一种是盛世。

盛世恢宏大气，留名青史，吸引着无数帝王将竞相追逐。但盛世也意味着盛极而衰，和月满而亏、亢龙有悔是一个意思，是王朝走向衰世和乱世的前兆。西汉“文景之治”发展到汉武帝而极盛，唐朝“贞观之治”而至“开元盛世”，之后都陷入衰落。

古代国家的盛世会出现在治世之后，王朝的走势曲线会出现一个明显的波峰，然后掉头向下直到灭亡，汉、唐、宋、清莫不如此。

仔细看明朝的曲线却与其他王朝不同，朱元璋立国即巅峰，在朱棣手里达到极盛。号称治世的仁宣之后，却再也没出现过盛世。

朱瞻基以后，大明的国运就像山间的小溪流水一样，再也没有汇成大江大河。

当然，治世之后也未必一定会出现盛世，可能出现另一种局面，还是治世。

在前一个治世的基础上，国家兵马强壮、国库充裕、社会治安良好、百姓生活富足，虽然没有盛世的赫赫武功，文治仍然处在巅峰状态。

治世的统治者一般都能保持清醒的头脑和进取的心态，为后代留下丰富的遗产，光吃老本就能让王朝平稳运行一段比较长的时间。

所以许多人认为，对王朝来说，最好的状态不是盛世而是治世。

明朝是这种局面吗？显然也不是。姑且认为仁宣是治世，那么在它之后明朝也再未出现治世，就算偶有兴盛，也相去甚远。

把明仁宗和明宣宗合在一起称呼并不公平，不能因为明仁宗在位时间过短，就把他买一送一地送给明宣宗，父子俩的统治还是有很多区别的。大明走出怪异的曲线，其中的关键就在这“仁宣之治”上面。确切点说，就在朱瞻基身上。

十年时间够干很多事了。“好圣孙”朱瞻基就是精明的皇帝，他还真干了很多事。

新皇登基，有一批官员肯定会得到提拔，他们是东宫官属们，尤其是当过太子老师的人。朱瞻基把当皇太孙和皇太子时的老师们都提拔到各部侍郎、翰林院等重要职位，这些人的政治前途一片光明。

在这批官员里，有两个人却很不高兴，他们的名字叫戴纶、林长懋。这两人非但没有升官，还被调离京城，发配到鸟不拉屎的地方任职。

原来两人当初当皇太孙老师时，负责教导他政事、文理。皇太孙的偶像是爷爷，喜好骑马射猎，经常旷课。戴纶、林长懋职责所在，生怕孩子贪玩耽误了学业，为此多次进谏得罪了朱瞻基，现在“荣幸”地得到了穿小鞋的待遇。

戴、林两人被贬也是心怀不满，时常发几句牢骚，这事终于传到了朱瞻基耳朵里，他们旋即被逮回京师。朱瞻基命带二人上殿，亲自审问。戴纶性格刚烈，当殿抗辩皇上是挟私报复，惹得朱瞻基恼羞成怒，命武士一顿乱捶，将戴纶活活打死。林长懋见势不妙，沉默不语，朱瞻基同样不肯放过，命锦衣卫将林长懋逮捕入狱，关押长达十年之久，直到朱祁镇即位大赦天下时才被释放。

两人都是朱瞻基的老师，竟落得被当殿打死和坐牢的下场，这件事实在有损他的形象。

戴纶被打死，朱瞻基余怒未消，戴家全族因此获罪。戴纶的族兄太仆卿戴希文受到株连被籍没，他的儿子惨遭阉割，被送入宫中成为一名小宦官，还被赐名为怀恩。朱瞻基绝对没有想到，他的这桩恶政，在几十年后会不经意间帮助重孙朱祐樘登上帝位。

除了这件荒唐事，朱瞻基也干了不少正经事。即位后，他施行了一系列政策让国家焕发生机，新皇登基后一般都会这么做，这些事都比较笼统，就不一一具体说了。值得一提的是，他也干了件有温度的事，释放了李时勉。

朱高炽死了，李时勉还坚强地活着，他在监狱里得到了故人的及时救治，总算捡回了一条命。李时勉一生的最高官职不过是从四品，在官场沉浮四十多年下来，还是以从四品退休，看上去丝毫不起眼。

李时勉的起点很高，他在永乐二年（1404年）就高中进士，更被选为庶吉士进翰林院，被当作国家重点人才培养。

李时勉前程未达到预期的原因，在于他有个爱好：直言犯上。

永乐十九年（1421 年），李时勉就因一口气给朱棣连提十五条意见，惹得龙颜大怒。朱棣气得直接扔掉了他的奏章，不久就找了个理由将他下狱。

但是一年多以后，朱棣慢慢发现错的是自己，李时勉的大部分建议都切中要害，他又忍不住翻出奏章来看并照此施行，李时勉得以官复原职。

这次，还是直言犯上，李时勉又被丢进了监狱，等待他的是新皇的裁决。

朱瞻基开始的想法并不是释放他，而是杀掉他。当他得知老爹朱高炽去世前，念念不忘的竟然不是自己的名字，而是这个李时勉时，不禁勃然大怒："把李时勉绑来，朕要亲自审问他，非杀了他不可！"

这道命令刚下，朱瞻基越想越气，他再也不想看到这个人了。于是他决定省略审问的步骤，又下了一道新的命令，派一个锦衣卫指挥赶到狱中，直接将李时勉拉到菜市口斩首。

也是李时勉命不该绝，前后两个办事人员走错了路，李时勉还是被带到了皇上面前。

看到李时勉，朱瞻基火更大了，他怒骂道："你一个微末小臣，竟敢触犯先帝，你到底在奏章中说了什么，快快招来！"

李时勉据实回禀："臣说先帝在居丧守孝期间不宜亲近嫔妃，不宜让皇太子远离于左右。"

听到这两句话，朱瞻基的态度顿时缓和下来。这个李时勉说得没错，守丧期间宠幸妃嫔，确实有点对先人不敬。更让朱瞻基满意的是后半句，父亲把他调到南京，远离了权力核心。这事违反了祖制，对朱瞻基是件风险很大的事情，他一直耿耿于怀。

下面这个人当面顶撞父亲为自己说话，这是忠臣，不能杀！朱瞻基这才赦免李时勉，并让他官复原职。

官场游戏规则不适合李时勉这样性格刚直的人，再干下去解缙的下场就会等着他。李时勉还是幸运的，他后来被调出翰林院，出任国子监祭酒，他在任内勤于治校，关心学生，使得当时人才辈出，任职时有"南陈北李"（"南陈"为陈敬宗，任南京国子祭酒）的称呼。

李时勉讲课时，连侯、伯都称他为老师，酒席上只有张辅能和他坐在一起。虽然李时勉并没有“三杨”那样显赫的名声，但他凭自己的正直和节操赢得了士大夫的尊重，大家都发自内心地尊称他一声先生。这样的人是不能杀的，杀了必定被千夫所指。幸好朱瞻基改变了主意。

皇权的发展趋势

朱瞻基即位最初几个月做了一些事，总体来说还是开了个好头，不过接下来发生的一件大事就有点难说了。

这件事关系到朱高煦家族。前面统计朱棣后代寿命时，并没有统计到汉王朱高煦世系，因为这一支已经被朱瞻基杀绝了。

朱高炽用高官厚禄封住了弟弟的嘴，朱高煦实在找不到理由造反，只得默默在家蓄力，等待时机的到来。可没想到，大哥很快就驾崩了，这让他有点措手不及。

计划不如变化，又要重新做方案了，这个机会该怎么把握住呢？

朱高煦绞尽脑汁飞快地运算着，直接进攻北京武力夺权肯定不行，自己手里只有几千人的地方部队，根本不是京师三大营的对手。

能不能在侄儿朱瞻基身上动脑筋？侄儿恰好被大哥支到南京去了，汉王的封地乐安州（今山东省惠民县），正好在南北两京的交通要道上。朱瞻基不是要回北京吗，那我在半路设伏砍死他，再以皇弟之尊入京主持大局，谁敢反对？

想到人生巅峰就在眼前，朱高煦说干就干，派人在两京必经之路设下伏兵，就等着手下提朱瞻基的人头来报喜。

可左等右等了好几天，等来的却是京师卧底的报告：“王爷，朱瞻基已经在北京即位啦！”

朱高煦咬咬牙，找来手下问：“是走漏了消息，还是他绕小路跑了？”

手下哭丧着脸：“都不是，太子好像老早知道皇上将要宾天，早就不在南京了。”

关于朱高炽的死因，有朱瞻基鸩杀其父一说，证据就是他仿佛预知了父皇将要驾崩，未得宣召就提前离开南京。不过，这种说法并没有更有力的证据，只能作为野史的一部分。

不管原因到底是什么，总之朱高煦这次扑了个空，又失败了。

朱瞻基顺利即位后，对二叔的态度表现得非常友善。给汉王的赏赐，他一加再加；汉王有什么要求，他统统批准。这搞得朱高煦非常感动，感动之余，却对大侄子朱瞻基越来越轻视，认为这是新皇在示好。

朱高煦到底是个武人，他对政治的理解始终停留在打打杀杀的层面。朱瞻基心中所想，不是他的头脑所能理解的。

这个问题与皇帝的权力有关。

皇帝富有四海，权力无边，是所有人都梦寐以求的第一职业。但皇帝也是个苦命人，风光之外更是个高风险职业——根据统计，历史上皇帝的非正常死亡率高达百分之四十四。按概率来讲，杀人越货的盗匪都有可能比皇帝长寿。

当皇冠戴上头顶的一刻，你以为自己已经得到了至高无上的权力，你的命令就是圣旨，天下无人敢不服。与此同时，在黑暗中，一双双不怀好意的眼睛也在窥视着你。这么多非正常死亡的皇帝，不外乎被权臣、太监、外戚架空，最后死法五花八门。

换句话说，皇权受到的挑战主要来自权臣、外戚和太监。

既然皇帝说一不二，那找个机会把他们除掉不就行了，为什么甘愿受人摆布，就算被杀也不敢反抗呢?

因为反抗是没有用的。汉献帝反抗了，他失败了；曹髦反抗了，他被当街弑杀；元英宗反抗了，被贵族刺杀。他们失败的原因相同，被架空的皇帝没有权力；就算有，力量也极其弱小，没人听他们的。

权力来源于预期。

新皇帝即位了，大家预期跟着他能升官发财，走上人生巅峰，所以都愿意听皇帝的。等大家发现皇帝并没有预期中的权力，升官发财得靠巴结权臣才能做到时，许多人要不了多久就会叛变。

本质上，决定权力归属的不是皇帝的身份，而是权力本身，否则就不会有那么多王朝兴替了。一个得到众人承认的新皇登基，只是拥有了天赋皇权的法理基础，并不代表他就天然地拥有了权力。

皇帝必须要有自己的班底，有忠于自己的大臣和军队，树立起自己的威信，才能换来别人对他权力的承认。历史上那么多皇帝非正常死亡，原因不外乎两个：权力不够，不够集权。

一旦皇帝无力集权而导致权力旁落，轻则被他人专权，重则自己丧命，最严重的后果是导致失国。

后来的皇帝们认清了这个现实，都会不遗余力地打造一个强有力的中央政府。因此，皇权的集中程度呈一路走高的上升趋势，至明清达到了顶峰。

我们再来看朱瞻基即位后面临的政治形势。

内阁制度成熟后，文官政府已经初步形成，但由于功臣政治的存在，“靖难”勋臣仍然拥有左右政局的能力。

在明仁宗一朝，军中元老宿将多有封赏，这是朱高炽对他们支持的合理报答，也是对老将们多有忌惮。

最典型的是朱高炽在位时，英国公张辅的权力达到了顶峰。

不到一年的时间里，张辅家族多人受到大力提拔，他本人更是位极人臣。连经筵（讲经论史而特设的御前讲席）、监修《明太宗实录》、祭祀、册封等这些文官的传统工作都由张辅主持，等于在实际上确认了他的地位和特权。

这一切的背景是勋臣们在军中的影响力仍然很大，朱高炽需要他们的支持。同时，汉王朱高煦对皇位仍有觊觎之心，心向汉王的高级将领也仍然存在，朱高炽必须要把军界最有实力的张辅拉拢在身边。

这样不是长久之计，皇帝要的是集权，而不是让哪一方坐大。

然而直接动武将是不行的，因为藩王仍旧存在。

藩王治理行动前后已经历了二十七年，可还有十五位亲王保留着护卫。其中不乏秦王、楚王、赵王、蜀王、肃王这些拥有三护卫的实力派，他们掌握着五千六百人至一万六千八百人不等的兵力，并拥有很大的自由。

尤其是汉王朱高煦，别看他只有一个护卫的兵力，可他在军中仍然有支持者。如果把武将逼急了，他们倒向汉王，那麻烦就大了，所以非但不能动这些“靖难”勋臣，还得继续笼络着他们。

出于这个逻辑，在宣德初期，武将的地位非但没有降低，还得到了一定的提高。

朱瞻基终究要把军权控制到自己手里，考虑到先动武将会让藩王有机可乘，正确顺序应该是先处理藩王，再动武将。

又回到了头疼的藩王问题，要动藩王，还有什么比动二叔朱高煦更合适呢?

从朱高煦之前的种种表现来看，可以总结出他有着很明显的性格缺陷。这位汉王是个长不大的熊孩子，给他点颜色就敢开染坊。因此，最好的方式就是欲擒故纵。

第二十一章 朱瞻基的集权之路

朱高煦的闹剧

果然，朱瞻基的种种妥协退让让朱高煦真的觉得有了造反的实力。他和手下开始日夜谋划，争取到了乐安知州朱恒，还联络到山东都指挥使靳荣这样的实力派。朱高煦开始打造兵器，招募人手，还成立了自己的五军都督府，将手下封为太师、都督，为起兵做准备。

做完这些，朱高煦叫来心腹枚青，让他悄悄地去趟北京，找一个人。这个人就是张辅。

朱高煦再鲁莽，基本的清醒还是有的。在他的计划中，极为重要的一环还是拉拢“靖难”勋臣们，只要他们能支持他，不愁大业不成！而在他看来，帝国第一军人、勋臣元老英国公张辅，未必就没有什么想法。

原因在于，张辅之女张敬妃并没有生下一男半女，朱高炽驾崩后，张辅与皇室的联姻地位已被大大削弱。这让朱高煦觉得，张辅是可以争取的。

一个夜晚，枚青顺利潜入英国公府。张辅听完他的来意，只是冷冷一笑，随即枚青就被五花大绑，连夜送到了朱瞻基那里。

这就是尴尬的现实，朱高煦给张辅许下了什么条件，人们并不清楚。但是以张辅如今的地位，实在没有必要为朱高煦冒险。

朱瞻基即位后，张辅的待遇再次提高，朱瞻基还把军队的后勤、考核、卫戍等权力交给了他。在最为关键的军队高层人事安排上，他也指定由张辅选举奏报，并大多加以执行——“时山东、交趾二都司俱奏阙官。上命太师英国公张辅等选举以闻，故命之。”

朱瞻基给张辅的权力已超出了单纯的掌兵，达到了军政事务的最核心层面。在宣德初期，张辅不仅是军界元老，也是整个朝廷举足轻重的人物。

宣德元年（1426年）八月，一份报告及时地送到了朱瞻基手里，带来了他期盼多时的消息：汉王已经谋反。

策反行动真的失败了吗？从结果看是的，但这只是有历史记载的。我们可以大胆推测一下，朱高煦赖在北京十几年，他的情报网络不可能只有一个枚青，策反对象也不会只有一个张辅。有可能在张辅之前，其他间谍已完成了一些工作，但只有张辅点头，他们才敢表态。

比如还有一件奇怪的事，汉王反迹已露，朱瞻基打算派阳武侯薛禄领兵征讨。可薛禄的反应竟然是面色大变，甚至流下泪来。而乐安的朱高煦听说领兵的是薛禄，却是喜笑颜开。

薛禄绝不是平庸将领，他是“靖难”元老，曾三次随朱棣北征，地位崇高，绝对是一时宿将。将领最怕的是没有仗打，这是立功的大好机会。皇帝亲自点将更是极大的荣耀，薛禄应该高呼谢主隆恩才对，是什么让他怕成这样？

这两种极端的态度给人很大的想象空间。要么是朱高煦强大到能打败薛禄，要么是这其中有什么利益交换。

薛禄的异常也让朱瞻基感觉到了一丝危险的苗头，看来还是有人对汉王谋反持观望态度，等待着事态的进一步发展再决定自己的行动。

那么，到底派谁去呢？

张辅为自明心迹，主动向朱瞻基请战，表示只要两万人，就能将汉王平定。

大学士杨荣提出了不同的意见，他说："对付汉王这班人，非陛下您御驾亲征不可！"

朱瞻基却有点迟疑，亲征固然痛快，可是有风险啊。杨荣看到皇上的犹豫，又加了一句话："您难道忘了当年李景隆的教训吗？"

一句话惊醒梦中人，李景隆实在"名头"太响，一提到他朱瞻基就顿悟了。李景隆干了什么他很清楚，将在外君命有所不受，张辅在我面前胸口拍得震天响，万一和朱高煦见面被说动呢？那我就是下一个朱允炆了，想到这里，朱瞻基再也没有迟疑：亲征！

乐安离北京并不远，八月二十日，明宣宗的亲征大军已抵达乐安，将城池团团包围。

朱高煦乐不起来了，得到朱瞻基决定亲征的消息，他这才脸色大变。

皇帝不来，一切还有变数；皇帝亲征，所有希望化为泡影。

八月二十日，朱瞻基抵达乐安城下，将劝降书信射入城中。八月二十一日，朱高煦烧毁文件，连夜抛下手下，从小道溜出城外请降。

一场闹剧就此平定，朝廷未费一兵一卒。

朱高煦被废为庶人，关押在皇城西华门内"逍遥城"（私人定制牢房）。四年多以后，朱瞻基来到牢房探监，盯着二叔看了好久（熟视久之）。就在朱瞻基经过朱高煦身边的时候，怨恨已久的朱高煦做出一个极不理智的轻佻举动。他突然伸出脚来，将猝不及防的皇帝绊倒在地（伸一足勾上踣地）。

被绊了一脚的朱瞻基勃然大怒，命人用一口三百斤的铜缸将朱高煦扣住。谁知朱高煦一身蛮力，居然将铜缸顶起到处乱撞。盛怒下的皇帝再也无法遏制怒火，他命人压住铜缸，接着在上面堆上如山的木炭点起火来。被扣在铜缸中的朱高煦连声惨叫，就这样身首为灰。

朱高煦几十年养尊处优，戴着镣铐的囚徒日子肯定不好过，被扣在缸里更是生不如死。或许从伸出那一脚开始，他的行为就只能解释为已经不想活下去了。

自杀性的行为，让四年前的屈膝投降成了毫无意义的事。朱高煦以这种极其残忍的方式被处死，结束了他不怎么光彩的一生，可事情还没有到此结束。朱瞻基接着又下令，将朱高煦的正妃韦氏和所有九个还活着的儿子一起处死，朱高煦这个家族从此在历史上消失了。

朱高煦的死可以归结为咎由自取，但他理应得到更受尊重的死法，毕竟还要维护皇家的体面。扣缸烧死的做法可以解释为朱瞻基怒火攻心，却无法解释他将汉王一脉子孙诛灭殆尽的做法。这九个儿子里，除了朱瞻圻当过间谍，史料并无记载其他八子的劣迹。合乎规矩的做法是赐死汉王，后代废为庶人圈禁，后来比汉王谋反声势更大的宁王朱宸濠也不过是这样处理的。朱瞻基的做法可称残忍，这在历史上也极其少见，是他形象的又一个污点。

王朝的累赘，高贵的囚徒

明朝宣德年间成为一个藩王会怎么样呢？百分百会成为个废物，他不能创业，不能做工，更不能做官，就连出城扫墓、见个叔伯兄弟这些事都要打报告申请。好处是吃穿用度不缺，国家的俸禄会按时发放到位，王府里还有一众下人服侍。那除了吃喝玩乐他还能干点啥呢？答案是干什么都行，就是不能干正事。

藩王们的命运，正是在宣德年间给安排得明明白白的。

朱瞻基的最终目标还是集权，汉王是个牺牲品，目的是杀鸡儆猴，提醒其他藩王：这就是权力的毒药。

朱高煦投降后，赵王、秦王、楚王、蜀王等先后主动交出护卫，从此拥有三护卫的藩王成了传说，护卫最多的王爷也仅有一个护卫的兵力了。

朱瞻基还不放心，参照汉王一护卫也能造反的例子，他又用“备边”的名义多次征调王府护卫，这些部队的去向就是肉包子打狗，再也不可能回到王府了。

一些手里本来还有几千人的藩王，护军陆陆续续被调走后，王府遇到婚丧嫁娶之类大事竟出现了人手不足的情况，王府护卫已经名存实亡，不再对朝廷构成威胁。

即使藩王主动交出军队，朱瞻基也并不满意。

在朱元璋和朱棣时代，藩王都是被允许进京朝见的，这是一种政治特权。藩王们可以面对面地和皇上联络感情，也可以借此机会当面参预国政。朱棣驾崩后，周王朱橚、沈王朱模等都入京奔丧，朱高炽对他们以礼相待。

不过，这个特权在朱瞻基时代被取消了，藩王有事只许写信请示，天大的事也不许入京，等于大大削弱了皇族参与政事的权力。

可是大明宗室那么多，就算不进京，万一有人通过当官出人头地呢?

朱元璋在《皇明祖训》里明确写下了允许子孙做官的文字——“凡郡王子孙有文武材能堪任用者，宗人府具以名闻，朝廷考验，换授官职，其升转如常选法。”

朱高煦谋反后，禁止宗室出仕成为朝廷的明文禁令。甚至宗室们想当个平头百姓的愿望也无法实现，在宣德一朝，朝廷对皇室成员的事业发展作出了严格限制：不许做官、不许经商、不许未经许可出城，除此以外干什么都行。

史书记载中，能找到不少藩王做出种种怪诞反常行为的事，欺男霸女、随意伤人的宗室为数亦为不少，仿佛他们的头脑就不像个正常人。要知道在政治、经济上没有任何出路和前途的情况下，人空虚、没落几乎是必然的。如果不能像个正常人一样生活，他们便借种种荒诞行为来排遣空虚，发泄苦闷。

总之，一系列藩禁政策，如来朝有禁、出城有禁、入仕有禁、越关有禁、王亲有禁，以及宗室不得从事四民之业，婚丧名封必请于朝而后行，王府官不得外转等，“法网之繁，无以复加”，都是打着“优礼”宗室的旗号，强加给藩王们的制度化约束，实际上是对高贵无比的“天潢”群体的歧视。

宗室们越是吃喝玩乐混吃等死，皇上越放心。他们要是开始关心百姓疾苦了，开始表现出对军事的兴趣了，朝廷就会开始琢磨这些人是不是想要造反了。

要说藩王们都是废物，倒也不尽然。宁王朱权被改封南昌后，知趣地以自己抱病为由，不再参预国家政事。他从此寄情道教，养性静心地成为文化巨匠，被称为明代第一琴的中和琴就是出自他手。第五代郑王朱厚烷之子朱载堉（1536—1611年），七疏让国，辞爵归里，潜心著书，成为明代著名律学家、历学家、音乐家。再如第九代蜀王朱让栩，享藩二十多年，将全部精力都投入在四川兴办义学、修建水利工程、救济灾民、扶危济困之中，好评不断。

可惜，这样的宗室实在是太少了，一代人里也未必有一两个。种种限制下，明朝宗室们开始了“食禄不治事”，成为寄生虫般的存在。

直到万历二十一年，将军以下宗室才被允许参加科举，这时他们已被圈养了两百多年。宗室们还没来得及适应外面的社会，还没找到救国图存的办法，明朝就灭亡了，他们的结局绝大多数都很悲惨。

客观地说，这里面有朱棣的部分“功劳”，但主要工作是在朱瞻基手里完成的，他的统治不过短短十年，就迅速完成了对宗室的种种改造，这也是他实行集权的一部分。

收回军权

既然藩王的威胁已经解除，勋臣的权力就显得过于膨胀了。按照对权力的预期，如果要收回给张辅的权力而不进行补偿，张家肯定会有意见。所以正确做法是拿走这个权力，再塞给他两个相对少的权力。

朱瞻基是个很懂权谋之术的皇帝。在收回军权之前，宣德三年（1428年），他组织了一次边界武装巡逻。明军在宣德皇帝的率领下，在宽河顺利捕捉到了扰边的蒙古兀良哈部并将其击溃。

此次胜利的规模不大但意义重大，这是朱瞻基第一次真正亲临战阵，他还秀了一把骑射功夫，亲自率骑兵猛追敌军，据说还亲手射杀了三名敌人。

朱瞻基这次没有带上勋臣扈从，身边主要将领是金忠和蒋信。这其实是两个蒙古人，原名叫也先土干和把台，他们在朱棣第四次北征时主动归降后获赐汉名。

不能带张辅，也不能带薛禄，朱瞻基要建立自己在军中的威信，以便收回军权。

宣德四年（1429年），朱瞻基下了一道诏书，对张辅一通褒扬后表示，解除其中军督府的都职务，但仍命其侍奉左右，参预军国大事。

为了避免张辅多想，朱瞻基又宣布把他的两个弟弟张輗、张軏提拔为右都督和指挥同知。张輗原来只是金吾前卫指挥使，张軏是锦衣卫指挥佥事，朱瞻基把他们连升数级提拔到高级将领的位置上，如果不是给张辅离职补偿，还会是为什么呢。

表面上看张家的待遇不升反降，家族依旧是军界名门。背后的逻辑是被火箭提拔的张輗、张軏的影响力还不及张辅一个零头。张辅从此退居二线，只有建议权，失去了决策权和人事权。

不管如何，这种处置方式对张辅而言算是可以接受的结果，他恭顺地配合了皇上的策略。朱瞻基很满意张辅的态度，终宣德一朝，他也给了张辅应有的尊敬。但一涨一消间，张辅的号召力和影响力已不复往昔。

同一天被免职的，还有朱瞻基的舅舅、左军都督府都督张升。张升、张辅都是实权将领又是外戚，一天之内收回两位军界人物的实权，朱瞻基就差直接在诏书里写上“交权”两个大字了。

为了让张辅退得安心，朱瞻基还妥善安置了“靖难”勋臣们。阳武侯薛禄，去宣府任职；宁阳伯陈懋，久镇宁夏。其他几个重要的“靖难”勋臣如融国公柳升、茂国公李彬等已经或老或死。“靖难”军人这样一股曾举足轻重的力量被朱瞻基轻松化解了。

宣德五年（1430年）和宣德九年（1434年），朱瞻基又先后两次亲自巡边，虽然没取得什么战果，但通过这种方式，他进一步巩固自己在军队中的威信。

这一套组合手段下来，其实主要就是在宣德元年（1426年）到四年（1429年）间的事。短短四年，朱瞻基就完成了“削藩”、收权两大目标，效率不可谓不高。

收回军权，是朱瞻基集权计划中的最后一块拼图，没有然后了。

第二十二章 朱瞻基决策团队的核心成员

朱高炽的遗产

前面提到朱高炽进一步完善了内阁制度，朱瞻基继承了这笔遗产。

朱元璋废除丞相后，给皇子皇孙增加了很大的工作压力，每天要批阅全国的奏章成了一种折磨，对皇帝的精神和体力都提出了极高的要求，朱高炽这么快去世也与此有点关系。

朱瞻基不像朱元璋，业余时间他有很多爱好，为了自己的一点小乐子，他必须想办法从工作中解脱出来。内阁制度成形了，如何让这批人既快又好更有效地为自己服务呢？朱瞻基的大脑飞快地转动着，很快想出了一个好主意。他决定赋予内阁一项重要的权力："票拟"权。

"票拟"制度，简单来说就是阁臣们先代为浏览奏章，并拟出供皇帝参考的处理意见，写在小纸条上贴在奏章前，然后一并呈送皇帝。这道工序，既能提高国家机器的运转效能，又能让朱瞻基在决策时省下很多精力，他就有了更多的时间去画画、斗蛐蛐。

为了避免阁臣在行使“票拟”权时夹带私货，甚至假传圣意，皇帝看过意见后，如果同意，就要用红笔打个钩，不同意就不打钩，让他们重新想，这叫作“批红”。有了“批红”这份处理意见才能被转到六部付诸执行。

这样皇帝还是皇帝，大臣还是大臣，决策权和建议权分得清清楚楚，“批红”权在皇帝手中，就没有出现权臣的可能。

在朱瞻基手里，内阁的地位无疑进一步提升了。但内阁依然只是个秘书机构，内阁有参与权而没有决策权，“票拟”权看起来很厉害，是否被采纳最终还是要由皇帝的“批红”决定。内阁也没有直接的行政权，更像是六部和皇帝之间的中介机构。从这点上看，内阁不但没有分散皇权，反而让皇权进一步集中了。

不过在宣德时期，内阁的地位确实是历史上最高的，阁臣们的“票拟”权几乎很快都会变成皇帝的谕旨。这并不能说是朱瞻基怠政，而是与朱高炽的遗产有关，看看他留给儿子的大臣，就知道这个智囊团队有多强大。

“含弘善断”夏原吉

永乐二十二年（1424年）那个秋天，朱棣结束第五次北征后，回师经过榆木川一病不起，这位六十五岁的老人已经油尽灯枯，即将走向人生的终点。

躺在病榻上的皇帝脸色蜡黄，不发一语。突然他似乎想起了什么，挣扎起病体，环顾左右，说出了一句话：“夏原吉爱我。”

能让杀伐决断的永乐皇帝临终说出这五个字，夏原吉何许人也？

夏原吉出身很苦，出道很早，他和杨士奇走的是一样的路线，靠做乡村教师的收入考入县学，又由乡荐进入国子监。论学问，夏原吉只是个举人，朱元璋却慧眼识才，将夏原吉提升为户部主事，因为他发现了夏原吉的最大特长：理财。

从此夏原吉在户部深耕，在官员人人自危的洪武朝，他丝毫未受波及。建文帝即位后将他升为户部侍郎。“靖难之役”中他为朱允炆筹措粮饷，站在了北军的对立面。

朱棣对敌人从不手软，有人把夏原吉抓来，想要杀掉他。夏原吉并没求饶，只是说：“我本来就该死，但您能否再借我三日，再有三天我就能把手头上的账目厘清了，到时候您再杀我。”朱棣一愣，天下还有这种把工作看得比命还重要的人。朱棣也需要有人帮他理财，他很欣赏夏原吉的工作精神，非但没有杀他，还将他提拔为户部尚书。

有人提出异议，认为夏原吉是建文旧臣，不可重用。朱棣说：“夏原吉是太祖的大臣，怎么会不忠于我呢？”

六部中吏部的地位最高，吏部尚书人称“天官”，其次就是户部。户部的权力极大，除了税收、饷禄，还有人口、土田、赋役、粮储、仓藏等都归户部管辖，全面管理国家的一切经济事务。

事实证明之前夏原吉做户部侍郎是屈才了，户部尚书才最能发挥他的特长。朱棣只管搞工程不管筹钱，永乐时期搞了那么多大工程，财政都靠夏原吉支撑。他通过各种办法开源节流，在财政上为朱棣的大手笔提供支持，永乐盛世的背后始终有夏原吉的影子。

夏原吉是个天生的财政高手，他在任期间把任重事繁的户部事务管理得井井有条，得到朝野上下好评。但夏原吉同样有个原则，“欺君病民，吾不为也”，他被下狱正是与此有关。

朱棣是个豪横的皇帝，一高兴就会打赏有功之臣，或是给他们升官。每当这时夏原吉总是会来一句：“陛下您别装大方了，您的国库快亏空了。升这么多官，他们的俸禄怎么付？”

这种话别人说出来可能是找死，在夏原吉嘴里却显得那么自然，而且朱棣经常会听他的。

永乐十九年（1421 年），朱棣决定再次亲征蒙古，这时连一贯支持他的“靖难”功臣们也纷纷表示反对。朱棣迫切需要支持，他把目光投向了夏原吉。

对永乐皇帝的好大喜功，主管国家经济的夏原吉其实是有意见的，之前他殚精竭虑地为朱棣筹钱，可是这次他也不再支持朱棣了。他直言不讳地说：“连年出兵，都无功而返，军马储备已损失了十之八九，加上灾荒不断发生，现在已经内外交困了。”

听到夏原吉也如此说，朱棣震怒，直接赶人。

夏原吉停顿了一下，还是决定把下半句话说出口：“陛下现在身体又不好，还是静心调养为好。出征漠北这种事，找个将领代表一下就行，您不用亲自去。”夏原吉明白，当面指责争强好胜的朱棣身体不好，这种话出口有很大的风险，但为了皇帝和国家，他又非说不可。

果然此话一出，朱棣的脸都黑了，一挥手就掀翻了桌上茶盏，当即收回成命，命人将夏原吉下狱抄家。

这次抄家，把夏原吉的清廉也抄了出来。堂堂户部尚书家里，除了朱棣御赐的钞币，只剩下一堆布衣和坛坛罐罐。一个理财大臣能把国家打理得井井有条，自己家却没有半分余财，清贫至此。

正如夏原吉所言，朱棣后三次亲征与其说是打击蒙古，不如说是武装巡游。永乐二十二年（1424年），朱棣在榆木川病倒时又想到了夏原吉，如果他当初听从劝谏，是否能多活几年呢？朱棣这才明白忠言逆耳，夏原吉对自己是真忠心啊，所以才会有那句：“夏原吉爱我。”

永乐时期的强大军力为后人津津乐道，在表面风光背后，是国家经济大臣夏原吉的工作业绩，他就是帮朱棣管钱袋子的。没有夏原吉，朱棣根本干不成那么多大事。

三天后，朱棣的死讯传回京师，太子朱高炽在准备即位事宜的同时下了一道命令，立即释放狱中的夏原吉，彼时他因直言上谏已坐了三年的大牢。

夏原吉听到朱棣的死讯，哭倒在地，许久无法站立起来。

朱瞻基更和夏原吉有着特殊的感情，在他还是皇太孙时，永乐八年（1410年），朱棣出征时留他在北京监国，辅佐朱瞻基的正是夏原吉。除了管理日常的户部事务，夏原吉还要辅导朱瞻基处理国家大事，权力俨然凌驾于六部大臣之上。

作为财政大臣，夏元吉平衡着朝廷的需求与百姓的民生，他一生掌管无数金银，家中却都是布衣破瓦；他性格和善，但为了心中正道，可以以命进谏。

这就是夏原吉，明初盛世的奠基者。

宣德五年（1430 年），五朝老臣夏原吉溘然长逝，终年六十五岁。朱瞻基震悼，除了加封号、隆重安葬之外，还命户部永远免除夏家的赋役，这样的待遇在大臣中是很少见的。

“简重善谋”蹇义

蹇义是洪武十八年（1385 年）进士，永乐元年（1403 年）就成为吏部尚书，还是朱高炽的东宫首席大臣。这种资历不进内阁是不可能的，但蹇义愣是没进，很大的原因在于他过于谨慎。

蹇义的主要功劳是辅佐太子朱高炽处理政务，他熟悉典故，长于把握根本，为自己博得了“简重善谋”的称号。不过在朱高炽兄弟的斗争中，他并没有发挥什么作用。朱棣那次问话时，蹇义明哲保身而避免了牢狱之灾，把这份“功劳”让给了杨士奇。

可是蹇义后来还是坐牢了。永乐二十年（1422 年），他因为牵连到太子一桩宽宥大臣的事件中，得罪了朱棣被投入“诏狱”。这次坐大牢对蹇义并不是坏事，在朱高炽眼里，为他坐过大牢的东宫官员才是好官员。

蹇义很快就被释放了，但这次“诏狱”镀金的经历为他的履历增色不少，在仁宗和宣宗时期他仍然能得到重用，也是有资格参与决策的一员。

“明达有为”杨荣

杨荣是很有特点的一个大臣。

当年李景隆、朱穗在南京反水打开金川门，朱棣打马入城，刚进门就被一个人拦住了。来者名叫杨子荣，在建文朝出任翰林编修一职。身为翰林院官员，杨子荣自非等闲人物，他在建文二年（1400年）殿试高中二甲第二名，赐进士出身，授翰林编修。

杨子荣不愧博学多才，他拦下朱棣说了一句话：“殿下是先拜谒太祖陵呢，还是先即位？”

朱棣一拍脑门，到了京城不先去拜祭太祖皇陵，这是大不敬啊！随即驱驾，前往拜谒太祖陵！

这个故事主要被用来说明“三杨”之一的杨荣沉着冷静，足智多谋，能考虑到常人考虑不到的一些问题，他这句话（殿下先谒陵乎？先即位乎？）从此被载入史册。

细想一下，还能发现杨子荣这个人有点可怕。这桩行为，已经不光是揣摩上意，还是政治投机。

当时的情况下，朱棣先即位再谒陵和先谒陵再即位，没有什么本质的区别，根本没有相关规定，藩王进京必须要先谒陵。即位大事更不是喊句口号，还要经历一个烦琐的过程，这期间随时可以去谒陵。

区别只是有没有人提出来。聪明的道衍没提，礼部官员没提，朱棣的兄弟们没提，那翰林编修杨子荣为啥要提？

杨子荣的厉害之处在于，这个提议只要提出来，那就是百分之百正确，朱棣不可能拒绝。顺便的事，再不去谒陵朱棣就有点不好意思了。况且这一去，不正显得朱棣孝心满满！

谒陵提法的杨子荣成功达到了目的，成了朱棣入南京城后第一个注意到的官员。

同一年，杨子荣就被选入内阁，赐名为荣。从此他改名杨荣，深受朱棣重用，历仕五朝，真是荣宠无比。

在朱棣手下干活并不轻松，杨荣却很对朱棣的胃口。进士出身的杨荣是个不折不扣的鹰派人物，他的特长是谋划军事。自从永乐二年（1404 年）被提拔进内阁起，杨荣就一直是朱棣的武略担当，边防事务多出自他的谋划。

朱棣非常欣赏杨荣的军务能力，他五次亲征，可以不带其他人，杨荣则非带上不可。总体上看，杨荣是著名的“三杨”之一，谋而能断，老成持重，被比作唐代名相姚崇一样的人物。但杨荣也是这些大臣中的不安定因素，他的存在可能会发生反作用，让众人失和。

杨荣的缺点和优点同样明显，作为一个鹰派，他表现得咄咄逼人。除了皇帝，他上指摘内阁同事，下指斥五府、六部、都察院，非常不善于处理人际关系。永乐十六年（1418 年），大臣们实在有点受不了杨荣，共同商量了一个损招：推举杨荣为国子监祭酒，想让朱棣就此疏远他。

能想出谒陵提法的杨荣是个政治高手，他为官的诀窍是善于揣摩上意，从不和皇帝对着干。杨荣曾对人传授为官心得：“事君必须得体，提意见更要讲究策略，若是由于自己的怨恨和刚直而得罪君主，实在是很愚蠢的事，我是从来不会干这种事的。”因此历任皇帝都对他印象极好，朱棣更是不会批准这种请求。

夺嫡大戏中，杨荣继续保持着观望态度，从不表现出倾向于太子或汉王的苗头，他只当朱棣的心腹，地位稳如泰山。

杨荣不是傻子，他在等着分最后也是最大的一杯羹。

朱棣驾崩后，保持观望十几年的杨荣迅速作出了选择。身为随军参赞军务的重臣，他与太子党金幼孜达成一致，秘不发丧，并在随后亲自与少监海寿赶赴京师传递消息，一下在朱高炽面前获得信任。

凭借最后时刻的站队，杨荣在权力交接时表现出色，更得到了丰厚的回报，他成了朱高炽团队中唯一没坐过牢的大臣，也是唯一一位非东宫官员。

朱瞻基当政后，杨荣继续受到重用，地位虽然不如尚武的永乐时期，也同样是决策集团的核心人物。

“爱人以德”杨溥

内阁“三杨”中，只有杨溥不是靠能力吃饭——他靠坐牢出名，以德行上位。

建文二年（1400 年）进士、太子洗马杨溥是铁杆的太子党，也是朱高煦重点陷害的对象。永乐十二年（1414 年）那次迎驾事件中，杨溥获罪入狱。

官员进了“诏狱”就没有刑期之说，关押至死的政治犯比比皆是。等待他们的是皇帝不可预测的心意，说不定朱棣哪天再来一句“杨溥犹在乎”，杨溥就成了第二个解缙。

杨溥一坐就是十年牢。这十年里夺嫡事件继续发酵，许多东宫官属被杀，杨溥也处境险恶，家人供给的伙食曾数次中断。但就是在这样绝望的条件下，杨溥居然还把诸子百家等经史著作通读了几遍，其毅力和精神令人可叹可敬。

朱高炽是个念旧的人，他从没忘记杨溥。朱棣一驾崩，杨溥立即被释放，被授予翰林院学士之职，掌管弘文阁，后进太常寺卿。

然而，杨溥后来能成为一代名臣，靠的不是坐牢镀金，而是出众的品德。

在“诏狱”那种条件恶劣的地方能沉下心来读书，杨溥自然不是普通人。读书需要心平气顺，如果心怀怨念和恐惧，是根本读不进书的。杨溥一读十年，这只能说明他一不怕死，二没有心结。

平心而论，“三杨”中杨溥的政治成就并不如杨荣和杨士奇，但他的品德是所有人的榜样。成为政界要人后，杨溥依旧心如止水，每次上朝他都顺着墙根走，即使对隶属小官，也不敢怠慢。大臣们遇事喜欢争论，杨溥每次都心平气和地处理，让大家叹服。

杨荣树敌颇多，杨士奇也有政敌。大家唯有对杨溥的评价是一边倒，史称其“安贞履节，醲醴调羹”。

在狱中十年如一日地读书，在官大一级压死人的官场，能始终保持这样的品德，我们可以得出结论：杨溥不是装的，这本就是他心中的“道”。一个人能以自己的品德成为天下楷模，这何尝不是一代名臣范儿呢。

在朱瞻基眼中，杨溥是个善良的长者，是值得信任的师长，这位老臣历仕五朝，依然保持着谦虚恭谨，他的“道”始终未变。

“博古守正”杨士奇

进士出身是内阁首辅的必需条件，明朝除一人例外，就是杨士奇。

杨士奇，朱瞻基的内阁首辅、班首大臣，这个地位是从洪熙时期延续而来，终宣德一朝未曾被撼动过。

杨士奇在夺嫡事件中为朱高炽父子立下奇功，仁宗即位后知恩图报，提升杨士奇为华盖殿大学士、少傅兼兵部尚书，要给他发三份俸禄。杨士奇拒绝了最高的兵部尚书那份俸禄，以谦虚赢得了清廉的名声。

宣德元年（1426 年）平定朱高煦叛乱后，杨荣强烈建议朱瞻基连赵王朱高燧一起收拾掉以免后患，志在“削藩”的朱瞻基也颇有这个想法。杨士奇坚决反对，他说：“赵王是您的亲人，陛下应当保全他才对，不要被群臣言论所迷惑。事情应当如实，怎么可以欺骗天地鬼神呢？”

朱瞻基考虑再三，终于决定留下这个三叔，后来他对杨士奇说：“赵王之所以得以保全，都是您的功劳啊。”

这是个有担当的大臣，为了坚持自己的正确主张，他不惜得罪任何人。朱棣、朱高炽、朱瞻基三任皇帝他都敢当面顶撞，地位反而越来越高。

杨荣、杨溥、蹇义等人各有缺点，唯独杨士奇几乎是完美的，他总是坚持正确的立场毫不退让，通过一次次努力将国家拉回正轨。

宣德六年（1431 年）七月的一个晚上，朱瞻基微服出游，带着几个侍卫突然出现在杨士奇家中。杨士奇的第一反应不是说些“深感荣幸、蓬荜生辉”之类的场面话，而是劈头盖脸一句：“陛下你怎么以宗庙社稷之身自轻，不知道这样有危险吗？”

这更像是老师教育学生而失人臣之礼，关切之情更溢于言表。朱瞻基却一点也不在意，只是笑笑说：“我想到有句话要跟你说，所以就来了。”

母亲张太后一次对儿子朱瞻基说：“先帝当年还在当太子时，杨士奇就敢于直言，不怕触怒先帝。尽管几次搞得先帝很不痛快，结果杨士奇都是对的。”

这些母子之间的谈话一般是极其私密的，没想到转头朱瞻基就把这话告诉了杨士奇。当一个皇帝告诉臣子自己母亲是怎么评价他时，只能说明皇帝已经不把他当外人了。

杨士奇是朱瞻基决策团队的核心，“三杨”之首，地位凌驾于其他大臣之上，朱瞻基和杨士奇的关系更是已经超越了君臣的范畴。

做到内阁首辅这个位置，等于置身于一个巨大的是非场。有能力的人多的是，首辅就一个，凭什么要你来做？

杨士奇能坐稳内阁首辅之位，靠的不是政治手腕而是宽容。

蹇义、杨荣都攻击过杨士奇，可当杨士奇有机会报复时，他却放弃了，甚至还替别人说话。边将为讨好杨荣，每年都送良马给他，事情传到朱瞻基耳朵里，他召来杨士奇询问意见。

杨士奇回答：“杨荣通晓边疆事务，我等不及，陛下不宜以此小错而介意。”

朱瞻基笑道：“杨荣曾经揭你和夏原吉的短，你为何还替他说好话？”

杨士奇对答：“希望陛下能够像容我一样容杨荣。”

话传到杨荣耳中，杨荣深感愧对杨士奇，此后两人相处甚欢。

杨士奇历仕五朝，与他同朝为官者不计其数，他不止一次被攻击过，但总是以自己的胸怀感化同僚，次次都以大局为重，努力团结这些大臣一起为朝廷效力，赢得了所有人的尊重。

把一群强人放到一起，未必会出现团结一致的情况，很可能是谁也不服谁。杨荣性格尖锐，杨溥才干略欠，如果杨士奇不是个这么完美的人，“三杨”同心辅政这段美谈将很难出现。

杨士奇出身很苦，经历坎坷，但没有因此消沉。困境中他磨炼了意志，顺境中他坚守品行，时代也给了他一点运气，成就了这位通达事理的大臣。

大明有过八十七位内阁首辅，杨士奇排进前三名毫无问题。朱瞻基的统治号为治平，杨士奇出力甚多。

“文贞一王官，超等肺腑亲。青宫借羽翼，监国日咨询。遂令寰宇间，雅归储皇仁。师保历三朝，夙夜奉一人。”——“博古守正”杨士奇，实至名归。

朱高炽的遗产是丰厚的，朱瞻基决策的核心团队就是他留下的这些人，以内阁“三杨”为灵魂，再加上几位非内阁成员。他们各有所长，分工明确：制度、礼仪多由杨士奇掌握，军旅边事大都由杨荣裁决，经济事务由夏原吉负责，品德修为以杨溥为榜样，人才选拔由蹇义把关，再加上军事统帅张辅。要文有文，要武有武，这帮能臣是仁宣时期政局平稳、官场清明的根本所在。

第二十三章 明朝文官的权力

文官的权力

文官们能让朱瞻基省心，有时也会给他带来烦恼。

由于这个群体在大明临近谢幕前的表现不怎么样，有不少人认为要把明朝灭亡的主要责任记在他们头上，还有人认为文官势力极大，威胁到了皇权。这么想真是太抬举文官群体了。

终明一朝，压根儿就没出现过前代意义上那种权臣，更没有出现能绑架皇帝（成年）意志的文官，因为从制度上就不允许出现这样的人。朱元璋设计的制度，决定了任何个人和单个部门都无法独立行政，只能服从于皇权。

就拿内阁“票拟”权来举例吧。

“票拟”权建立在皇帝意志的基础上，这种权力的行使通常会有三种结果：

一、完全按照皇帝的意志“票拟”。

二、部分按照皇帝的意志“票拟”，部分进行修改。

三、完全不同意皇帝的意志，封还圣谕。

第一种皇帝当然会接受；第二种只要不涉及核心问题，皇帝一般也会给内阁面子；第三种结果，只是看起来很厉害，实则根本无法和皇帝顶着干。

是否听取内阁的意见，决定权完全在皇帝。如果皇帝认为这件事非按他的意思办不可，就会认为内阁“票拟”不当，发下重票。

如果“票拟”结果不合皇帝的心意，还有一招儿叫“留中不发”，皇帝不拒绝你，也不回复你，扣下大臣的奏章，谁能拿皇帝怎样？

文官们确实有其弊病，可他们真正的弊病不在于威胁皇权，而是从小受到的教育使然。儒家教育让士大夫们过分地强调统治稳定，所制定的方案则趋于保守。

这种施政的僵化带来种种弊端，而这些弊端也从政治、经济、军事、思想上牢牢地锁死了明朝的未来，之后的清朝也是如此。

文官只是朱瞻基的工具人。曾对皇权产生些许威胁的只有藩王，以及与藩王有潜在联系的“靖难”勋臣，这些问题已经在朱瞻基手里解决了。从此以后，终明一朝天子始终乾纲独断，除了他们愿意主动拿出一部分权力与别人分享外，没有任何人能夺走他们的权力。所以历史教科书中说，明清是封建集权的顶峰，由于清承明制并加以发展，我们可以认为皇权集中的顶峰就是从明朝开始的。

话虽如此，文官们也不是没有一点力量，他们确实有能力给皇帝制造麻烦。

对皇帝来说，文官长着两张面孔，这帮人是国家的精英，治国理政离不开他们。他们对皇帝忠心耿耿，事无巨细都替皇帝着想，比对爹妈子女更亲。

然而在另一面，文官又是种很烦人的群体。

这帮人总是先天下之忧而忧，后天下之乐而乐，并坚定地要求皇帝也做到和他们一样。可是皇帝也有想怠政的日子，治国理政需要天赋，千古明君更不是人人可以当的。文官们日复一日地用千古一帝的标准要求皇帝们，时间久了，哪位皇帝也受不了。

一旦皇帝想要消极怠工，文官们就会跳出来大义凛然地指责他该做什么不该做什么。例如，北宋著名的包拯，历史上的包大人并没有破过什么大案，而是以经常喷得宋仁宗赵祯落花流水而闻名。明朝官员们继承了这种品质。当皇帝的决策不合他们的心意时，文官会用唾沫把皇帝淹死，如果淹不死，他们还会跪下一片用性命来逼皇帝就范。

就算皇帝下朝后想整点业余爱好，也在他们的管辖范围之内。更过分的是，皇帝该宠幸哪个后妃，他们有时也会跳出来指手画脚。

没人会喜欢私生活被暴露在大庭广众之下，皇帝也不例外。比如，在有关皇后废立的大事上。

大明第一起废后事件

永乐十五年（1417 年），皇家迎来了一桩大喜事，时年二十岁的皇太孙朱瞻基大婚了。爷爷朱棣亲自为他选了一妃一嫔：十六岁的锦衣卫百户胡荣之女胡善祥，十七岁的永城县主簿孙忠之女孙若微。

大明选妃嫔的标准是容貌和品德，出身是次要的。胡氏以贤闻名，孙氏贤不贤不清楚，只知道她从小就是个美人坯子（幼有美色），十岁就被推荐入宫，由太子妃张氏抚养。

起初朱瞻基对这两位夫人并没有什么偏爱，时间一长他就暴露了本性，无法抑制地投入了美人的怀抱，对孙氏格外地喜欢。

孙氏从一个县城主簿的女儿成为万里挑一的皇太孙嫔，未来还有巨大的晋升空间，等朱瞻基登上大宝后，她起码也是个贵妃。万一生下儿子以后继承了皇位，还能被追封为太后，按普通人的标准看，已经足够出人头地了。

但孙氏是个不甘居于人下的女人，妃与嫔一字之差，名分上是正室和妾室的区别。朱瞻基将来是要当皇帝的，以后就是皇后与妃子的差别，为了更进一步，胡氏就成了她的眼中钉。

宫斗其实早在朱瞻基还未即位时就开始了，显然美貌机灵的孙氏占了上风。朱瞻基喜好出外巡游，贤德的胡氏觉得不妥，经常规劝丈夫，孙氏却从不过问，这让他更嫌弃胡氏多事。在朱瞻基心里，两人已分出了高下。

朱瞻基即位后依然非常宠爱孙氏，甚至为她重新立了规矩。按照大明祖制，皇后有册（金册）有宝（金印），贵妃有册无宝。朱瞻基即位不到五个月，就向太后请示："胡、孙二人都是当初皇祖选的，妃嫔名位相差不多。现在孙氏都是贵妃了，有册无宝是不是不太合适呀？"

张太后不太喜欢孙贵妃，出于对儿子的疼爱，她还是勉强同意了朱瞻基的请求，赐给了孙贵妃一颗金印。

但不管孙贵妃怎么吹枕边风，也不管朱瞻基有多想立她为后，有条底线是两人始终无法逾越的，即母以子贵。孙贵妃如果不能先于胡皇后生下龙种，一切都是白费。

后宫是个古老而残酷的地方，它有自己的一套运行规则。理论上讲，皇帝有名分的后妃只有那几个，但在实际上，除了妃嫔，皇帝还有权临幸后宫所有的宫女。

朱瞻基是位风流天子，气血正盛的青年皇帝临幸过不少宫女，可谁也没能为他生下一男半女。这倒不是他不能生育，而是怀孕的宫女很容易受到排挤。未生皇子的宫女出于嫉妒，往往将怀孕的宫女弄到流产，不让她得到皇帝的宠爱。

这个残酷的游戏在明代后宫颇为盛行，以致朱瞻基这个风流成性的皇帝十年里在后宫只有二子一女。

永乐十八年（1420 年），胡氏已生下一女，永乐二十二年（1424 年）孙氏才生下一女。根据两人受宠的程度来看，孙氏只不过和胡氏打个平手，这说明她的生育能力很可能有问题。

孙氏也意识到了这个问题，为了拿到这个胜负手，她决定走一着险棋。

身为受宠的贵妃，孙氏身边自然会有一帮心腹的宦官、宫女，在这些人帮助下玩一出狸猫换太子的事并不困难（妃亦无子，阴取宫人子为己子）。

孙贵妃很快有了儿子，至于皇长子到底是否为她亲生，别人不知道，枕边人朱瞻基不会不清楚。有理由相信，朱瞻基也参与其中，一起玩了一出瞒天过海，目的是帮孙贵妃拿到晋升的筹码。

这种事，在《明史》等多种史料中都记载了相同的情形。事实证明孙氏是很精明的，后来她果然再也没能诞下一男半女。

孙氏抱来的这个孩子叫朱祁镇，除了能确定生父一定是朱瞻基，他的生母是谁再也无从查证，史书中只留下一句："英宗生母，人卒无知之者！"

孙贵妃有了皇长子，按照"立嫡以长"的规则，她应该能母以子贵，被立为皇后了吧？理论上是这样，可在实际操作中遇到了巨大的阻力，正是来自文官们。

听到孙贵妃得子的消息，朱瞻基的核心团队里只有杨荣一马当先地表示该废胡立孙，其他人则反应冷淡。

眼看大臣们不识趣，朱瞻基不得不亲自出马，他叫来核心团队召开了一次御前会议。在这次对话中，几位大臣极其鲜明地表现出了自己的性格。

朱瞻基开门见山："朕三十岁还没有儿子，如今幸亏孙贵妃产下皇子，历来的规矩都是母以子贵，过去也有这样的先例，只是这样一来中宫皇后该如何处置呢？"

这个暗示明显得不能再明显，大家只要顺着杆子爬就行了，不需要有不同的意见。谁知除了杨荣继续发挥马屁功夫，表示可以废掉皇后以外，其他人都以沉默作为回答。

首席重臣杨士奇更是反应激烈，他闷声闷气地答道："臣对皇上和皇后，就如同孩子对待父母，如今中宫皇后就是母亲，我等群臣就是孩子，孩子们哪有资格商议废掉母亲呢？"

朱瞻基气得脸色都变了，他又转向胆小的蹇义："此举不会受到外界的非议吧？"蹇义是个软柿子，他不像杨荣那样主动地曲意逢迎，可当皇帝点了自己的名，他就立即表现出了本色。蹇义回答："此前曾有先例，宋仁宗曾将郭皇后降为仙妃，外界哪能评议呢？"

眼看已经得到两个大臣的支持，只要再有一两个人表态，事情就差不多成了。朱瞻基得意地望了杨士奇一眼，意思是蹇义已经同意了，你差不多也行了。

可是如果杨士奇同意，他就不是那个“博古守正”的杨士奇了。杨士奇立即反驳：“宋仁宗废掉郭皇后，范仲淹率谏官数十人请愿反对，全被罢官，史书至今记为仁宗一大贬文。”

朱瞻基拉长了脸，一声不吭。

杨士奇不为所动，又加了一句：“陛下不要忘了，光武帝和宋仁宗废后，晚年可都后悔了！”

这次御前会议就这样不欢而散。

这帮阁臣们的态度生动地展示出了一幅文官集团的素描。杨荣：政治投机者，善于逢迎。蹇义：首鼠两端者，不能从头到尾地保持自己立场。杨士奇：博古守正，从不向压力低头。其他人：用沉默表示抗议。

皇上可以下命令，大臣们揣摩上意者有之，见风使舵者有之，严正抗议者有之。虽然都是文官，为人处世的不同决定了大家并不是一个整体。

文官们有能力阻止皇帝废后吗？显然是没有的。朱瞻基手里的权力，大可直接下一纸诏书宣布废胡立孙，大臣们只能干瞪眼。

但是作为皇帝，朱瞻基不可能不考虑舆论问题。自己即位第二年就宠艳妃而废元后，是一个君主极大的失德行为，弄不好会被列为荒淫无道之君，遭到后世的鄙视和唾骂。

最后，朱瞻基采用迂回战术，说服张太后同意后，才把文官们压服。宣德三年（1428 年），胡皇后被逼上表申请自废，去了冷宫当道姑，从此余生与青灯古佛相伴，孙氏这才成功上位。

这是明朝第一起废后事件，皇后犯错可以被废，胡皇后并没有什么过错，被废就说不过去了。

朱瞻基可以用权力达到目的，但公道自在人心，权力无法左右一切，许多人都认为这是他的失德之举。

这件事最后在史书中是这么记载的：“（胡皇后）无过被废，天下闻而怜之。”

事情后来也正如杨士奇所说，朱瞻基对此事颇有悔意，还自我解嘲道：“这都是朕年轻时候干的事。”尽管这个辩解很无力，倒也说明这位风流天子还有点良心。

从废后事件我们可以看出，文官们无力左右皇权，但这帮人的存在确实让皇帝有所顾忌。

皇帝可以不理他们，也能把他们拖下去打廷杖，问题是皇帝大部分是要注重形象的，要砍掉一批文官的脑袋很容易，被人骂昏君则在面子上过不去。

例如，朱高炽要处死李时勉只是一句话的事，可他就是不敢干，因为这会对他的“仁君”形象有损。文官中不乏李时勉这样的人，他们根本不怕死，死对他们来说反而是种荣耀。

官员们这么做很难说全部是出于公心，但也不能说他们是坏人，毕竟出发点是好的。可是天天被指责谁也受不了，皇帝总不能天天亲自下场和文官们辩论吧？而且皇帝也并不那么真正地信任文官，他们清楚，把权力转移给文官是有风险的，对这伙人既要利用又要打压，总之要让他们处于一个可控的范围内。理想方案是设计一个制约文官的制度，培植出一个绝对忠于皇帝的群体，用他们来当工具。还有谁比太监更合适呢？

第二十四章 明朝太监为何那么厉害

如何成为一名太监

为了更好地理解太监这种宦官队伍中的稀罕物，我们有必要先了解一下太监是如何练成的。

想要成为太监必须先成为宦官，要成为宦官主要有三种方式：

战俘：这是最简单粗暴的，军队出征获胜后，会挑选俘虏中的一些男童净身后送入宫中，标准是长得不能太难看、身强体壮或心灵手巧。这些人大多来自边疆地区，比如著名大太监郑和就是通过这种方式入宫的。这些男童本不想当宦官，奈何他们只是时代的牺牲者，没人会在意他们的想法。

进口：进口的官方名称叫“进献”。大明建立起了庞大的朝贡体系，藩属国时不时要来进贡点土特产，再打一大笔秋风回去，净身完毕的阉人也是一种土特产。这些进口宦官规模一般是几十人，数量比较大的是朝鲜，曾一次就进献过二百人，如前面提到过的少监海寿就是朝鲜人。

除了从国外进口，地方官员也会挑选一些男童净身后送到京城，如宁阳侯陈懋献就曾一次进献净身幼男一百零八人。

这些人都是封建社会宦官制度的牺牲品。

招募：宦官和宫女一样都是有编制的皇室服务人员，他们不同于军户，没法传宗接代生下小宦官。宦官会老会死会退休，当宫内宦官人数不足时，官方就会启动招募程序。

和以上两种方式不同，招募是完全自愿的。令人匪夷所思的是，主动报名当宦官的人相当多。天启元年（1621 年）官方曾启动过一次宦官招募，编制是三千人，而民间报名人数是两万人。

如果有选择，没有男人会想被阉割。但在卖儿卖女的封建社会，一份稳定、有编制、能吃饱饭的工作是极其吸引人的。宦官不但有制服可穿，能免费吃饭，还有俸禄可拿。在以俸禄极低著称的洪武年间，宦官的月俸就达到了一石，足以养活一家人。

还有个不为人知的小秘密，宦官是古代平均寿命最高的群体，竟然达到了七十一岁，比普通男性要高十五至二十岁。成为宦官可以换来一生吃喝不愁加长寿，混得好的话还可能拥有大大小小的权力，这些对穷人子弟的诱惑很大。

报名入宫的人之中也不乏一些心怀远大理想、甘愿用自残身体的方式接近皇权的人。他们中的大多数人都失败了，也有一些人成了遗臭万年的反面教材，如王振、魏忠贤，都是通过招募的方式进宫的。

要知道净身是个高风险的手术，在没有麻药、抗生素，甚至手术条件也不具备的黑作坊里，给人来上那么一刀，能活下来必须要有坚强的意志和强大的免疫力。在天顺四年（1460 年），镇守湖广贵州太监阮让曾阉割俘获东苗战俘童稚一千五百六十五人，病死竟达到三百二十九人。

即使这样，也还是挡不住成为宦官的诱惑，许多人自我阉割后潜住在京师，通过各种关系企图混进皇宫。这逼得朝廷不得不屡次下旨：严禁私自净身。

嘉靖皇帝甚至动用锦衣卫查探私自净身者，并颁布了最严净身令：如有发现，本人和下手之人处斩，全家充军，邻居知情不报者一并获罪。看来，就算要被阉割，也要有皇家的认证。

除了这些，还有一些人是特殊原因入宫的，如上文提到过的怀恩是获罪入宫。宣德皇帝还有个恶趣味——喜欢阉割自己欣赏的人。当时有个叫王敏的士卒，因为蹴鞠踢得好得到朱瞻基的赏识，于是皇帝下旨，将王敏从普通的预备兵提升为内廷服务人员，条件是阉割入宫（帝爱而阉之）。

与王敏一起被召的还有他的一名队友，此人深感此事万万不可，宁愿一逃了之（伴内畏窜，敏被宫刑）。

要想成为太监，入宫只是第一步，而要成为万人之上的宦官之主，要靠能力更要靠运气。

入宫后，新手宦官们将面临第一次分配，主要是看身材。

如果新手宦官长了一副干活儿的好身板，各部门的头领会优先把他们挑走。别高兴得太早，这些人会被分配去干体力活儿，扛轿子、扛牌子、挑水挑粪，这批人此后就很难翻身了。

一大半人会被挑走去干粗活儿，侥幸留下的都是有要求的，要么长相清秀乖巧，要么有文化底子，或者是对答声音洪亮、思路清晰。他们进入第二轮分配，会有几个可能的去处。

一是进入“四司八局”中的一个，在某位监丞或掌司手下做事，在那里工作的好处是有职衔，待遇比较稳定。坏处是“四司八局”并不算实权部门，升迁过程极慢，基本就是靠熬日子。如果是分配到宝钞司（掌管御用草纸）、混堂司（管理澡堂）这些机构，就算最后熬成了太监，地位也是列居队伍之末。

二是被十二监挑走，直接进入要害部门。十二监里除了最苦的直殿监（清洁洒扫工，无办公场地，称“最劳苦冷局”）外，都握有一定的权力。在这里工作压力最重，因为事务繁杂且牵涉面广，不光要有文化还需要不断地学习，更要有灵活的头脑和过硬的政治素质。

苦归苦，在十二监工作，出头的机会比“四司八局”大得多。在这里除了能受到实权人物的提携，还有机会受到后宫娘娘们的赏识，甚至有可能在跑腿办事时正好碰到皇帝。要是能给皇上留下个好印象，以后什么职位有出缺，皇帝没准就会想到某个机灵的小宦官。

最惨的是被分配到一些下属边缘部门，如牲口房：豢养珍禽异兽，一辈子与野兽打交道；礼仪房：皇家婚丧嫁娶，一年都未必忙一次；诸陵神宫监：到郊区看坟墓。这些部门工作未必最苦，但没啥好处可捞且升迁希望渺茫，是混吃等死的好地方。

总之，如果不是宫里有人，刚入宫的宦官都需要从最低级的岗位干起，吃苦是肯定的。最后能不能成为太监，首先看分配到什么部门，其次看能力和运气。

后宫有一万多个宦官，二十四衙门加其他机构太监的名额总共不超过五十个，能从一个小宦官成为太监是一个痛苦的升迁过程，难度不比进士及第低。

历史上的宦官多如泥沙，他们绝大部分不会留下任何记录。那些载入史册的太监名字，每一个背后都有一段属于他们的故事，他们有忠有奸，有善有恶，一如任何群体一样。所以，这个被阉割的群体能成为一股政治势力，背后的付出是常人难以想象的。

以上仅限于洪武—永乐年间的宦官晋升之路，到了宣德年间，宦官们又多出了一个特殊的上升通道。

司礼监的崛起

鉴于历史上宦官专权带来过惨痛的教训，朱元璋在离不开宦官的同时也曾下令：内臣不许读书识字。

永乐时期，太监的地位迅猛地提升了一大截，但识字的宦官还是少数。直到宣德年间，宦官们的命运被朱瞻基改变了。

具体来说，朱瞻基只是做了件微不足道的小事：让宦官们学习文化。“宣德初年，凡奉旨收入官人，选年十岁上下者二三百人，拨内书堂读书。”

之前宦官们的识字率是极低的，只有少数需要从事礼仪性政治活动的太监才能学习文化，除了这些皇帝特别欣赏的太监，其余宦官的地位差不多就是文盲。

识字就识字吧，作为皇帝的身边人，宦官也要学习，可是朱瞻基一出手，就让大家感觉这件事非比寻常。他为宦官们指定的首任老师，竟然是内阁重臣杨溥。用杨溥这样的大学士去教不识字的小宦官，岂不是孔夫子教《三字经》，大材小用了吗？

非也，朱瞻基是个精明的皇帝，他自有考虑。小宦官们在内书堂学习后，合格者会被挑选进入文书房。文书房，这个机构原来并不存在，它的开设晚于内书堂几年，两者都隶属十二监中的司礼监。

文书房一经开设就成为一个极为重要的机构，职责是“掌天下章奏”。

这是朱瞻基设计好的一个套路，派出杨溥这样重量级的大学士去教育小宦官，绝非认几个字那么简单。他们还要学习收发、奏呈、管理、发行等一整套系统的行政流程，才能适应文书房的重要工作。

以阁臣当老师就此成为定制，杨溥之后是陈山，陈山之后又是杨溥，明朝有十九位首辅当过内书堂老师，占到内阁首辅总人数的四分之一。

如此看来，内书堂就相当于宦官们的大学堂、内廷的国子监了，这样的高等级学府对生源有什么要求呢？

第一，有年龄限制——“自弱而下，总角而上”，十至二十岁之间的宦官才有被挑选的资格。

第二，要进行入学考试，标准是“习诵读，工楷法”。在识字率极低的古代，这一项就能卡掉一大批人。

所以，这条特殊通道也是要求极高的，有志向的话一定要趁早入宫才有机会；一定不能长得粗壮；一定要从小学习文化，具备了这些条件才有希望进入内书堂。

入学只是第一步，就算顺利地进入内书堂，也绝不等于能顺利地毕业。在里面除了要学习四书五经，还要学习《内令》《忠鉴录》等思想教育课程，以及培养对朝臣奏章进行批答、对阁臣的“票拟”进行“批红”训练的判仿。

内书堂的学习纪律更是严格，寒暑假是不可能的，每月只有初一和十五两天休息，三天一小考，五天一大考，一个阶段结束还有期末考试。请来评点作业的都是当朝名士：翰林学士、内阁大臣是起步，有时首辅大人也会亲自下场点评。

有这么多学问大的老师，内书堂学生的毕业率之低可以预想。通常每期招生二百人，经过短则数年，长则十年的反复淘汰，能有四分之一的人顺利毕业就已经不错了。

这样一所学校，培养出来的人才不比科举考试考出来的差。成功毕业的宦官会等待一轮新的分配，这时他们的命运已经发生了重大转折。作为宦官中的高级人才，他们会被安排到各个重要岗位，除了无法娶妻生子，他们将走上一条全新的晋升之路。

而其中成绩最优、运气最好的学员会被挑选到文书房，去了文书房，下一站就是司礼监。有明一朝，司礼监太监只有明穆宗时的孟冲，明神宗时的张明，明熹宗时的魏忠贤、王朝辅四人不是文书房出身。

这么看来，朱瞻基定下的规则就是内书堂—文书房—司礼监。

话说回来，他又为何如此煞费苦心，培养这么一批宦官人才进入司礼监呢？因为朱瞻基把“批红”权分给了司礼监。

明朝的宦官机构是二十四衙门，包括十二监、四司八局，以及其他一些下属机构，而在这么多宦官衙门里，最有权势的无疑是司礼监。

朱瞻基给了内阁“票拟”（提案）权，并没有给决策权，阁臣们进呈的“票拟”意见还需要皇帝朱笔“批红”。自从有了内书堂毕业、文书房历练的司礼监人才，他就把“批红”权分给了这些太监。每日的奏章，朱瞻基自己会挑重要的亲笔签批数本，其余都让司礼监秉笔太监按照内阁“票拟”的意见“批红”执行。

朱瞻基这么做，可以理解为一是他懒得亲批奏章，需要更多时间玩乐。

朱瞻基是个爱好广泛的皇帝，除了喜好研究房中之术，他还是个诗人、画家、猎人、昆虫爱好者（斗蛐蛐）、铜艺家（参与设计宣德炉），下朝的时间根本忙不过来，要他像皇祖们那样勤政是不可能的。

二是需要恢复丞相的职能。

丞相已经被朱元璋废掉了，再恢复已不可能，但这难不倒朱瞻基，他可以不恢复丞相这个职务，而仅仅恢复相权。

相权去哪儿了？朱瞻基聪明地把“票拟”权和“批红”权分割开来，把传统的相权由内阁和司礼监分享，“监、阁共理朝政”，形成一种二元的相制。内阁和司礼监的权力都是皇权的一部分，他们彼此既需要合作又需要制衡。

内阁和司礼监就是朱瞻基手里的两个提线木偶，哪个不听话了，就把哪个的绳子拉紧一点，大局依然由他本人把控。

第三个原因容易被人误解：朱瞻基对这帮阁臣的能力非常信任，这才是他敢于让太监代为“批红”的基础。

朱瞻基的核心团队有多优秀，放到整个明朝也是个名列前茅的。三朝老臣的经验和能力都处于巅峰时期，朱瞻基都不得不承认，他们的提案大部分都是对的，自己只需要打钩就行。

可以得出结论，不管是内阁还是司礼监，他们并没削弱皇帝的权力，二者的制衡又使得任何一方不可能出现专权的现象。内阁是个“票拟”机器，司礼监是个“批红”机器，他们都是皇权上的齿轮，是一个流程上的两个步骤，依附于皇帝本人，皇权依然独断。

赋予司礼监“批红”权，既能大大减轻皇帝本人工作强度，又能让太监替皇帝出面对付文官，简直是“理想”的制度安排。

真是这样吗？再来谈谈这个制度设计的负面影响。

“监、阁共理朝政”看上去很完美，可是朱瞻基忽略了一个最大的问题，这个问题不是制度本身，而是人。

封建社会典型的治理方式不是法治，而是人治，这是一个基本常识。

“君仁莫不仁，君义莫不义，君正莫不正，一正君而国定矣”，人治依靠的是执政者个人的贤明，可皇帝们又不是一样的人，是人就有能力高下之分，如何保证代代出明君呢？

那显然是不可能的。

朱瞻基可以信任“三杨”，把大权控制在自己手中，司礼监仅仅是个“批红”机器。问题在于，一旦皇帝本人缺少理政能力，或是耽于玩乐，政治上的决策权便会逐渐落入司礼监太监手中。

“票拟”和“批红”显然不是一个平等的政治合作关系，当司礼监控制了决策权，就能不按内阁的“票拟”批行，而是根据自己的利益和意见来决策政务，甚至可以变乱成法、扰乱朝政、迫害大臣、流毒天下。

朱瞻基估计做梦也想不到他的子孙会长期不上朝理政，赋予司礼监“批红”权的负面影响很快就会表现出来。

第二十五章 全线收缩的『治世』

弃置交趾

宣德三年（1428年），朱瞻基终于作出了一个艰难的决定：宣布放弃直接统治交趾，给予它独立的地位，仅保持藩属国的关系。

从永乐五年（1407年）置交趾布政使司到宣德三年（1428年）弃置交趾，大明的统治在交趾仅仅维持了二十一年，安南这块土地从此脱离中原王朝的直接统治，再也没有回归。

弃置交趾并非一个容易作出的决定，朱瞻基有他的苦衷。

明朝征服安南并没有费太大的功夫，统治交趾却费了老劲，而且还吃了大亏。

自从张辅被调回后，交趾就没消停过，屡次发动叛乱，驻防交趾的明军成为永乐时期最倒霉的一帮军人。先有丰城侯李彬病死于交趾任上；再是成山伯王通被黎利多次击败，兵部尚书陈洽阵亡；宣德二年（1427年），援军统帅安远侯柳升中伏战殁，大明安南兵团损兵数万，遭到极大的挫败。

表面看来是军事失败导致明朝维持统治成本过高，朱瞻基不得不放弃交趾，实际原因却没那么简单，政治失败才是弃置交趾的真正原因。

朱棣既然在交趾设了郡县，就摆明了是想要长期统治。要做到这点，最好的办法不是武力，而是得到文化上的认同，为此朱棣也是煞费苦心。

永乐五年（1407年）起，以设立“嘉林州儒学”为起点，明朝开始在交趾办学传播儒教，随后学校数量不断增加。以永乐十四年（1416年）一年为例，在交趾各府、州、县等行政单位就设立了九十二所学校。

为了传播文化，官方学校放宽了招生条件，以往只有贵族子弟才能入学，现在“民间俊秀”也在招生范围之内，但凡只要不是长得过丑，都有资格上学读书，而且还有“准免差役”的福利。

考虑到交趾在当时属于未开发地区，教育水平有限，朝廷特地派吏部选拔学官到交趾任教，连教材也是从内地运来免费给师生使用。又选拔交趾的优秀生员，保送到大明最高学府国子监深造，毕业后大部分送回家乡担任官职。这些人的来往路费、生活开销都由朝廷负担，为了培养交趾官员，大明是花了血本的。

然而，文化输入短时间内见效不大，稳定局面却需要大量的持续投入。到了宣德年间，朱瞻基终于产生了放弃交趾的想法，他对内阁说：“反复思之，只欲如洪武中、永乐初，使（安南）自为一国，岁奉常贡，以全一方民命，亦以休息中土之人。”

长期对交趾动武，使得明朝“国中疲惫，远征无益”。安南在明朝以前已经独立了四百多年，被明朝征服不过是二十多年的事情，却始终在耗费朝廷的兵马粮饷。朱瞻基最终从稳定的角度考虑放弃交趾，正如大臣所说：“失此弹丸之地，于我何损？而得之其损益半也。”

这个看法代表了大多数人，包括内阁“三杨”里的杨士奇和杨荣。

表面看来，放弃安南确实换来了边境的和平与稳定，困扰明朝数十年的安南终于安定了下来，朱瞻基的目的达到了。但是，作为一个君主，理应看得更远。

统治成本过高，收益比不上耗费，这是朱瞻基一个说得过去的理由。现代人也说，不能以今天的眼光要求古人。可是我们看看放弃安南的后果，就明白这个理由站不住脚。

从战略角度上说，这是非常短视的行为，只有在地缘上，尽量控制靠近核心区的边疆地带，才能保证核心区的“海内安康”。这一点上，中国历史上做得最好的王朝是汉朝，汉朝的国策之一就是“守在四夷”，这才有了两汉四百年对外族政策的成功。

由此可见，军事上既然已经打赢，就不应该从政治上再失去。朱瞻基统治十年间并没有发生大规模战争，张辅仍在，集中兵力对交趾进行二次征服并无不可。若大明击败黎氏后调整政策，只要熬过一两代人，交趾的反抗只会越来越弱。

安南的丧失，实为千古憾事。到了嘉靖年间，黎氏王朝内乱，安南在形式上又曾经短暂地归属明朝。不过这只是安南一时的权宜之计。明朝国力已大不如前，面对安南南北朝的争斗无力插手，安南永远独立的事实在宣德时期就已经确定。

弃置交趾，原因不在朱瞻基，结果却是由他决定的。朱瞻基不是没有挽回的机会，只是他放弃了。这件事的大部分责任要由他来背，只能说他是个战略眼光不足的皇帝。

朱瞻基的短视行为不止体现在西南，还有东北和西北方向。

大明北部边防的消极防御

朱棣弃守大宁是个失策，但同时他也开拓了奴儿干都司和哈密卫。永乐时期的军事方针是以攻代守，在边疆制造出一大片缓冲区，蒙古人来一个赶一个。这搞得马哈木和阿鲁台都苦不堪言，不得不俯首称臣，接受大明的朝贡制度。

瓦剌首领马哈木已经死了十几年了，他死于与阿鲁台的争斗。喜好拉偏架的朱棣显然不会允许鞑靼一家独大，为此他除了三次北征扫荡鞑靼，还大力扶持马哈木的儿子，瓦剌绰罗斯部落的首领绰罗斯·脱欢。

父亲死后，脱欢一度沦为阿鲁台的奴隶。阿鲁台对脱欢其实还不错，连老婆替自己梳头也不回避他，阿鲁台的弟弟几次劝说他除掉脱欢，阿鲁台都没有听从。脱欢的母亲被阿岱汗纳为哈屯后为儿子求情，阿岱汗终于下令放回脱欢，现在他又成了绰罗斯部落的首领。

阿鲁台早被朱棣打怕了，听见明军出塞他只做一件事：逃跑。虽然几次都没能捕获鞑靼主力，朱棣还是多少取得了一些战果，如拆掉一批蒙古包，烧掉一大片草原，顺手牵走鞑靼来不及带走的牛马等。

脱欢卧薪尝胆十多年后，终于在永乐二十一年（1423 年），利用朱棣最后一次亲征的机会，对鞑靼发动了一次大规模突袭。这次机会抓得很完美，正在狼狈逃跑的阿鲁台根本没有防备，人口牲畜被掳走一大半，阿鲁台部势力大减。

实力和威望大增的脱欢立即开始了他野心勃勃的计划，先是花了两年征服同族的土尔扈特部落，杀死了明朝册封的贤义王太平、安乐王把秃孛罗。一度能与绰罗斯部落同掌话语权的土尔扈特部落成为脱欢的附属，接着他继续东征西讨，控制了整个瓦剌。

脱欢的计划总共有三步，统一瓦剌只是第一步，第二步就是统一蒙古。

在永乐时期，统一蒙古只是个口号而已。要是哪个蒙古首领胆敢这么做，朱棣准会打得他们抱头鼠窜。

到了宣德时期，统一蒙古的梦想竟然照进了现实。

统一了瓦剌的脱欢实力已经强于遭到重创的阿鲁台，此后数年里他取代了朱棣，与阿鲁台玩起了狼抓羊的战争游戏，并迎立了孛儿只斤·脱脱不花为傀儡可汗，自己当起了太师。阿鲁台实在是个逃跑高手，在极其不利的情况下居然还死撑了九年多。熬到宣德九年（1434 年），阿鲁台终于得到了解脱，脱欢将其攻杀后悉收其部众及驻牧地，在事实上统一了全蒙古。

成就脱欢梦想的不是别人，正是朱瞻基，他对游荡在河套的脱欢部人马细心抚谕，对南迁放牧的兀良哈部给予默许，对于被袭击东走的海西女真给予漠视，对于驱逐瓦剌的明军士兵给予呵斥。他完全违背了朱棣制定的政策，他葫芦里卖的是什么药呢？

朱瞻基是非常重视北边防务的，一如他重视西南防务一样，他为边防官兵制定的战略方针是“消极防御”。

朱瞻基多次训谕边将，防守一定要扎实，边军不许主动出击，要等敌人来进攻才能将他们击退。若敌人撤退，千万不能追击。

为了防止将领贪功，他还作了两句诗送给大家“慎守只须师李牧，贪功何用学陈汤”，结果明军对李牧学不来，防线却内缩严重。

明蒙边界地区，不存在和平共处的说法，有的只是敌进我退、敌退我进。在朱瞻基的“英明”指导下，明军主动出塞的事情消失了，蒙古势力开始不断进逼。

皇帝也是人，是人就会犯错，只要能改正还是好皇帝，比如拿出勇气坚决打回去，让蒙古人知道谁才是老大。可如果皇帝没有意识到制定的政策是错误的，就是另一回事了。

朱瞻基并不认为放弃交趾是错误，既然放弃为自己带来了不少清静，为什么不能复制到北方呢？他决定再次弃地。

在大明北边防线上，有个边镇叫作开平，位置在如今的内蒙古多伦西北，长城以北三百里左右。它是当初李文忠那次闪电般攻克元朝上都军事行动的战果之一。朱元璋在这里设开平卫，与东面的大宁卫、西南的兴和卫互为犄角，构成一个三角形防御体系。

朱元璋将第七子齐王朱榑封在青州，命他出镇开平。朱棣也曾命汉王朱高煦率兵赴开平操备。朱棣北征都是从这里出发，他曾说：“只要固守开平，就能使东部的大宁、辽东和西面的甘肃、宁夏安然无恙”，可见开平卫的重要意义。

到了宣德年间，在“消极防御”的指导方针下，开平东部的大宁必然失控，开平西南的兴和卫也废弃不用，开平孤悬塞北，完全失去了左右两翼的策应，补给变得极为困难。

朱瞻基是个对国土看得很开的皇帝，既然这么难守，干脆放弃岂不更省事——“失此弹丸之地，于我何损”？明军非但未能保住大宁、兴和，连开平也一起放弃，同时也放弃了开平以南、长城以北的险要地势，将北方防线收缩了三百多里。

北部防线的三个重要据点被放弃，意味着长城以北失去了很大一片军事缓冲区，这带来两个很严重的后果。一是使得大明整个北部防御体系缺乏纵深，漠北蒙古部落逐渐南下来到长城沿线，敌人进攻北京和内地的距离被大大缩短了。二是压缩了辽东西部，使这个地区变成了一条狭长的走廊，北部边防因此更加空虚。

北部防线失去了前进基地，明军出塞变得非常困难，从此以后逐渐变得被动挨打，“天子守国门”竟然以这种方式真的实现了。

二十多年后，儿子朱祁镇就会为老爹朱瞻基的错误吞下苦果。

全面收缩的后遗症

朱瞻基还彻底终止了船队下西洋的活动，这为大明省下了一大笔钱，但后果也是显而易见的，后世有学者如此评价：

> 宣德朝文化交流的海帆不再远航，从文化交流的角度来看，海禁政策也带来了很多遗憾，使明朝成为一个四周都被包围的文明。如果没有海禁政策及中国人航海事业的衰退，那么中国人和欧洲殖民者的初步接触很可能是在印度洋，而非东南亚。如果是这样，那么远东和西欧文化圈的初步交融可能是另一番面貌——接触欧洲殖民者的前哨远在印度洋，那么中国将更加从容。

收缩并未到此为止，宣德二年（1427年）十月二十二日，在没有遭到军事威胁的情况下，朱瞻基决定将永乐年间奉命驻守西域的哈密卫官兵撤回京师，委任蒙古忠顺王倒瓦答失里统治哈密。朝廷只在名义上保持着对哈密地区诸卫的“羁縻”统治，明朝对西北的控制力被大大削弱。

宣德三年（1428年），麓川宣慰使思任发侵夺南甸、腾冲等处地方，云南总兵官黔国公沐晟上奏请求发兵征讨。沐晟还汇报了一个情况，交趾叛乱中有老挝宣慰司和宁远州土司势力的支持，这帮人吃里爬外罪不可容，想要一起发兵征讨。

结果朱瞻基压根儿懒得管，他是这么答复沐晟的：麓川的事儿不是之前让你跟西南官员商量过了，该怎么抚谕就怎么抚谕，这次还是这么办。至于老挝、宁远就算了，跟他们不用深究。

老挝、宁远当帮凶不管，麓川蹬鼻子上脸还是不管，朱瞻基又没有爷爷朱棣的威信，养虎为患的结果是致使明朝在西南的威信大失，麓川亦大肆扩张，导致后来朱祁镇不得不花费巨大的代价才平定，却仍留下后遗症。

如果说在东北保持攻势，放弃西南也就罢了，几个方向全面收缩，朱瞻基这是要搞哪出？

后人可以为朱瞻基找到各种理由，如源头在前任、卫所制度衰弱、国家需要休养生息、投入太大回报太低等。不过，根本原因只有皇帝的决心。

考虑到皇帝日理万机，本着换位思考的方式，我们也要为朱瞻基考虑一下，是不是因为工作太忙了，实在无暇顾及外部问题？但是略翻典籍就能发现，他非但不忙，其实空闲时间很多。

第二十六章 明宣宗的宫廷娱乐生活

玩乐天子

朱瞻基是个书法家，他擅长并酷爱书法艺术，他的书法史称“学颜清臣，而微带沈度姿态”，于圆熟之外见遒劲。

朱瞻基是个诗人，他经常提笔写下长篇短歌，给后人留下七册本的《宣庙御制总集》。他开创了“台阁体”文风，这种文体是一种专为歌功颂德而生的车轱辘话，洋洋洒洒一大篇。好像说了很多，仔细一看，又好像什么也没说。

在宣德时代，“台阁体”是大臣们晋升的必备技能，“三杨”都是此中好手，“台阁”之名正是由这三位台阁重臣而来。

朱瞻基成就最高的艺术领域是绘画，丹青之术为明朝皇帝中最高。后人评其曰：“书出沈华亭兄弟，而能于圆熟之外，以遒劲发之。”他将最喜爱的宫廷画师谢环封为正五品锦衣卫千户。明代画师的地位很低，一个画师能成为高级官员，为祖宗法度所不许，更遭到群臣的反对，几位御史为此上疏，朱瞻基却不管不顾全部驳回。

中国历史上，一旦艺术家成为君主，对国家来说简直就是灾难，他们的文艺天分通常和治国能力成反比。琴棋书画，无论哪种艺术都需要砸进去大量的时间精力。从这点上说，朱瞻基没能达到宋徽宗赵佶那么高的艺术成就，应当算是大明的幸运吧。

除此以外，朱瞻基还喜好骑射狩猎、架鹰猎鸟、驯兽斗鸡。不过，他最喜欢的游戏还是斗蛐蛐，达到了上瘾的地步。他曾诏令江南地方官协助采办一千只上好蛐蛐，弄得许多百姓人家因此破产，在民间落下个“促织天子”的外号。

朱瞻基把业余生活过得这么充实，代价就是大明疆域收缩了。

朱瞻基是个非常聪明的皇帝，他即位后的一系列组合拳水平极高，快刀斩乱麻地解决了藩王、军权、集权三大难题，表现出的政治能力隐然有超越其祖之势，照此发展下去，文汉武功未可估量。

作为一个皇帝，有点业余爱好不算太过分，毕竟，谁愿意天天枯燥地批改奏章呢？

朱瞻基能算个好皇帝吗？

若去问一个生活在宣德年间的明人（生活在西南边境和长城以北地区的边民除外），他大概率会告诉朱瞻基是个好皇帝。朱瞻基的子民不用像祖辈那样生活在战争的风险中，官员们大体上不算太扰民，百姓的日子要比永乐时期安生不少。

若再问一个生活在正统年间的明人，他可能就会愤愤地告诉你，宣德年间是挺安稳，可到他生活的时代天下一点也不太平，这是典型的前人砍树后人遭殃。

朱瞻基驾崩四年后，明朝开始连续发动数十万大军，四次远征麓川；驾崩七年后，王振登上历史舞台，成为大明第一代专权宦官；驾崩八年后，兀良哈部侵入延安，边事日趋糜烂；驾崩十年后，瓦剌全面入侵大明，举世震惊的“土木堡之变”发生；同一年，湖广、贵州等地苗人起义，各族百姓纷纷响应，参加起义的人数多达二十余万，持续时间长达十二年；驾崩十三年后，邓茂七率东南农民起义，队伍发展到十余万人，控制八闽，三省震动。

以上事件对后世影响最大的不是“土木堡之变”，其中权宦登上历史舞台、四征麓川的后果远远地超出了正统朝。

还有那帮被朱瞻基妥善安置的宗室们，他们真的成了一群寄生虫，大明再也不能指望宗室力量为国家作出任何贡献了。

或许正是纵情于歌舞升平、沉溺于声色享乐之故，宣德十年（1435年）正月，朱瞻基染上不明病症。病危之时，他命左右起草遗诏，由太子继位。不知他是否意识到了什么，特意叮嘱所有军国大事均须禀告太后方能决定。不久，朱瞻基驾崩于乾德宫，终年三十八岁。

朱瞻基是大明第一个废后的皇帝，也是艺术成就最高的皇帝。这是个天赋极高的皇帝，玩弄权力于股掌之间，“削藩”、收军权、培养宦官人才这些政策放在宣德年间看还不错，但放到长远看都不是什么好事。

朱瞻基执政不过短短十年，玩出的花样却比前四任皇帝半个多世纪的统治还多。朱瞻基的生活充满了高雅奢侈的格调，老朱家保持了半个多世纪崇尚节俭的统治方式，从他这里开始变味。

继任天子们给后人留下的骄奢淫逸、吃喝玩乐、荒怠朝政的印象正是始自朱瞻基。作为最高权力的拥有者，他的行为对后世产生了极为恶劣的负面影响。

自朱瞻基即位后，除了有过三次例行公事般的巡边，对外一无是处。他的民族政策一塌糊涂，“消极防御”是国策，弃土妥协成为常态。

不可否认，朱瞻基治下的大明享受到了和平，国力得到了一定程度的恢复。然而代价是养虎为患，这一切终究是要其子孙买单的。

十年休养生息并没带来随后的太平。虽说朱祁镇确实统治水平一般，但也要看到，这些隐患早在宣德年间就已埋下，没有他老爹的妥协绥靖，儿子也不至于走到那一步。

所谓治世并未带来盛世，如果以弃地收缩换来国家承平为治世标准，那这个标准也太低了。

第二十七章 太监王振

第一个大太监

宣德十年（1435 年），九岁的太子朱祁镇即位，次年改元正统，是为明英宗，大明王朝掀开了五味杂陈的新一页。

朱祁镇身边除了先帝留给他的辅政大臣，还有一个名叫王振的太监。

王振，蔚州人，时任司礼监掌印太监，太监中的大太监。

相传王振是自我阉割后主动入宫，进宫就是奔着出人头地去的。王振中过秀才，又当过乡村教师，是有文化底子的，同时也说明王振入宫时年龄偏大。

史书没有记载王振的出生年月，古代男子十六岁即为成年，二十岁是进入内书堂深造的上限，故此可以推测王振是在十六至二十岁之间入宫的。

入宫的王振已是个心智成熟的成年人，在艰苦的太监晋升之路上，他赢在了起跑线上。进宫不久，他就被安排教授宫人文化，宫中人称“王先生”。

宣德中期，王振得到朱瞻基的认可，被分配到东宫担任局郎，负责陪伴太子朱祁镇读书。

一朝天子一朝臣，朱祁镇即位后提拔东宫心腹王振为司礼监掌印太监。

不过区区十来年，王振就完成了从落第秀才到太监之主的蜕变，他在兴奋之余有了更高的理想。王振可不想一辈子都只“批红”画钩，他要在朝中有实力，进可海阔天空，退能平安富贵，要达到这一切，他知道自己需要掌握权力。但他依然只是个“批红”机器。

明宣宗留下遗言，军国大事均须禀告太后方能决定。

这个安排聪明之至，把权力交给老娘而不是老婆，说明朱瞻基脑袋清醒得很。张氏是见过大世面的女人，陪伴丈夫、儿子玩了一辈子权力游戏，王振在她面前不过是只小蚂蚁。

朱祁镇即位没多久，太皇太后张氏就和孙子在便殿召来几位辅政老臣，说了一番勉励的话。讲到动情处，君臣都流下了眼泪。正事交代完之后，张氏突然下令，把王振召来。

这种场合本来轮不到王振出场，他进来一看，帝国的核心团队都在这了，太皇太后召见，看来是把自己也当成自家人了啊，一准有好事儿。

王振往地上一跪，正等着接受训勉，只听一声断喝：“你侍候皇帝不循规矩，应当赐死！”眼前顿时寒光闪烁，几柄锋利的钢刀已经架到了王振的脖子上。王振吓得魂不附体，跪在地上浑身颤抖，一句话也不敢说。

年幼的朱祁镇被吓傻了，他赶忙跪下求情，请求奶奶饶了王先生一命，他只是自己的朋友，没干什么坏事。

太皇太后张氏只是不喜欢王振，其实并没有抓住王振不法或是引诱皇帝学坏的证据。看到孙子求情，她便顺水推舟地饶了王振，并不忘再次警告：“今天看在有人为你求情的份儿上就饶了你，今后不准你干预国事！”

此事以后，太皇太后张氏养成了一个爱好，辅政之余的一大乐事就是敲打王振。宫中三天两头可以看到王振灰头土脸擦汗的身影。

太皇太后张氏凶神恶煞般的面目给王振留下了心理阴影，他了解了权力之路任重道远，一个不小心就会前功尽弃。为此王振采取了迂回战术，一门心思地与朱祁镇搞好关系，使得这个小孩子对他言听计从。王振明白，只要把朱祁镇抓在手里，权力迟早会来的。

所以在正统初期，权力过渡平稳，“三杨”继续同心辅政，内部并没有出现什么动荡。

王振的崛起还要等待时机，帝国表面的平静之下暗流正在涌动。

安稳的日子没有持续太久，正统三年（1438 年），告急文书雪片般飞向京师——麓川王思任发屡不奉诏，拒绝抚谕，并发兵攻打腾冲、南甸、勐养等地，赶走宣慰使刁宾玉。西南问题的盖子再也捂不住了，大明已经退无可退。

四征麓川

麓川问题可谓由来已久，它位于云南西部，在当时既是一个地名，也是一个地方强权的名称。

麓川这个政权是傣族先民在云贵高原西南部、缅甸中北部建立的强权，从 14 世纪初开始，存续了三百多年。它的得名来自元朝，属于元金齿宣慰司所辖六路之一——麓川路。

麓川刚起家的时候，地盘还不算太大，控制范围在今天云南省德宏傣族景颇族自治州陇川县、瑞丽市一带。它的西边和南边还有木邦、勐养等宣慰司，这些地方如今都在缅甸境内，大致是在北部的缅甸兴威和莫宁一带。

这些当地土司之间历来以部族为聚落，互相争夺，时战时和。到了元朝中晚期，麓川逐渐坐大，吞并了不少邻近的土司。麓川的扩张引起元朝的警觉，可几次发兵清剿都无功而返。元末至正时期，趁着天下大乱的时机，思汗法干脆脱离了金齿宣慰司的控制，在勐卯（今瑞丽）称王，麓川号称“盗据一方，侵夺路甸”，成为一个割据状态下的独立王国。

思汗法武功极盛，开疆拓土不遗余力。在他治下麓川疆域达到最盛，占据了勐闰（清迈）、景线、景栋、勐泐（景洪）、腊门、腊光的广阔领地。基本上，当时整个澜沧江以西都在思氏的控制之下，连位于勐卯以西，统治印度东北部的阿洪王国（也是傣族建立）也向麓川臣服，称臣纳贡。

不断扩张的麓川王国终于引来元朝大规模军事打击，两军数次交战，谁也无法彻底击败对方。思汗法毕竟处于弱势，他主动遣使请和，元朝乐得就驴下坡，在当地设立平缅宣慰司，册封思汗法为世袭宣慰使。

名义上麓川被纳入了元朝统治，实际上还是独立王国。土司们历来是世袭，从元末到明初的半个多世纪里，思汗法和他的子孙们一直在西南边境从事着割据和兼并的事业，可谓乐此不疲。

思汗法死后十年，王位传到了他次子思伦法手里。这时已到洪武十四年（1381 年），西南方向四川已被汤和、傅友德带兵平定，云南还在元朝梁王把匝剌瓦尔密控制之下。

思伦法接位后，云南被傅友德、沐英收复。摄于明军军威，思伦法向明朝请和交好。洪武十七年（1384 年），明朝册封思伦法为麓川平缅军民宣慰使司世袭宣慰使，与当初一样，麓川成为明王朝名义上的属地。

思伦法桀骜不驯，称臣只是他的权宜之计，私底下，他从未停止对周边部族的侵吞。阳奉阴违之下，思伦法与明朝发生摩擦，但于洪武二十年（1387 年）在摩沙勒寨被明军击败。

为了报仇，思伦法准备了一年。洪武二十一年（1388 年），他又集结大军，发动了定边之战。结果此战成了西平侯沐英军事生涯的经典战役，明军在以少打多的情况下，以灵活的战术和强大的火器，击败了拥有战象的麓川军队。

损失惨重的思伦法无力再战，只得求和。麓川统一各部的梦想遭到巨大打击，各地的部族纷纷脱离麓川的控制，归附明朝，明朝采取“析麓川地”的策略，在原本麓川的属地上划出五土州府和五长官司进行控制。

原本强大的麓川只剩下了起家的勐卯、陇川等地，实力大损，暂时由王国降为了土司级别。

一个强大的麓川王国是明朝不希望看到的，大明将继续使用“羁縻”政策对其控制和打压。

麓川思氏贵族们，时刻不忘复兴祖辈的荣光，思伦法去世三十多年后，经过两代人的养精蓄锐，麓川逐渐缓过劲来，开始了新一轮扩张。

祖上毕竟强大过，思家的影响力还在。从 1428 年到 1438 年，时任麓川王思任法不断往西南扩张，把原来分出去的许多州府再次纳入麾下，并多次击败出兵干涉的明军。

1428 年是宣德三年。也就是说，宣德十年里有八年思任法在不断搞扩张，而朱瞻基拒绝了沐晟发兵的提议，幻想以抚谕解决问题。

正统三年（1438 年），思任法羽翼已丰，不再遮遮掩掩，公然发兵侵占腾冲、南甸、勐养等地，欲要恢复麓川王国极盛时的版图，这已等同于叛乱。

正统四年（1439 年）正月，明英宗命镇守太监吴诚、曹吉祥监军，云南黔国公沐晟、左都督方政、右都督沐昂率师讨伐思任法。此时思任法的实力已极为膨胀，明军作战不力，一征麓川失败，沐晟因罪恐惧，暴病去世。思任法进犯景东、勐定，杀大侯知州刁奉汉等，破孟赖诸寨，降孟达等长官司。

当地明军不得力，调兵征伐麓川不断被提上议事日程，朝廷决定发动远征，遏制不断扩张的思任法。

正统六年（1441 年），明英宗派兵部尚书王骥提督军务，征发西南各省十五万大军，转饷半个大明，大举出兵。

明军兵分三路进攻，大军到处，麓川军无法抵挡，死伤十余万。麓川城被攻破，思任法在城破前携家属渡江逃到勐养，麓川被讨平。

王骥班师，因功晋封靖远伯，主将蒋贵封定西侯。这是二征麓川。

明军无法在西南长期派驻大军，战事平定后，即行班师，思任法得以卷土重来，“图恢复，据麓川，出兵侵挠”。

正统八年（1443 年），明英宗再次命令定西侯蒋贵、靖远伯王骥率军五万大军征讨。这场战役，从正统八年持续到正统十年（1445 年），思任法一度藏匿在缅甸宣慰司。最终在明朝的军事威胁下，缅甸宣慰使卜剌浪马哈省献出思任法，云南千户王政下令将其斩首，战事宣告结束。这是三征麓川。

思任法虽然被杀，但他儿子思机法逃脱。明军撤走后，他继承先辈遗志，继续进行反抗，云南总兵官沐斌多次讨伐没有成功。无奈，朝廷再次请出了王骥。

这次出兵，明朝下决心要一劳永逸，集结了南京、云南、湖广、四川、贵州官军土军十三万兵马，几乎赶上第一次麓川之役的规模。

麓川的实力经过数次征讨已经大不如前，思机法无法抵挡。正统十三年（1448 年），明军攻破了思机法的大寨，思机法就此失踪，据称死于乱军之中。

王骥统军一直挺进到勐养，勐养宣慰司是明朝设立的宣慰司之一，辖地在现在的缅甸西北克钦邦境内，这是汉人军队第一次深入西南边陲这么远的地方，震动了当地的各个部族——“诸部皆震怖，曰：自古汉人无渡金沙江者，今王师至此，真天威也。”

此处的金沙江不是指穿行于川藏滇的长江上游水系，而是指又被称为“大金沙江”的伊洛瓦底江，如今位于缅甸境内。

王骥班师后，思机法的弟弟，思任法的小儿子思禄法又占据勐养作乱——这家人的生命力确实顽强。

明朝也有点打不动了，最后与思禄法达成协议，允许他居住勐养，但不许越过大金沙江（伊洛瓦底江）。双方立石为界，誓约：石烂江枯，尔乃得渡。

这是四征麓川。

四征麓川的军事行动，对明朝国力耗费巨大，但就当时的情况而言，远征麓川已是势在必行。

抚谕根本不起作用，思任法的胃口越来越大。若不加以打击任其坐大，西南众宣慰司都不是他的对手，再等他发育为王国，将更加难以克制。

西南这块地方，土司势力错综复杂，从来也不太平，要是再纵容下去，一个强大的麓川王国将再次出现。远的不说，就看交趾，是到时候再发兵呢，还是承认麓川既成的独立地位？

“弃置交趾”的影响极为消极，动摇了明朝在西南的声望，思任法也是看到了交趾抗争所起到的作用，才敢于不断大胆挑衅。

纵观整个麓川叛乱史能看出，平定麓川的最好时机是叛乱在宣德三年（1428 年）开始蠢蠢欲动之时，那时出兵，能以较小代价换来最大的和平，就如洪武年间所做的那样。

姑息容忍换不来真正的和平，朱瞻基是承平了，后人还将不断为他的“消极防御”政策买单。

拖到正统年间，麓川已经坐大，朱祁镇不得不征调全国之兵，转运半个大明的粮饷，前后四征花费九年才将其平定。

王振的梦想

值得一提的是，后两次征讨麓川是在王振的坚决支持下得以推进的。

正统五年（1440 年），杨荣病逝。正统七年（1442 年）十月，太皇太后张氏崩逝。以这一年为起点，大明政坛重新洗牌，权力开始向王振招手。

王振的真正障碍其实只有太皇太后张氏，他被骂了七年，忍了七年，只得夹起尾巴。

这个时间点终于到了。

杨士奇和杨荣还活着，他们一个七十八岁，一个七十一岁，但这已经无关紧要了，就算他们再年轻十岁，也无力约束王振。因为小皇帝信赖的不是这些古板的祖爷爷们，而是亦师亦友的王振。

况且“票拟”权和“批红”权还不是两种平等的权力，朱瞻基培养宦官人才，赋予司礼监“批红”权的后果开始显露出来。

太监们的时代到来了，他们掌权即让举世震惊，此后虽有起伏也不改成色，成为唐朝之后最有权力的一帮宦官。

权力到手，王振下了道命令：把明太祖挂在宫门上那块刻着“内臣不得干预政事，预者斩”的牌子摘下来。

王振迅速提拔了一批官员，又把自己的侄子王山和王林提拔为锦衣卫指挥同知和指挥佥事。这些人无一例外是见风使舵的好手，其中最无耻的要算工部郎中王佑。

一天，王振突然注意到王佑居然没有胡子，这实在是件奇怪的事情，明朝大臣们以留须为美，除非实在留不了（比如王振）。王振不禁好奇地问了一声：“你为什么没有胡子？”

王佑回答了一句非常经典的话：“老爷你没有胡子，儿子我怎么敢有？”

这句无耻的回答能看出，王佑对这个场景是早就排练过的，就等着王振问呢。这句话说得王振心里甜丝丝的，立即提拔他为工部侍郎。

在这些人的带动下，不能生育的王振“儿子”越来越多，巴结王振成了大明官场第一要务，谁巴结得早升得越早，来晚了职位就被别人占了。从中央到地方迅速形成了一个以王振为核心的朋党集团。

王振能这样做，是因为他与朱祁镇进行了深度绑定。

一次，朱祁镇在宫中大摆宴席，按照制度宦官没资格参加宫宴，可这时的王振已深得宠信，朱祁镇在宴会上见不到王振就像少了点什么似的，急忙派人前去看望。

王振见了来人，竟自比周公，大发牢骚说：“周公辅助成王，为什么唯独我不可以到宴会上去坐一坐呢？”使者将王振的话报告了皇上，朱祁镇不但不怪罪，反倒觉得让王振受了委屈，下令打开东华门的中间大门，让王振进入宫中参加宴会。

并不是所有人都对王振俯首帖耳，但得罪王振的后果是很严重的，如翰林侍讲刘球被王振处死并肢解，大理寺少卿薛瑄被罢官。就连李时勉这样德高望重的老臣，只是因为不肯巴结王振，就被他找借口罚带重枷在国子监门口示众，要不是他的一千多名学生伏阙上书求情，李老先生就得在烈日下被晒死。

这时应该出场的是御史们，身负国家监察重任，虽然他们平时有点烦人，可每回遇上这种事，有良心的人只能眼巴巴地看着御史。

御史们该登场了，他们拿出生平所学把奏章写成了花，慷慨激昂地履行了自己的使命。王振大权在手，这些弹劾就像对着聋子骂人一样白费力气，御史们大多被贬官流放。

其中有个御史比较特别，王振居然把他放了。

这个人因为从山西回京述职，没有给王振带礼物（惯例）而遭到逮捕。按照王振的脾气，不孝敬自己的结果最轻也是罢官回家。

出乎意料的是，这个品级不大的外放御史被下狱后，得到的声援竟比德高望重的李时勉还多。不但中央官员们替他求情，地方官、百姓，甚至当地藩王竟然也得到风声集体应援。

这让王振有点想不通，他派人一打听才知道，这个御史不是简单的人物，当初他曾随朱瞻基出征平叛，在阵前把汉王朱高煦骂得狗血淋头，后来巡抚地方，深受百姓爱戴。更关键的是，其他官员多少都有点让他罗织罪名的把柄，王振派人查了好久，居然无法抓到此人的任何把柄。

王振虽然跋扈但也有头脑，他明白对这种人不能硬来，只能打个招呼，将他释放。

此人叫作于谦，时任山西巡按御史。

王振到达了权力的顶峰，颇有一览众山小的意思。太监也是有抱负的，他决定翻翻史书，参照一下前辈们的功绩，看看自己还有点什么可干。

汉、唐是太监最风光的时候，太监甚至能决定皇帝的生死废立。但王振不行，他和朱祁镇还是有感情的，而且他也没那实力。

宋朝太监比汉、唐差远了，可有一项是历代太监比不上的，宋朝大太监都是武装大太监，军功鼎盛并不输于名将。

大明朝不是也有军功太监吗，郑和、王安、亦失哈这些本朝前辈的事迹已成传奇。钱也有了，权也有了，又不能生真正的儿子，人死后要这些有何用。青史留名总可以吧？还有什么比军功更让人向往！

此时正值麓川第三次反叛，由于前两次大动干戈都没能彻底打服极其顽强的思氏土司们，朝廷就是战是和展开了争论。王振力主："这帮野人畏威而不怀德，有小礼而无大义，必须坚决打回去！"

得到王振的支持，王骥得以再次挂帅两征麓川，将其彻底平定。虽说王振是为了自己的功名支持出兵，结果却是正确的。坏消息是，麓川之征让王振自我感觉良好，这也让他的威望在朝中达到了顶点。

麓川太远，王振不可能舍下皇帝亲自出征，可要是有个恰到好处的机会，他是很想体验一把郑和的感觉，亲自跃马扬鞭，手刃敌人的。

机会立即就来了。

麓川的果实还没来得及消化，正统十四年（1449 年），北方边塞警讯大作，蒙古人又杀回来了。

这次蒙古人不是小打小闹，而是全面出击。

第二十八章 土木堡之战

可怕的对手

宣德年间，朱瞻基对鞑靼、瓦剌这对老冤家的不闻不问，给了脱欢绝佳的机会成就梦想。先后攻杀阿鲁台和阿岱汗后，脱欢已事实上统一了瓦剌诸部，并在形式上控制了鞑靼，一个基本统一的蒙古汗国又出现了。

脱欢于正统四年（1439 年）去世，他的儿子也先继承了他的太师之位。按照蒙古的惯例，一位强人死后如果传位给儿子，继任者通常能力和威望都不足，极易引发内乱。

也先却是个例外。

年轻时，也先就在与东察合台汗国的战争中初露锋芒，据记载他“总共打了六十一次仗”，除了一次以外，其他战斗都获得了胜利。也先凭其军功，在接任脱欢太师一职之时，过渡平稳，诸部臣服，内部没有发生任何动荡。脱脱不花只是名义上的大汗，大小事务都由也先决定，这在蒙古的权力交接中是罕见的。

也先就任太师后，蒙古汗国权势尽在其手。凭借自己的军事能力，他开始继续脱欢未竟的计划。

正统十一年（1446年），也先率大军进攻兀良哈三卫。当时兀良哈正在与建州女真作战，背后受到瓦剌进攻后全面崩溃，许多首领被杀，“艰窘至极”。记载中也先“几歼三卫达子”，兀良哈不得不归附瓦剌。

随后也先挥师扫荡建州女真，尽收其民，兵锋直抵黑龙江，与野人女真相持。除了用武力征服辽东，也先又通过联姻、拉拢等手段收服了西北诸卫。最大的哈密卫失去了明朝驻军，首先归附，其他诸卫也纷纷投靠他。

仅仅过了两年，到正统十三年（1448年）时，也先实际掌握的蒙古汗国已经控制了东起女真、西达哈密及其以西的裕勒都斯河流域、北抵叶尼塞河上游、南临长城的广袤地区。史称“漠北东西万里，无敢与之抗者”。不得不说，这是巨大的军功。

一个统一的蒙古汗国，注定是不会安静的。正统十四年（1449年）七月，大权在握的也先完成了全国总动员，兵分四路大举南侵明朝。

那么这十四年来，明朝在干吗呢？

要说大明全无防备是不对的，就跟麓川问题浮出水面一样，蒙古问题也盖不住了。明军在正统三年（1438年）、六年（1441年）、九年（1444年）三次主动出击，在亦集乃之战、丰州之战、以克列苏之战都取得了小规模胜利。

但在这个节点，明朝爆发了湖广、贵州各地苗人起义，各族人民纷纷响应，参加起义的人数多达二十余万，持续时间长达十二年。正统十三年（1448年），邓茂七又率东南农民起义，队伍发展到十余万人，控制八闽，三省震动。

粉饰太平的泡沫已经被戳破，南北烽烟四起。最有经验的统帅正被调去镇压苗人起义，征讨麓川的军队又被调去内地平乱，麓川仍未彻底平定。

正统十四年（1449年），朝廷已得到也先很可能大举南侵的情报。为做防范，朱祁镇派出成国公朱勇和驸马都尉井源选京营精锐四万五千人，分两路守备大同和宣府。

也先的行动比朝廷的反应更迅速，他的进攻时间点选得非常精确。战争一开始，也先就毫无保留地全军出击，没有威胁与试探，直接就是大兵团硬碰硬的作战。

七月十一日，战斗打响，大同右参将吴浩领兵出击，在猫儿庄迎战也先，兵败阵亡。七月十五日，大同总督宋瑛、总兵官朱冕、右参将都督石亨各领兵一万出阳和进行防御作战，又大败。宋瑛、朱冕皆战死，石亨败还大同。这是四路中的也先一路，也是瓦剌的中路主力。

另外一路主力由也先的得力干将阿剌知院统领，在击破几处小边城后，七月十二日起围困宣府外围城堡，并切断水源。

与也先的主力相比，阿剌知院这路人马的动静不算太大，战事也不是十分激烈。不过，这支人马将在随后的事态变化中起到非常关键的作用。

这是蒙古四路大军中路的两路。

左右两翼的两路，更多的是起到牵制作用。在辽东，名义上的大汗脱脱不花亲率鞑靼东路军入侵。辽东明军在毫无防备的情况下，遭到三万多蒙古骑兵突袭，被攻破驿堡屯庄八十处，掳走一万三千余人口，两万六千多头牲畜。幸好脱脱不花只是应付一下也先，捞到好处后就回军了。

蒙古另外一路，由阿罗出将军统领进犯甘州（今张掖），明军同样不能抵挡。迎战的左参将都督王喜、福保，都指挥谷聪皆战死，前往支援的肃州卫都指挥胡麒又阵亡，人畜被掠走万余，明朝在甘肃的抵抗亦告失败。

幸好，左右两路是为中路两路人马吸引注意力的，没有承担更多的任务，他们仅仅满足于劫掠成功，进攻并不深入。

明军战败消息传来，朝野震动，朱祁镇立即召集御前会议商讨对策。对策无非两种，是战是和。对于这点大家没有争议，也先把大明的脸都打肿了，再不还手他真以为自己是成吉思汗了。

如何还手，众人发生了较大的分歧。

大臣们认为，“边鄙之事，自古有之”，只要派遣得力将领，三军用命，必可图胜。

朱祁镇不听，他想御驾亲征。

群臣一听吓坏了，也先兵锋锐不可当，前线败报频传。上一次明军被蒙古打得这么惨，还是永乐年间丘福全军覆没那次，深入大漠这么危险的事，是一个没见过打仗的年轻皇帝能干的？

吏部尚书王直、兵部尚书邝埜等劝谏皇上“不必亲御六师，以临塞下”，可决策权在朱祁镇手里，他坚持要自己当统帅。

这个决定后来被证明是极其失败的。但回到当时，站在朱祁镇的角度，我们来复盘一下他为什么这么自信呢？

要是真要刨根问底，能追溯到朱祁镇小时候。《明英宗实录》里记载了这么一件事，朱瞻基一天把儿子放在膝盖上逗着玩问道：“儿子，你以后当了皇帝，能让天下太平吗？”

朱祁镇：“能。”

朱瞻基又问：“那要有人侵犯我们，你敢不敢亲自带人去打他们？”

朱祁镇：“敢。”

小小皇太子回答得“音响洪亮，神采英毅，无所疑虑”。

一语成谶，当这个机会出现时，朱祁镇决定让这些话成为现实。

这一年朱祁镇二十二岁，亲政已经七年。这是最热血、最阳光的青春，是个充满无限可能的年龄，压根儿就不知道“怕”字怎么写。

在朱祁镇之前，大明皇帝亲征蒙古几成惯例，就连“不略远勤”的父亲朱瞻基也曾三次巡边，老朱家亲征可是有传统的！受祖宗们的战绩鼓舞，朱祁镇一心想到大草原上去指挥千军万马，哪怕冒点险也在所不惜。

根据前线反馈的情报，也先兵力不明，大致在三四万人，这个情报给朱祁镇更大的信心。大明京师三大营就有三十多万人的编制，再加上沿途各个边镇的策应，五比一甚至六比一的兵力优势，也先这不是送人头来了吗？

王振完全同意朱祁镇的看法，他比皇上更加兴奋，终于有机会超越前辈武装太监们了。他看到一条光明大道已经铺在了脚下，战旗在向他招手，军功在向他招手。

得到小皇帝执意亲征的消息，大臣们不干了，在吏部尚书王直、兵部尚书邝埜的带领下，众多官员集体上奏反对。耐人寻味的是，这其中却不见两个重要人物，还活着的两位辅政大臣：胡濙和张辅。

要说胡濙只是礼部尚书，军国大事本不是他的强项，保持沉默也就算了。可英国公张辅是职业军人，虽已没了军权但威望还在，他怎么也一言不发呢？这时候的张辅，地位已经与宣德年间不可同日而语。

太皇太后张氏去世后，政局发生剧变，王振的崛起改变了文武大臣之间的力量平衡，第三极力量宦官集团出现了。

朱祁镇依靠宦官，张辅按照惯性支持文官，另外一部分以成国公朱勇（朱能之子）为首的勋臣和将领选择了投靠威权渐重的宦官集团，在军队内部张辅早已不是一言九鼎。

由于拒绝向宦官靠拢，张辅遭到了王振无情的打压。张辅家族遭到的弹劾开始不断出现，仅仅正统十二年（1447 年）就发生了三次。在这三次事件中，朱祁镇对张辅的判罚一次比一次严厉，他现在仅能自保，更别提什么力挽狂澜了。

朱祁镇下诏：京师立即总动员，能打的将士都跟着皇帝上战场。能打又不让打的，比如张辅，也让跟着吧。

张辅已经七十五岁了，早已过了跃马横刀的年龄，基本处于半退休状态。虽然受到打压，对政局已经无能为力，但听到小皇帝要求他扈从出征的消息，老将军张辅还是没有半点推辞，这一去就再也没有回来。

后来包括朱勇在内的众多勋臣皆一并在土木堡战死，宣告了大明的功臣政治就此以这种意外的方式落幕。

御驾亲征

皇帝御驾亲征非同小可，朱祁镇带上的不只张辅，还带上了庞大的政府班子以便及时处理政务，甚至连钦天监的官员也在名单之中。

按照惯例，皇帝不在京师需要有人监国，这个重大责任被朱祁镇交给了弟弟郕王朱祁钰。朱祁钰只比哥哥小一岁，两兄弟并非同母所生，感情却出奇的好。朱祁镇始终舍不得让朱祁钰就藩，于情于理让郕王监国一点问题也没有。

几十天以后，朱祁镇就将对自己这个决定追悔莫及，现实将赤裸裸地告诉他，在绝对的权力面前，亲情是可以轻而易举被扭曲的。

好在除了朱祁钰，朱祁镇还留下了一个人，这个人将在之后改变一切。

事情发展到这里，我们已经能看出朱祁镇亲征的决定是对是错了。朱祁镇是全军统帅，这毫无疑问。可由于张辅失势，王振把持大权，军师的角色落到了一个从没上过战场的太监头上，这就相当危险了。

军国大事岂是儿戏？这个统帅和军师的组合，第一道命令就让大家震惊：两天后，全军出征。

正统十四年（1449 年）七月十六日，仅仅准备两天后，浩浩荡荡的明军就排成长长的队列从京师出发了。

这次出征的兵力号称五十万，但根据正统年间京营编制（三十万人上下），减去朱勇带走的四万五千人，留下七八万老弱病残防守北京，再算上随征的将领家丁，实际人数不会超过二十万。

二十万大军出征是非同小可的事，朱元璋、朱棣出征事先都要反复召开军事会议，明确将领职责，保障后勤供应，准备时间至少也要几个月。

例如朱棣亲征阿鲁台那次，指定户部尚书夏原吉亲自筹措粮草，从北京到宣府沿途用车运粮二十万石，跟随大军行动，随时供给。同时在行军的线路上，以每十天的行程筑城一座来储存粮食，以供大军回师时支用。朱棣还亲自给这些储粮城堡取了“平胡”“杀胡”之类的名称，以示出征必胜。整个准备过程长达四个月，如此才能保证大军进退的后勤保障，更不用说战前频频召开的军事会议，以及将领和军队的调动了。

运筹帷幄之中，才能决胜千里之外。两天时间来得及做什么周密的计划？

孙子说：“夫未战而庙算胜者，得算多也；未战而庙算不胜者，得算少也。多算胜，少算不胜，而况于无算乎！”

战争是一门统筹的学问。在军事家眼里，战争是道复杂的运算题。然而在王振和朱祁镇眼里，需要计算的只有一个数字：双方的兵力。在他们看来，战争就是双方拼杀，大家纠集各自的人马互砍。我有二十万人，还砍不过你三四万人?

高明的军事家从来不会让对手知道自己的真正实力，朱祁镇把兵力夸大了不止一倍，这是古代战争的常规操作。

也先的战术却截然相反，他把暴露出来的兵力缩小了不止一倍。

这时也先能控制的蒙古户数已经达到四十四万户，按照蒙古战时四抽一的规矩，光能动员的蒙古兵力就达到了十一万上下，再加上岭北地区的色目人、汉人和女真等仆从兵力，据不完全统计，总数不会低于十五六万人。

多少年没见到蒙古人这样的总动员了，自王保保时代后，他们最大的兵团也就三四万人规模。

也先的能力实在强悍，这次大规模作战他筹备了半年以上，他自己统率的中路主力就高达十余万人，其中三四万人是精锐的瓦剌骑兵，并携带了大量的牛羊，可以支撑长期作战。

一个统一的蒙古是可怕的，从也先故意示弱的举动来看，我们应该能猜到他的战术了。

可惜的是，明军情报失灵，并没有意识到也先是个多么强大的对手。弃用张辅和仓促出征，已经让这次行动先蒙上了一层阴影。朱祁镇和王振这一对活宝把打仗当过家家玩，是会坑害这几十万人的。

第二十九章 『土木堡之变』

明军回师的路线问题

大军出北京后，行军路线如下：

正统十四年（1449 年）七月十六日出征，当晚到达唐家岭（今北京市昌平区西南）；十七日到达龙虎台（北京市昌平区西龙虎台村）；十二天以后，即七月二十八日就到达了阳和城南。

应该说，明军行军速度还是比较快的。

阳和城是明朝重镇大同的七十二城堡之一，长四千六百余米，城墙高近十二米，城门内外建有瓮城，还有一条十米深的壕沟。这里是刘邦遭遇白登之围的古战场，元朝时称为白登县。

在大军到达前十几天，这里刚发生过激战，四万明军被也先打得大败，连大同总督宋瑛、总兵官朱冕等高级将领都在战斗中阵亡。明军到达这里时，战场并未打扫。正值盛夏，阵亡者尸体早已开始腐烂，尸臭几里外都能闻到，带来了一股恐怖的气氛。看到如此惨状，不少将士的一腔热血凉了一半。

自朱棣驾崩后，京师三大营已经有二十多年没正儿八经地打过仗了，这对军队的士气是一次沉重的打击，有胆小者已开小差。

明军继续前进，想要寻求瓦剌主力决战。吊诡的是，之前气势汹汹精锐尽出的也先却突然不见了，蒙古骑兵来无影去无踪，消失在了茫茫大漠之中。

也先再次给朱祁镇上了一堂军事课，他的战术就是敌进我退，敌退我进，敌疲我打，利用广阔的战场空间和骑兵的高机动性来做文章。

这招一点也不新鲜，朱元璋、朱棣可以破解，朱祁镇却只能干瞪眼。明军寻敌而不遇，在八月的天气下，将士越来越疲惫。

1449 年八月初一，明军终于到达了大同，在这里王振见到了一个人：七月十五日那天的阳和之战中，躲在草丛中侥幸逃生的大同镇守太监郭敬。

郭敬是王振的死党，他把王振拉到无人的角落，绘声绘色地告诉他瓦剌军有多强大，自己败得有多惨。最后，郭敬意味深长地说了句：“你要再往前走，恐怕凶多吉少啊。”

郭敬不是普通太监，他从十八岁起就跟随朱棣，曾出使诸国，是太监中的四朝元老。郭敬的警告终于一棍子敲醒了王振，这个前辈太监是见过大世面的人，吃过的盐比他走过的路还多。自己不过是靠讨好朱祁镇才得以上位，哪里懂什么军事？

王振怂恿朱祁镇出征的目的只是来收获荣誉，不是真正来拼命的。想到这点，再看看外面未经打扫的修罗场，王振立刻慌了，超越郑和的梦想怎么也没有老命重要，于是他一改之前的口风，立即建议朱祁镇班师。

当时的形势下，撤退是个比较理想的选择。大同虽是重镇，但根本无力负担如此庞大的军队后勤，眼看着再往前进，决胜的希望更加渺茫。班师固然兴师动众劳而无功，但至少不会受大的损失。

随后发生的“土木堡之变”，有两个后世争议最大的问题，第一个就是回师的路线。

八月初三，明军班师，大同副总兵郭登建议，从紫荆关退回北京，可以远离瓦剌可能出击的路线，相对安全。应该说这条路线是比较切实可行的。但明军最后走的却是另一条线路，往东行进，从居庸关入关，这个决定最终葬送了大家。

走居庸关这个问题有几种说法。

说法一来自《明实录》，里面记载称王振害怕大军踩坏其家乡蔚州的庄稼，才阻止大军由紫荆关回师。

说法二来自《宣府镇志》，其中记载王振建议明英宗从紫荆关回师，并没有提到自己家乡的庄稼。

说法三，一些非官方史料记载，明军不从紫荆关返回是朱祁镇自己的决定。执意要走居庸关，原因是他还在寻求同瓦剌决战。同时蔚州——紫荆关路线一路平原，反而容易遭到蒙古骑兵突袭，平原上无险可守，对以步兵为主的明军来说非常不利。

历史就是这样，许多事情，到底哪种说法是真，很难有确切的答案，但我们可以通过前后分析来进行推理。

不论这些说法在当时形势下的对错如何，历史已经给了我们答案，明军不走紫荆关路线显然是错误的。

八月初十，明军达到宣府。大半路程走完，居庸关已近在眼前。这时传来了不好的消息，也先主力再次出现，先是横扫了大同周边的城堡，接着围攻城池。虽然在郭登的组织下，大同未曾沦陷，但军士已死伤大半。重镇大同暂时丧失了传递情报的功能，更无力在蒙古围攻时及时赴援了。

这样看来，也先的战术已经很明确了，在明朝大军士气正高、寻求决战时主动撤退，避其锋芒。待其锐气已泄、一心思归时，再次集中力量，先扫清外围屏障，清除可能对侧背造成的威胁，随后利用骑兵的机动性不断骚扰袭击，步步进逼，最后毕其功于一役。

回想一下，也先的战术竟和当初王保保在岭北击败徐达时如出一辙。不同的是，大胆的也先打穿了明朝的边关防线，把它复制到了离长城不远的地方，这是王保保未曾做到的。

可以说，也先是个高明的军事家，明朝君臣和他不在一个档次上，他在统一蒙古高原的过程中积累的作战经验，比战斗力衰退严重的明朝指挥官明显技高一筹。

回到土木堡，也先清除潜在的威胁后，开始尾追明军。八月十三日，蒙古追兵迫近。恭顺侯吴克忠、都督吴克勤奉命引兵拒战，结果大败，两兄弟阵亡。吴克忠部作为明军后卫，兵力在一万五千人左右。

朱祁镇再派成国公朱勇、永顺伯薛绶率五万人马至鹞儿岭与也先交战。朱勇这个人长得很威风，记载中他“长身赪面，虬须戟张”，颇有其父朱能之风。关于他的军事能力，正统十年（1445 年），御史张文昌巡抚边关时，曾与兴安侯徐亨有过一番对话。

徐：“以我看来，今天的将领啊，没有一个能担得起朝廷的大事的。”

张：“不能这么说吧，如今总领军队的成国公如何？”

徐：“在厉害的敌人眼里，他就跟个婴儿一样（强虏视之婴儿耳）。”

张又问：“那将军您一定可以了。”

徐亨很谦虚：“只有英国公才行，他屡次统率大军，号令之下诸将无敢不从，可赴汤蹈火。他当大将时，现在有名的将军都是他帐下偏裨将校。”

很可惜，张辅虽然还在随军队伍中，军务已经轮不上他插手了。

朱祁镇很信任朱勇，交给他的是京营精锐五万人，以骑兵为主，指望着他拖住也先，让大军脱困。

朱勇的回报是冒进中伏，全军覆没（迎战鹞儿岭，中伏死，所率五万骑皆没）。这再次证明，金牌将领的儿子未必也是金牌将领，朱勇的能力比张辅差了不是一星半点儿。

吴克忠和朱勇带去的是六万五千余人的主力，这两次大败葬送了明军的精锐和主力骑兵。战后朱勇被追究责任，一度不准被按照礼仪下葬。

鹞儿岭这场惨败，唯一值得一提的是永顺伯薛绶。瓦剌军发起最后的冲击时，薛绶死战不退，箭支用完后还继续持弓抗敌，瓦剌军恼恨他坚持不降，将其残酷肢解。

明知必死而不退，这是何等的英勇。

连瓦剌人都不知道的是，薛绶是蒙古人，薛是赐姓，寿童才是他的本名。瓦剌人杀害了薛绶，后来发现他是蒙古本族人，杀害了同族勇士，瓦剌士兵也为之后悔哭泣。（曰："此吾同类，宜勇健若此。"相与哭之。）

战局急转直下，这支部队覆败后，明军事实上已经丧失了同也先决战的本钱，同时军心也开始涣散。蒙古铁骑的马蹄声在身后隐约可闻，给明军官兵心理投下了巨大的阴影。而朱祁镇使用的添油战术正中也先的下怀，不费什么工夫就歼灭了明军精锐主力，也先正一步一步达成他的目标。

现在也先只需要保持压力，等待敌人不战自溃，因为掌握的情报让他相信，对手已经走投无路了。

而明军对此还一无所知。

明军为何非要在土木堡扎营

八月十四日，最后的日子临近了，明军行军到土木堡，日落前开始扎营，随即赶到的蒙古军切断了他们通往居庸关的通道。

这是两个争议问题中的第二个：为何要在土木堡扎营？

土木堡是个船形城堡，南北长约五百米，东西长约一千米，城墙高六七米，地势较高，与榆林堡、鸡鸣堡并称"京北三大堡"。

但凡修筑城堡，必定考虑防御体系和水源问题，土木堡离怀来城仅有二十余里，南面不到十五里有桑干河，作为防御体系中的一环，它是有战略意义的。

明军来到土木堡时还没日落，怀来城近在眼前，只要一鼓作气地进入怀来就暂时安全了。但是这个时候，王振又跳出来说，一定要等千余辆辎重车辆到达后才能进城，因此丧失了进入怀来的最好机会。

这个决定导致明军在土木堡被也先包围，堡内掘地三尺也没有挖出水来，造成了明军极度缺水的局面，这是明军最后崩溃的关键。

以上是传统看法，稍作分析，就发现很难自圆其说。

虽然王振很蠢，但要蠢到这个地步亦令人无法相信。在等待辎重与往怀来行军两件事之间，并不存在二选一的问题。要等待辎重，完全可以留下部分人马，主力进入怀来城。就算有千余辆辎重车，也不值得整个政府班子和十几万大军就地扎营等待。

根据后来史学家的考证，明军不是不想进怀来，而是没法进。这关系到蒙古中路两支大军中的另外一路，阿剌知院统率的那一路。

讲到这里，我们只看到也先自己在和明军主力纠缠，阿剌知院根本没露过面。实际上他也没闲着，“土木堡之变”三天前，这一路蒙古军已经攻下马营、独石，控制了水源。

马营城位于赤城县城西北六十里处，旧名震州，又名西猫儿峪。马营一名源于宣府总兵杨洪率兵筑城并驻兵于此，人称兵马营，后简称马营。

马营城筑于宣德七年（1432 年），堡城周六里五十步，高三丈五尺。堡楼四，角楼四，铺二十四，堡门四,四门建有瓮城。

马营东至独石城三十里，西至松树堡十五里，南至云州堡三十里，北至君子堡二十里，为当时独石路所辖口外八城堡之一。史载：“（马营）有警则设伏镇宁墩堵剿，半壁店、仓上堡相为应援，松树堡可以邀击，君子堡为之击尾。”各城堡间防守严密，互为犄角，共同构成塞外边关的守备屏障。

独石更是兵家必争之地，它现在的位置在张家口赤城县的独石口，在明代被誉为“上谷之咽喉，神京之右臂”。

宣德五年（1430 年）起，阳武侯薛禄曾经亲自在此驻守。当时的独石城规模宏大，城池非常坚固，乃至一度成为宣府镇及整个明长城最北边的一座最为坚固的城堡，堪称是“一夫当关，万夫莫开”。

蒙古兵的野战能力强悍，攻城能力还是有点欠缺的。阿剌知院是个聪明的指挥官，他并没有强攻，而是切断了城里的水源——“（瓦剌）围马营已三日，将河水断绝，营中无水”。

守军无水必溃，马营守将杨俊（杨洪之子）、独石守将赵玫弃城南奔，随之而来的是沿线的龙门卫、龙门所、怀来、永宁纷纷失守，宣府以东的居庸关外已无防御。

怀来距河流仅五六里，比土木堡更近。如果明军能行军到怀来扎营，显然是更理想的选择。但由于怀来已被阿剌知院部所占，明军不知虚实，加上天色将黑，未敢轻动，不得已才选择在土木堡扎营。

正是由于阿剌知院率军占据了水源，才导致了明军极度缺水。

阳和战败，大同被打残，朱祁镇都及时收到了情报。而独石、马营守将三天前就南逃，水源被断，却并没有情报送到，这又与宣府总兵官、镇朔将军杨洪有关。

马营守将杨俊是杨洪之子，他还是总督独石、永宁诸处边务的都指挥佥事。独石、马营又是宣府防区，不管杨洪是故意瞒报还是有其他原因，总之这是他的重大失职。明军回师时，没有得到马营、独石失守的消息，也就没有想到怀来已经被攻破，水源已被切断的问题。

天色将晚，强攻怀来是不明智的，在土木堡扎营是明军不得已的选择。

事后，杨洪、杨俊都遭到以于谦为首的群臣弹劾：

> （杨洪）辄将独石、马营归贼……以致士卒溃散，城池失守，开贼突窜之路，因而辱国丧师，至今令人痛恨。
>
> （杨俊）曩自逆虏犯边，俊望风奔溃，将独石永宁等十一城并弃之，遂使边境萧然，守备荡尽，虏寇往来如在无人之境，闻者无不痛恨。

杨洪为此被下狱，北京保卫战前才同石亨一起被起用。

可见，由独石、马营南下的阿剌知院部，才是明军无法进入怀来城的主要阻力。

被围三天后，最后的时刻终于来了，土木之战简直可以称得上一场悲剧，没有骑兵对冲，没有大兵团决战，也没有三大营火器全线开火的壮观场景。明朝史料中未记载明军有成建制的有效抵抗（竟无一人与斗），有的只是干渴至极的官兵“或奔营中”或“解甲去衣以待死”，敌人则是“铁骑揉阵而入，奋长刀以砍大军”。可见明军干渴到了何种程度，早已军无斗志，战斗成了一边倒的屠杀。

蒙古发动总攻击的时机是明军营盘松动，移营取水之际。据说是朱祁镇中了也先的诈和之计，也有说是明军主动奔走取水。不管具体原因到底是什么，明军的失败已不可避免。

幸好蒙古人只是以劫掠为主要目标（幸而胡人贪得利，不专于杀），来不及对明军赶尽杀绝。即便如此，明军损失还是相当惨重，三分之一的人被杀，包括兵部尚书邝埜、户部尚书王佐、吏部左侍郎兼翰林院学士曹鼐、刑部右侍郎丁铉、工部右侍郎主永和、都察院右副都御史邓栗、英国公张辅、泰宁侯陈瀛、驸马都尉井源、平乡伯陈怀、襄城伯李珍、遂安伯陈埙、修武伯沈荣等在内的六十六名大臣战死，财产损失不计其数，二十多万头骡马、无数辎重被掳走。

蒙古兵一战暴富，满载而还，战利品多到根本带不走。二十多天后，前来打扫战场的明军还捡到军器“盔六千余顶，甲五千八十领，神枪一万一千余把，神铳六百余个，火药一十八桶”。

皇帝去哪儿了

土木堡到京师并不遥远，一天后逃回的明军就带来了这个震惊朝野的消息。

大明开国以来从没有过这样的惨败，所有人都乱作一团，哭的哭，号的号，跳脚的跳脚。然而悲伤之后，大家都想到了同一个问题：皇上在哪里？

兵没了可以再调，将没了可以提拔，就算大臣都死绝了也可以再选一批，只要皇帝还在，大明就还在。可是皇上呢？

其实皇帝死了也没什么，朱家子孙多的是，大不了再立一个。可是得先有个准信，朱祁镇到底是死是活？万一北京另立了天子，过两天前任皇帝又跑回来了，那就相当尴尬了。别说，后来这事还真发生了，搞得大家相当不愉快。

在这个当口，朱祁镇没让大家等待太久，很快有个叫梁贵的锦衣卫千户带来确定的消息：皇上没死。

虽然明朝史料没有记载明军有成建制的抵抗，但蒙古史料《蒙古黄金史纲》中却记载了这么一件事：

明军溃败时，并非所有人都放弃了抵抗，至少在皇帝身边还有三百亲兵始终坚守着阵地。这三百人面对瓦剌军的包围没有退缩，并且在最后关头还骄傲地说：我等系大明皇帝的臣子，岂可弃君逃跑。

这三百亲军应当就是朱祁镇身边的锦衣卫，锦衣卫号称“天子亲军”，重要职责之一就是贴身扈从，保证皇上的人身安全。他们最后全部壮烈殉国，随后瓦剌士兵从战壕中拖出了一个人，他们至死保护着的那个人。

显然这个人是有身份的，他虽然手无寸铁，却表现得沉着镇静，眼神中根本看不见摇尾乞怜以求活命的意思。这个人就是朱祁镇。

一个心急的瓦剌兵只想搜刮战利品，觉得这样砍了太可惜，他用刀指指朱祁镇，示意他先把华贵的服饰脱下来。

很难说清楚朱祁镇此时的心态，眼看十几万大军土崩瓦解，部下一个个在面前倒下，他或许是悔恨、愤怒、自责，百感交集兼而有之吧。

可贵的是，朱祁镇失去了所有东西，却保留了最后的尊严。当死亡迫在眉睫时，他保持着盘膝而坐的姿势，正眼都不看威胁他的瓦剌兵一眼，那态度仿佛在说：你是个什么东西，凭你也配跟我说话？要动手的话，现在就动手吧！

看到这人如此镇定，瓦剌兵反而有些惊疑不定起来，于是他们决定把他送到首领那里，看看这个气度不凡的人到底是何方神圣。

他们的上级是也先的弟弟赛刊王。朱祁镇从没见过赛刊王，可是他居然准确地猜出了他的名字：“你是也先呢，还是伯颜帖木儿（也先另一个弟弟）呢，不会是赛刊王吧？”

赛刊王一惊，这人果然好大的口气，看举止也不像是装的，他不会是那个人吧？赛刊王也拿不定主意，只好转身再向他的哥哥也先请示。

经过反复辨认，也先终于确定他就是那个人——大明天子朱祁镇。

针对如何处理这个战俘，瓦剌内部展开了一场争论。

一个叫乃公的头目说：“这是我们的仇人，上天把他赐给我们就是为了报仇，让我们杀掉他吧！”

另一个重量级人物伯颜帖木儿也发表了自己的意见，他只对乃公说了一个字：滚！伯颜帖木儿认为，万万不可杀掉朱祁镇，这人是个宝贝，比千军万马更值钱！看到大家疑惑的表情，他进一步解释，大明皇帝在我们手里，这是天下第一号人质啊！我们带着他到边关去走一圈，那些守将还不是要什么给什么，只要朱祁镇下命令，大开城门欢迎我们入城也不是难事啊！

这招叫作，挟天子以令诸侯！

一席话听得众人纷纷点头，不能杀不能杀，这简直是个大宝贝。非但不能杀他，还要好好养着，掉一斤肉都不行。

于是大家一致决定，推举伯颜帖木儿负责看管朱祁镇，准备索要赎金。

按照伯颜帖木儿的套路，也先很快行动了。他先是挟持着朱祁镇来到了重镇宣府。之前瓦剌打破了宣府周围的防御体系，但是没敢围攻宣府。因为这里驻守着一个令他们胆寒的人物，宣府总兵官、镇朔将军杨洪。

杨洪出生于军人世家，祖父杨政跟随常遇春起兵，因功受封为陕西汉中卫左所世袭百户。杨洪父亲杨璟袭百户时正逢“靖难之役”，杨景隶属南军，在建文四年（1402 年）那场灵璧之战中，效忠建文帝的南军大败，杨璟在战斗中阵亡。

永乐初年，杨洪承袭父职，被调任到开平卫戍防。此去吉凶未卜，当时杨洪年仅二十二岁，正是血气方刚，他满不在乎地对家人说：“大丈夫立功名宁在跬步之内！”

杨洪不是个吹牛的人，就任开平后，他实实在在地凭军功一路升职。朱棣五次亲征蒙古，杨洪皆随军效力，冲锋陷阵，一马当先。永乐皇帝喝令取酒来，说要亲自斟酒，“酹此壮汉”。

到了正统年间，杨洪已经成为著名的良将，朝野公推边将之中智勇第一，他逐步从开平卫指挥使擢升到后军都督府左都督的官阶，以敢打敢冲威震边关，在塞外诸部中有“杨王”之称，其子侄也各在帐下效命，颇有当年杨家将的风采。

正统十二年（1447年），杨洪挂镇朔将军印充总兵官，镇守明朝九边重镇之重——宣府。当时杨洪已经是六十六岁的老人了，在边关已镇守四十多年。

杨洪是个犯了错误的将领，之前他没能及时通报马营、独石失守的消息，现在清算之锤还没落到他头上，他依旧是宣府的最高长官。

也先以为朱祁镇奇货可居，杨洪再厉害，也不敢违抗皇帝的命令吧？只要骗开城门，之前不敢强攻的宣府就是我的了！

可是杨洪让他们见识到了什么叫老谋深算，守城的士卒很淡定地收下了朱祁镇的手谕，然后对城下喊了一声："总兵官出差了，我们不敢擅自做主！"

也先被浇了一盆冷水又不好发作，道理是道理，官大一级压死人，主官不在，没人敢负责。

也先根本没见到杨洪的影子，在宣府城下连根毛也没捞着就被打发走了，他决定再到大同去碰碰运气。

果然，也先在大同受到了热情"款待"，大同守将郭登不但派出官员觐见皇上，还奉上不少羊酒钱财。但面对也先要求大同开门欢迎他的要求，郭登表现得面有难色，拖了好久也没给个准信。

郭登是武定侯郭英之孙，还是朱祁镇的姻亲，他比杨洪更加亲近皇权。郭登的对策比杨洪更大胆，他想干的是一件更大的事：解救人质。

救人质这种事通常需要特种部队出马，郭登手下就有这样一支队伍。

"夜不收"

终明一代，边关上都活跃着一支明军哨探队伍，其职责和功能类似于如今的侦察兵，担负的是特种作战任务，他们的名称叫作"夜不收"。

明代的边防，是按照墙—关—堡的布局来布防的，堡即是堡台，相当于如今的边防哨所，“夜不收”就是驻守在堡台内的侦察哨兵。此名称是专指，指的是“能深入虏营哨探得实”者，相当于如今的特种部队，他们专门被训练成能深入敌境或入敌营打探虚实的精锐侦察兵，专事特种作战。

郭登一边虚与委蛇，一边暗中组织营救方案，所考虑使用的正是“夜不收”的力量。

在敌营千军万马之中，准确找到并救出皇帝，此非寻常之事，不是随便说说就能办到的，万一事败，郭登难免不受牵连。到底“夜不收”部队有多强大的能力，让郭登有如此信心？

史书中多有记载，选取两段内容来看，如“夜选乖觉有胆之人，各藏牛角短弓、猪杆小箭，待虏熟睡，将马拴住，攒簇以药淬箭，临到跟前，或十步，或五步，暗行刺射，战马一中，无不死者，亦古人夜解贼鞍马之类也”。这是破坏敌人的战略资源马匹，削弱其机动能力。或是“遣夜不收乘夜斫其营，杀七人，贼逐乱，获其马匹、器械”等，这相当于斩首行动，并趁乱进行破坏工作。可见，类似的袭扰破坏等特种作战，对于“夜不收”并不陌生。

朱祁镇被挟持到城下当晚，“夜不收”就成功渗透进了瓦剌营地的核心，并联络上了代为传达信息的袁彬。他们想当夜行动，将朱祁镇带回大同城（“夜不收”杨总旗密告袁彬：今夜有五个“夜不收”来，密请爷爷石佛寺去，待他寻不见时，便乘间入城去）。

“夜不收”的计划是比较周密的，先把皇上带到城外不远的石佛寺，等到瓦剌寻人不见造成混乱时，再趁乱带他入城。

然而，朱祁镇的回答是：“不行，太危险了（此危事，使不得），我在土木堡没死，这是天命，万一死于拯救行动，岂不是太不划算了。”

朱祁镇怕死，不敢跟着走，“夜不收”只能作罢。

郭登并没有放弃，他秘密招募死士，打算武装夺营。九月二十八日，也先第二次来到大同城下，在郭登打算率壮士出击时，城内有人走漏了风声。也先得到消息，匆匆拔营而去，机会再次错过了（将遣行，或以危言沮之，虏逐惊疑，拥上皇去）。

第三十章 力挽狂澜的两个人

是战是守

话分两头，在也先孜孜不倦地进行着招摇撞骗时，明朝那边又是另一番景象。

皇上还活着本来是个好消息，可他当了战俘就不好办了。瓦剌拿朱祁镇当人质到处诈骗，万一真的成功了，或者皇上出啥意外了，那如何是好？

如何处理这个难题，北京方面也展开了一场争论。

不过在会议开始时，大家首先想到的不是解决皇帝问题，而是怎么先保住自己的性命。

平心而论，情况确实很恶劣，三大营精锐已丧，京师只有老弱疲卒不足十万人。关外沿线堡垒不是被打残就是弃守，全无防御体系可言，整个塞外已成为蒙古猎场。

大明朝廷内部的情况更糟，一大半文武精英再也没能回来，一时间群龙无首，人人自危。北宋“靖康之变”的奇耻大辱又浮现在大家眼前。有鉴于徽钦二宗的惨痛教训，群臣中出现了一股南逃避祸的思想。

在这当口，几次吃瘪的也先不失时机地放出风来，表示要亲自送还朱祁镇。

北京方面判断，也先这是黄鼠狼给鸡拜年，乘势打劫京师才是他的真正目的。

这可不是开玩笑的，京师精锐都被也先打得全军覆盖了，说北京是座空城，也差不了多少。不想跟着朱祁镇去草原放羊的大臣们纷纷收拾细软、打点家产，随时准备逃跑，在他们看来，南逃避风头才是正确的选择。

把这个理论发扬到极致的是个叫徐珵的人。

徐珵，南直隶苏州府吴县人，时任翰林侍讲。他在宣德八年（1433 年）高中进士，馆选庶吉士进入翰林院，眼看有大好的前程。可是生活并没有向理想的方向发展，科举通关后，徐珵的仕途便陷入了停顿，十九年后还只是一名翰林侍讲。

眼看人生蹉跎，徐珵常有生不逢时、虚度年华的感慨。

能被选为庶吉士，徐珵是有点本事的，他除了写得一手好字，还是个爱好广泛的人。读书以外，他还喜好钻研军旅、刑狱、水利等种种知识。

曾经有人问他：“你的本行是做学问，搞这些偏门干吗？”

徐珵回答：“我怕朝廷哪天要用我，现学来不及啊！”

在翰林院一群书呆子里能有这样的志向，徐珵不是个简单的人物，后来他还真的用上了其中的一些知识。

除了一些能学以致用的有用知识，徐珵还对另一门古老的学问情有独钟，那就是占卜术。

根据记载，徐珵的占卜术有点水平，他自认为能仰观天文知人间之吉凶，俯察地理明历朝之得失。这门学问有没有道理不好说，从一些人称他为“徐半仙”来看，他在这行里多少有点地位。

朱祁镇决定御驾亲征，徐珵是反对者之一。在大家都在跟皇帝讲大道理时，徐珵提出了一个颇为新颖的观点——“臣夜观天象，荧惑入北斗”。在占卜学那套理论里，这个星象预示着天下大乱，王者有忧，也暗示朱祁镇这趟出征大大不利。

朱祁镇觉得，你就一翰林侍讲，又不是钦天监官员，讲星象不是太靠谱，不听。

徐珵对自己的占卜术深信不疑，他预先安排妻子带着值钱的东西回到老家，并在私底下告诉朋友刘溥："你看着吧，大祸就要临头啦。"

事情的发展准确地印证了徐珵的预言，现在朝廷又面临一道困难的选择题。有了上次的经验，徐珵又要来显摆他的占卜学理论了。

正统十四年（1449年）八月十八日，郕王朱祁钰主持召开御前会议，第一个议题就是讨论是战是和。

也先兵锋咄咄逼人，若是全力奔袭，不出十天就能到达长城。以现在明军的战力，关口被攻破只是时间问题，到时蒙古骑兵就是一马平川，可以再无阻碍地直抵北京城下。

郕王问计于群臣，大臣们哭哭啼啼，把意见征集会开成了诉苦会，这个说实在守不住，那个说还是别冒险的好。

朱祁钰出身卑微，母亲吴氏是朱瞻基当皇太孙时的侍女，生下儿子后长期得不到承认，只能藏在宫外。直到朱瞻基驾崩前，才将母子接到宫内，那时朱祁钰已经七岁了。

本来以为只是替哥哥监几天国，没承想，这百年难遇的帝国悲剧让他给碰上了，御座上的政治新手朱祁钰一脸无助，眼里满是惊慌。

徐珵眼看形势大好，决定再加一把火，他搬出了自己的那套说辞："我观星象，天命已在南方，北京一定不保，朝廷应该立即迁到南京，才能纾解此难。"讲完，他一脸得意。他把南迁冠上天命色彩，有上次成功预测吉凶的经验做保证，这种做法可称上乘，不怕朱祁钰不批准。

这一切都被下面的一个人看在眼里，兵部侍郎于谦。

兵部尚书邝埜已经死在了土木堡，于谦成了兵部的临时负责人。于谦清楚，京师是万万不能放弃的，一旦北京失守，北方门户就会再次洞开，蒙古人将呼朋结伴地呼啸而来，把这里再次变为他们的牧场。放弃容易，再打回来可就难了。

可是于谦刚结束巡抚使命，回京任职才一年多光景。俗话说到了京城才知道官小，在达官显贵云集的天子脚下，这个新来的三品官人微言轻，凭什么让大家听他的？

于谦清清喉咙，正准备挺身驳斥，一个苍老的声音响了起来："当年文皇帝（朱棣）把陵寝建在此地，正是为了明示子孙，不再迁移！"说这话的，是礼部尚书胡濙。

朱高炽留给朱瞻基的团队里，也有胡濙的名字。当初胡濙作为朱棣的亲信、太子朱高炽的考核官，朱高炽即位后一度疏远了他，从礼部侍郎降职为南京国子监祭酒。直到有一天，朱高炽在宫中见到了那天胡濙所上的密奏，发现都是有利于自己的报告，这才明白胡濙是个忠臣。

宣德年间，胡濙恢复礼部侍郎原职，不久升任礼部尚书，地位仅在"三杨"、夏原吉、蹇义等人之下。

朱瞻基病重，弥留之际将九岁的太子朱祁镇托给张辅、杨士奇、杨荣、杨溥、胡濙五人，此五人就是托孤五大臣。

在寻访建文帝踪迹的十几年里，胡濙遍访天下州县，用双脚丈量着大明的每一寸土地，他走过的桥，可能比这朝堂上所有人加起来走过的路还多。

朝堂之上，五大臣只剩下一个活着的胡濙。作为顾命大臣，他没有在王振专权时奋起反抗，但在国家最需要他的时候，这位五朝老臣还是吼出了至关重要的一嗓子。

胡濙家在常州武进，南迁对他有益无害，可目睹如此大好河山，怎忍双手奉给他人？

胡濙的表态是个信号，建议南迁者虽众，群臣中也不是没有清醒的人，比如太监金英、内阁学士陈循。一时间朝堂的画风从哭哭啼啼变成了吵吵嚷嚷，九重宫阙中如千龙吐水，一时没了主心骨。

又是一声暴喝传来："提议南迁者，当斩！为今之计，唯有召集天下精兵，死守京城！"这次开口的是于谦。

吵闹的声音顿时安静下来，朝堂上静得连根绣花针掉到地上都能听得见。

支持南迁派在盘算着上半句话兑现的可能性有多大，反对南迁派在计算着下半句话的成功率有多高，可谁也不想拿脑袋去证实一下。

内阁学士陈循表示支持于谦的看法。

随着胡濙和陈循的表态，支持于谦的声音越来越大，南迁的声音终于沉默了下去。

其实，于谦对建议南迁的同僚们并不恼恨，大敌当前，恐惧是人之常情。如果京师必定不保，果断南迁避祸确实是正确的选择。

可是众人只看到蒙古气势汹汹，却没看到问题的本质，那就是也先的目的到底是什么。也先是个凶狠狂暴的战争狂人，这点没人否认。可他真的胃口这么大，一口气能灭掉大明吗？或者说，也先的政治理想到底是什么？

从也先在土木堡大获全胜后之后几天的表现来看，这个人的政治格局终究有限，他不是立即挥兵杀向京师，而是押着英宗朱祁镇“造访”边关各镇，数次碰壁依然乐此不疲。

于谦的总结就是，也先是个没有政治理想的人，这样的人好对付。

至于天命南迁的说法就更是无稽之谈了，徐珵用占卜术算算红白喜事、住宅风水倒也罢了。硬要用他的占卜之术来套关乎国家存亡、民族兴衰的大事，就是太不负责任了。

南迁的声音被压了下去，会议还没有结束，接下来还有第二个议程：谁来守，如何守？

这个决定权并不在御座上的郕王手里，而在深宫中的一个女人那里：朱瞻基的皇后，朱祁镇的母亲——太后孙氏。

二十年前，这个女子用尽心机，在宫斗中逼迫朱瞻基的原配皇后胡氏让位，得到了这个母仪天下的凤位；二十年后，她最大的依靠儿子朱祁镇在土木堡成了俘虏。这个女人几乎没有任何政治经验，丈夫去世后，实际操持政务的是婆婆太皇太后张氏和那一群文官。

孙太后突然就成了大明的最高权力者，却赶上真真正正的刀光剑影在眼前舞动，她再厉害，也是个从未参与过国家大事的女人。

在这当口，孙氏终于作出了一个明智的决定：把权力让出去，由外面的那帮大臣去决定——命郕王总摄百官，处理大小庶务。

临时处理朝政的郕王正式得到代行皇帝权力的职务，这意味着朱祁镇被俘造成的帝国最高权力的空洞被填补了，大臣们又有了跪拜的对象。

谁来守？操持军务都不是胡濙、陈循所长，那就只能是兵部临时负责人于谦了。为了给于谦一个匹配的身份，郕王下令，于谦正式接掌兵部尚书之职，总制京师军务，怎么守，于谦说了算。

时代，终于把于谦推到了历史舞台的最前沿。

为什么要当文天祥

后人称呼于谦，大多称其为于忠肃公，因其谥号“忠肃”。今天在杭州西湖旁于谦墓上的碑文就是“大明少保兼兵部尚书，赠太傅谥忠肃于公墓”。不过，于谦开始的谥号并非“忠肃”，而是“忠愍”，就连这个谥号也是在他死后三十二年，弘治二年（1489年）才由明孝宗追谥的；直到万历十八年（1590）年，那时于谦已去世了一百三十三年，万历皇帝才改谥为“忠肃”。

“肃”和“愍”一字之差，天差地别。

《谥法》曰：刚德克就曰肃；执心决断曰肃；在国逢难曰愍；使民折伤曰愍；在国连忧曰愍；祸乱方作曰愍。

“肃”显然是个美谥，而“愍”用在于谦身上，虽然不算恶谥，但与“肃”相比，意义相差太远。

从无谥到有谥，从平谥到美谥，于谦身后的待遇一波三折，然而历史终究还是给了他应有的地位。

洪武三十一年（1398年），浙江杭州府钱塘县太平里一户姓于的人家，一个男孩呱呱坠地，家人给他起名为谦，谦谦君子的谦。

于谦家族从高祖起就出仕为官，自曾祖父于九思起，于家就在家中悬挂文天祥的画像，以这位南宋名臣为偶像。

出生在这样的人家，于谦从小就有不错的学习条件。受到家庭的影响，小小的于谦就对画像上的那个人印象深刻，虽然他还不太清楚文天祥到底做了些什么，但他知道，以这个人为偶像准没错。

等于谦读了一点书，明白了文天祥到底是个什么样的人后，他郑重其事把文天祥画像挂在自己书斋的座位旁边，从此再也没取下来。

教他读书的老师觉得这个小孩有点不简单，便问他为什么这么做，于谦正色回答："我以后要成为像他那样的人。"

能在小时候立下志向不难，难的是如何将它实现。

要成为文天祥，谈何容易？那不光需要才华与能力，还需要数十年如一日的初心和操守。于谦出生的时候，家人都不会料到，这个小婴儿日后的名声与成就将不逊于文天祥。

十二岁那年，于谦写下了一首诗：

千锤万凿出深山，烈火焚烧若等闲。
粉骨碎身浑不怕，要留清白在人间。

这首《石灰吟》，在三十多年后，成为他一生的注解。

永乐十九年（1421 年）二十三岁的于谦高中进士，这个成绩已远远超过了绝大多数同龄人。那一年，举世瞩目的北京紫禁城刚刚通过朱棣的验收，他就在崭新的奉天殿上经历了荣耀无比的传胪大典。永乐皇帝亲自公布名次，阁臣承接后，传于阶下，卫士们齐声传名高呼，声震九霄。

于谦的命运此时并没与这座宏伟的城市有多么紧密的联系，他在北京停留了没多久，就被任命为监察御史巡按地方。

当时于谦的顶头上司正是著名的右都御史顾佐，顾大人是个铁面无私的监察一把手，这样的上司对下属十分严格，刚上任他就罢免了手下数十名不称职的御史。

言官这个职位干的是得罪人的活儿，需要的是有信仰的人。

顾佐就是个有信仰的人，办公时为免受影响，他总是独自坐在一间狭小的办公室里，从不与官员们群坐，人送外号“顾独坐”。

在顾佐手下干活儿，御史们都战战兢兢，于谦却如鱼得水，因为他们本就是同路人。顾佐非常欣赏同样有信仰的于谦，把他当作接班人来培养。由于于谦具备良好的声音条件，他被顾佐推荐给即位不久的朱瞻基作报告，从此朱瞻基记住了这个讲话字正腔圆，“音吐鸿畅”的年轻御史。

宣德元年（1426年）亲征朱高煦那次行动，朱瞻基特意叫上了御史于谦。于谦果然不负所托，在阵前怒斥朱高煦，声音高到城楼上都能听清楚。史载于谦“正词崭崭，声色震厉”，朱高煦“伏地战栗，称万死”。

不知是不是声若洪钟起了作用，反正朱瞻基非常开心，他重赏于谦，并亲自写条子给吏部（乃手书谦名授吏部），破格提拔他成为佥都御史兼兵部右侍郎，巡抚山西、河南。

巡抚这个职位名气很大，总管行政、军事、司法，权力超越地方三司，是驻地实际上的掌权者。

朝廷的官职之前并不存在巡抚这个职务，这项制度的开端还是在宣德五年（1430年）这次朱瞻基的任命。这次朱瞻基总共派出六名巡抚，分往江西、浙江、湖广、河南、山西、北直隶和山东，于谦正是其中之一，他被派到了山西和河南。

朱瞻基设立巡抚的初衷，并不是要搞出个凌驾于地方三司之上的制度，于谦他们的主要任务是分赴各地，总督税粮，这仍旧是个监察性质的差使，奉命“往来巡抚，抚安一方”。但由于这项重要使命在执行中免不了遇到一系列问题，如有司欺瞒、豪强作弊、刁民抗命等，因而又得到了“便宜从事”的权力。

朱瞻基下诏：

> 兹命尔等巡抚郡县，务宣德意、抚民人，扶植良善。一切税粮，从尔设法区处，必使人不劳困、输不后期；卫所屯种，从尔比较，水田圩岸，亦从提督，使耕耘有时、水旱无患。应有便民之事，悉具奏闻。

直到这时，巡抚仍然是个临时性的差遣，巡抚们的品级也不高，它演化成永久性的实权机构还需假以时日。

宣德中期，边关已开始不怎么太平，于谦的辖区临近边防前线，为了平乱或打仗等工作，他有时需要参与军务。

于谦对瓦剌的威胁看得很真切，他很痛恨这帮三天两头来抢劫的蒙古人，称他们为“犬豖”（瓦剌穷胡真犬豖，敢向边疆挠赤子）。可碍于朱瞻基的政策限制，于谦只能作诗抒发自己的胸臆。工作之余，他成了一位出色的边塞诗人，写下的诗歌许多都有气吞万里、如火如荼的出征场面，如“健儿马上吹胡笳，旌旗五色如云霞。紫髯将军挂金印，意气平吞瓦剌家”等。

在山西、河南，于谦一干就是十九年，轻骑走遍辖区，考察民情，处理积案，博得了刚正清廉的名声，不管是地方藩王还是百姓，都对他钦佩有加。

然而这十九年里，于谦始终没得到升迁。幕僚看了很着急，说：“您每次进京述职，不用重金打通关节也就算了，好歹给京城的大人们带些地方上的土特产，哪怕是些绢帕、蘑菇、熏香也好。不然，您想一辈子任职在地方吗？”

于谦呵呵一笑，口占一首诗以作回答：“绢帕蘑菇及线香，本资民用反为殃。清风两袖朝天去，免得闾阎话短长！”

如今我们熟知的成语“两袖清风”即来源于此。于谦敢空手入京，是因为自己没有把柄被人抓，也没有往上升迁的渴求。如果在地方就能安抚人民，解救天下苍生，那又有何不可呢？

王振当权时，于谦不把王公公当回事的态度终于让自己陷入了一次危机。可是用编织出的罪名把于谦下狱后，面对汹涌的民意，王振也害怕了，不久于谦官复原职。

正统十三年（1448 年），在已升任兵部尚书的邝埜的一再举荐下，于谦才被召回京师，调任兵部左侍郎。当时于谦已五十一岁，照此发展下去，小心谨慎求个告老还乡，似乎也近在眼前。

谁知命运在于谦回京的第二年急剧转变，那个正直谨慎的邝埜与众多文武大臣一起殒命土木堡，于谦成了兵部尚书的唯一候选人。

此时的于谦不会知道，他的生命只剩下八年，而在这八年里，他的作为将光耀千古。

朝堂斗殴

孙太后一道命令解决了权力问题，朝堂并没有就此安静下来，大家心里都有笔账，如今是时候算一算了。

正统十四年（1449年）八月二十三日的第二次御前会议上，本该讨论如何应对也先的威胁，可从会议一开始，气氛就起了微妙的变化。

右都御史陈镒首先上奏："都是王振的错，不听劝谏，大军轻出，若不是他的怂恿，皇上怎么会以身犯险？""恳请殿下，诛杀王振党羽，以平民愤，以安人心！"

声讨的声音越来越响，群臣把皇帝被抓走的愤怒都宣泄到了王振头上，大家要求郕王一定要追究王振误国之责，将他的党羽绳之以法！

那么，王振去哪了？

在土木堡当日的乱军中，王振东躲西藏，一时躲过了蒙古兵的追杀。可他并没高兴太久，一把铁锤就落到了他的头上，把这颗权倾一时的脑袋捶了个稀巴烂。出手的不是蒙古人，而是明军的一个护卫将军樊忠。

樊忠在乱军中拼杀，奋力寻找着皇上，他没有找到朱祁镇，却瞥到了另一个熟悉的身影。那么多人在自己眼前死了，他怎么还活着？要不是这个死太监瞎指挥，二十多万大军怎会败得如此之惨？

人人都有资格活下来，唯独王振不能！

樊忠赶上前去，用手里的铁锤终结了这个一代权宦——"吾为天下诛此贼！"

樊忠之前毫不出名，他以这种方式在史书上留下了自己的一笔。做完这件大事，樊忠继续冲杀，最终倒在了蒙古兵的刀枪之下。

王振虽死，党羽还在，朱祁钰对这件事表现得并不热心。王振毕竟是哥哥朱祁镇的人，自己刚刚摄政就要大搞清算，万一将来哥哥回朝复位，这笔账怎么算？

思前想后，朱祁钰决定做个冷处理，他喝令百官暂且退下，此事还需从长计议。

大臣们对这种和稀泥的决定并不买账，从长计议，计议到什么时候？眼下时局危如累卵，若不诛王振党羽，何以安抚人心，他们挟私报复起来，又如何应对接下来的情况？

谕令已传了好几遍，大臣们没有一个人肯动，只是死死盯着上面的朱祁钰，大有今天殿下不同意，我们就不走的架势。

朱祁钰摄政不过才几天，哪见过这种阵势，他脸色发白，不停地擦汗，眼睛望向旁边的太监金英。金英也被吓傻了，不知道怎么跟这群眼睛红通通的大臣说明才好。

就在局面还不明朗的时候，一个不识相的家伙打破了这种僵局。

锦衣卫指挥使马顺，王振的干儿子兼死党之一，当听到群臣要求清算王振党羽时他瑟瑟发抖，躲在了人群的后面。现在一看朱祁钰下令再议，马顺又来了精神，他拿出平时一贯的威风，厉声呵斥诸大臣。

马顺素来靠着王振的旗号作威作福，翰林侍讲刘球就是被他杀害后肢解以恐吓群臣的，得罪王振的驸马都尉石碌也曾受到他的严刑拷打。这些旧恨，大家可都还记着，只是碍于王振有朱祁镇撑腰，只能对马顺干瞪眼。

马顺不说话还好，一说话反而提醒了大家，王振死党，这里现成的不就有一个嘛！皇上被抓了，可恨的大太监王振死了，你马顺还敢跳出来和以前一样耍威风，是不是嫌活得太长了？

马顺成功地把火引到了自己身上，他竟浑然不觉。大臣们的眼睛恨恨地盯住了马顺，好像要喷出火来，只要有一颗火星，马顺就会被点燃。

这颗火星叫作王竑，时任户科给事中。作为一个言官，王竑是个行事豪迈的人，从来都是敢说敢做。他再也压抑不住胸中的怒火，率先冲上去一把揪住马顺的头发："你们这帮奸党，论罪当诛，现在还胆敢这样？"

王竑一边骂，手里也不闲着，拳头、巴掌雨点般地招呼过去。刚才还威风凛凛的马顺怎么也没想到，这帮平时满口仁义道德的文官还有这么凶狠的一面，他一下被打蒙了，不住地哀号求饶。

事情发展到这里，已经成了一起严重的朝堂斗殴。但如果只是这样，马顺这个锦衣卫指挥使还不会以后来那么极端的方式被载入史册。

王竑接下来的举动，让局面彻底走向失控。他觉得拳脚已不足以惩罚马顺，手边又没有称手的兵器，情急之下，他干脆使出了人类最原始的武器，用牙齿咬住了马顺的脸。

王竑的举动吓呆了其他大臣，他们停顿了一会儿才反应过来，那还等什么，如果让马顺活着回去，天知道他们会怎么报复。

新仇旧恨一起涌上心头，众人拥上去你一拳我一脚，彻底陷入了疯狂。马顺很快倒在地上，只有出气没有了进气。

马顺开创了大明王朝官员前无古人的一种死法：被同僚们当殿打死。这个死法同样后无来者，他以这种极不光彩的方式延续了锦衣卫指挥使最终不得好死的传统。

打死马顺并不算完，这群平素文质彬彬的文官已经杀红了眼，礼节之类已被抛到九霄云外，他们直指御座上的朱祁钰，要他交出王振的余党。

要在平时，这是大不敬之罪，朱祁钰大可以招呼锦衣卫抓人，把这帮目无尊长的人都投入"诏狱"。可是现在，掌管"诏狱"的锦衣卫头目都已尸横就地，几个侍卫谁也不敢出声，唯恐成为下一个目标。朱祁钰亲眼看着这群平时满口君臣礼仪的大臣疯狂起来，那是连什么也不顾了，不管是少壮派还是颤颤巍巍的老臣，大都卷入了这场血腥的斗殴。他只觉得心跳加速，口干舌燥，唯恐说错一句话，再把火引到自己的身上，于是想赶紧逃离。

太监金英大着胆子问："你们还想要什么？"王竑回答："宦官毛贵、王长随也是王振的党羽，请依法治罪。"

朱祁钰早已呆若木鸡，金英立即命令，去后宫把毛贵、王长随找来。

这两个宦官并不清楚朝堂上发生了什么事，当他们踏进大殿后，金英也没有跟他们解释，因为根本就来不及解释。毛贵、王长随就像两只羊被投入了狼群，瞬间就被汹涌的人群淹没，在拳脚下丢了性命。

趁着这个机会，朱祁钰开始反应过来。已经有三个人在自己面前当场被文官群殴打死，难保暴怒的大臣不冲向自己，他恐怕群臣意气用事对自己不利，起身就想躲入内廷。

这是个很严重的问题，大家固然逞了一时之快，可也大失上下礼仪。王振还有很多党羽，他们为求自保不进谗言是不可能的，如果朱祁钰顺利逃走，免不了事后要追究责任。到那时，大臣们都脱不了干系。

血溅朝堂实在是耸人听闻，处死一批为首的大臣是完全可行的。

在一片混乱中，没几个人注意到朱祁钰的小动作，幸好还有一双眼睛紧紧地观察着朱祁钰的动向。还是于谦，他保持着清醒，并没有参与到斗殴中。眼看朱祁钰就要开溜，于谦意识到了危险。

在国家面临外患的情况下，再来一场内忧，后果不堪设想。事情已经发生，让朱祁钰当场就表态定性，才能让大家转危为安。

可是由于斗殴人群纷纷拥上前去，于谦此时被挤到了后排，他努力分开前面密密麻麻的人群，奋力地挤到郕王面前，拉住了他的手臂："殿下，马顺等人论罪当死，打死他们的人应该不予追究（顺等罪当死，勿论）。"

于谦洪亮的声音惊醒了群臣，大家这才明白过来，眼睛齐刷刷地望向郕王。朱祁钰知道，如果不给这些人一个说法，事情就不算完，于是他同意了于谦的意见。这等于赦免了众人打死马顺的罪名，群臣这才停下来。而这时，于谦的袍袖都已在拉扯中全部裂开，可想而知场面之混乱。为安抚众人，朱祁钰又下令将王振的侄子王山绑至刑场，凌迟处死。

至此，这场明朝二百七十六年历史中最为严重的一次朝堂斗殴才落下帷幕。

事后，四朝老臣、百官之首吏部尚书王直对于谦感激万分，他自叹道："国家正需要你这样的人才啊，今天这种情况，就算有一百个王直，也无能为力啊。"

咬完打完，事情还没结束。国不可一日无君，大臣们提出，皇上成了也先的俘虏，这事实在太尴尬。万一也先带着皇上来到城下叫门，我们是开还是不开？不行，这样太被动了，为今之计，只有尽快让郕王正式即位，才能让朱祁镇对也先失去利用价值。

深宫中的孙太后也面临着一个痛苦的选择，答应大臣吧，她费尽心机抢来的待遇谁来保证？不答应大臣吧，人家讲得在理，眼前的形势已容不得半点迟疑。

思来想去，孙太后想到了一个办法，她提出先立朱祁镇之子、两岁的朱见深为皇太子，然后同意立朱祁钰为帝。

孙太后的想法很简单，朱见深是孙子，日后他即位，自己的地位就有了保障。朱祁钰只能自己过把皇帝瘾，大位最后还是要交出来。

孙太后觉得这样很公平，可她完全不了解帝位的吸引力到底有多大。这个政治交换，后来让很多人付出了生命的代价。

回到当时，朱祁钰没有实力也没有理由拒绝这个要求。正统十四年（1449 年）八月二十日，朱见深被立为太子。正统十四年（1449 年）九月初六，朱祁钰即位为帝，以明年为景泰元年，遥尊明英宗朱祁镇为太上皇。同时朝廷严令边关守将，不得接受瓦剌以太上皇为要挟，骗开城门与骗取赎金的欺诈行为。

朱祁钰即位，瓦剌的筹码就失去了作用，也先终于凶相毕露，集结大军杀奔京师而来。

于谦的应对

自永乐皇帝朱棣迁都以来，北京还没有遭受过如此严重的战争威胁，正所谓“天子守国门，君王死社稷”，这句话到了经受考验的时刻。在徐珵等人吵吵嚷嚷的迁都主张终于被否定后，舞台都留给了于谦。

朱祁钰专门下令，授予于谦“提督各营军马”的重任，命在京的各营将领皆接受其节制，将士凡有违抗军令者，于谦有先斩后奏之权。

于谦一步登天，拥有了天下兵马大元帅的权力，除了朱祁钰的欣赏和他个人的优异表现，这也是由明朝的军制决定的。

前面提到的五军都督府已经没啥实权了，洪武一朝开始，这个曾经的最高统军机构的权力就被不断限制和分割，到永乐时期，职权已完全转移到了兵部（至永乐而尽归之兵部，所谓五都督者，不过守空名与虚数而已）。

正统年间，军队出征时，文官提督军务已成定制，固定的搭配是兵部官员总督军务，太监监军，武官为总兵官。这样三者的关系是以文臣制约武官，以内官制约外官。另外，内臣、外臣又形成相互制约。比如出征麓川，就由兵部尚书王骥总督军务，太监王贵监军，定西侯蒋贵挂平蛮将军印充任总兵官。

说到正统年间最著名的带兵文官，其实不是于谦，而是王骥。王骥是老资格的兵部主官，宣德年间就出任兵部尚书。从正统六年（1441 年）起，他统军转战万里，三次平定麓川叛乱，以这份卓越的军功，他晋封靖远伯。

这是个了不起的成就，明朝文官封爵的条件极其苛刻，如果有人贸然奏请，按照《大明律》的规定，至少有两个人会为此掉脑袋——“所司朦胧奏请辄封公侯爵者，当该官吏及受封之人皆斩”。不过也有例外：生前出将入相，能去大患，尽忠报国者，同开国功勋一体，封侯谥公，不拘此例。

洪武时期之后，封爵的文官总共只有三个人，巧的是，他们都姓王，王骥是第一位——“文臣有武功而封爵邑者，始一人焉，靖远伯王公是已”，另两位是威宁伯王越、新建伯王守仁。

这时王骥另有重任，贵州、湖广到处烽烟，他正佩着平蛮将军印镇压苗人起义。从土木堡到京师，这位经验丰富的大帅分身乏术，而且他与王振有点不清不楚的关系，也不能受到信任。

邝埜已殁，王骥缺席，那就只能是于谦了。

于谦的对手也先凶狠狡诈，军事经验丰富，是个天才的指挥官。于谦不像王骥有丰富的战场经验，现在要扛起抵抗大旗，加上两边实力的对比，实在让人手里捏了把汗。

于谦是否够格呢？

能升到兵部侍郎，于谦自然是有能力的。

观察王骥、邝埜、于谦几个人的升迁经历，能发现不少重合的轨迹。

王骥，永乐四年（1406 年）中进士，授兵科给事中，不久出使山西，后出任山西按察司副使。

邝埜，永乐九年（1411 年）进士，试政都察院；永乐十一年（1413 年）授监察御史；永乐十六年（1418 年）出任陕西按察副使。

于谦，永乐十九年（1421 年）进士，以监察御史身份巡按江西，巡抚河南、山西十九年。

共同点：他们都曾长期担任监察官员。

除兵部外，文职军事领导系统中还有两个重要的组成部分：监察官员和宦官。其中，监察御史和各省提刑按察司是掌管地方军事力量的主要权力机关。

文官似乎应专主文事，征伐之事是武将的责任，这是片面的理解。

八股文是在明朝成化末年才成为严格的科举程式，读书人要学习的还有六艺，包括礼、乐、射、御、书、数等。

以文官主兵，并不是说所有文官都可以主兵，明朝对培养主兵文官的体系比较健全，通常要经过系统培养，逐步过渡，才给以指挥权。没上过战场，没亲手杀过人，不了解战争的真相，说明个人的资历还不够，还得继续锻练。比如另一位因军功封爵的文官：威宁伯王越。他经历了陕西御史督查军务和随军出征“襄赞军务”的锻炼，才逐渐能够独当一面，出任“三边总制”。又如，明末著名的袁崇焕自小喜欢谈论兵法，被破格提拔也只是担任兵备佥事，在辽东锻炼了三年后才升为按察使。

这些实战经验，在书本上都是学不到的。

文官弱不禁风，手无缚鸡之力，更是一种错觉，主兵的文官通常都是文武双全的。

王骥身高体壮，精于骑射；“心学”宗师王阳明喜好习武，箭术惊人；嘉靖年间的名臣谭纶喜欢上战场手刃敌人；更别说被称为“卢阎王”的卢象升了。

于谦年少时候就喜读兵书，偶像是著名的带兵文官文天祥。进士登科后，以御史职随明宣宗平定汉王朱高煦之乱，之后多年巡按江西，巡抚河南、山西等地，免不了要督查军务。出任兵部侍郎时，他的军事经验已经相当丰富。

即便如此，京师这个烂摊子还是非常棘手，兵力、军械、粮草、城防，哪哪都是问题，要想对抗不可一世的也先，于谦肩上的担子无比重大。

于谦上任的三把火，迅速让人见识到了他的本事。

第一道命令，调兵。

于谦下令：急调两京、河南的备操军，沿海的备倭军，江北及北京诸府运粮的官军，以及宁阳侯陈懋所部浙军，立即赶赴京师。其中除了南京江防部队和浙军较有战斗力，其余的主要是二线部队。不是因为这些军队最强，而是他们距离最近，能迅速赶到京师。

这些部队共计十余万人，加上京师的兵力，明军的人数超过了二十万。

第一道命令中规中矩，第二道命令就有点出彩了。

出征的大军带走了京师大部分兵力和武器，如今于谦是什么都缺，尤其缺兵械。京城剩下的十来万残兵，只有十分之一的士兵有盔甲，兵器也严重不足，二线部队的装备本来就不充裕，赶制又来不及。

于谦想了两个办法，一是把南京库存的兵器共一百二十六万件调入北京，补充守城部队。

第二个办法更加实用，当初郭登回报，土木堡战场到处都是蒙古人来不及带走的兵器。于谦派出人员到战场打扫，果然大有收获，共计收集明军溃败时丢弃的头盔九千余顶、甲五千余件；神枪一万一千余杆、神铳两万多只，神箭四十四万枚、火炮八百余门。

第三道命令，是解决粮食问题，这也是重中之重。

这个问题有点麻烦，京城是有储备粮的，可它们储存在通州。当时的北京和今天的北京是两个概念，明代京城包括宫城、皇城、内城和外城在内，面积也不过六十多平方公里，到通州还有五六十里地。

通州存着很多粮食，多到足够京城的人吃一整年，但要抢运通州的粮食进京，需要组织大量的民工，还要派军队保护，没个十天半个月运不进来。谁也不能保证也先不会在运粮时杀到，这种劫掠是瓦剌骑兵最喜欢的，到那时不光粮食运不进来，运粮队也会惨遭杀戮。

运粮很困难，有大臣甚至建议把通州粮仓一把火烧掉，省得便宜了瓦剌人。可是于谦拒绝了，他用一道天才的命令解决了这个难题：各地军队由通州进入北京，每个士兵都从通州粮仓携粮入京。

这就是水平，于谦的能力，高出了那些主张放火烧粮的书呆子一大截。原来需要几十万民夫，再加若干军队保护的一项艰巨任务，就这么简单地解决了。

新官上任三把火已经很猛了，于谦还烧了第四把火：派出京城的火器部队、骑兵部队镇守大同、宣府、居庸关、紫荆关等重要关口。

有人表示异议，京师兵力紧张，再把人撒出去，不如集中力量就近防御。于谦坚持己见。

做完这些，于谦甚至还有时间改革了军制。传统的“三大营”已经残破，无法适应作战需要，为了方便指挥，于谦把“三大营”改为十个团营，使其更加适应防御作战。

于谦决定在哪里打，谁来打，打到什么程度，具体怎么打，还要看前线将领们的表现。

将领在哪里呢?

在监狱里。

于谦下令，起用由于土木堡之败而被下狱的杨洪和石亨。

杨洪、石亨犯了点错误，不等于他们没有能力，是不该一棍子打死，能不能戴罪立功，就看他们自己的了。

在北京城下，这一老一新两代名将，将用实际行动报答于谦的信任。

也先的失误

从俘获朱祁镇算起，已经五十多天过去了，明朝在争分夺秒地与时间赛跑。于谦知道，准备多一天，胜算就多一分。

他们的对手，也先现在在干吗呢？

朱祁镇在亲征过程中的指挥一无是处，不过在无意中，他还是给大明社稷留下了两个后手。

第一个就是没有带上于谦，这个三品兵部侍郎还不够资格随军出征，这是大明的幸运，却是也先的不幸。于谦终将证明，他的主张都是正确的。

第二个是朱祁镇本人没有丧生而是被俘虏，这桩耻辱在某种程度上反而救了大明。也先以为朱祁镇是个宝贝，哪知他没几天就变成太上皇了。等到碰得满头是包，他才醒悟过来，但时间已过去太久，这给了明朝相对充足的备战时间。

从对时机的把握来看，可以看出也先终究相差乃祖太多。正统十四年（1449 年）八月十五日在土木堡围歼明军后，如果他能做到兵贵神速，短暂休整后就立即进军紫荆关，便可威胁京师。按照瓦剌的进军速度，大致在九月初兵锋就能直抵北京城下，至少能提前三十多天。

正统十四年（1449 年）八月二十九日，百官才刚拥立朱祁钰为帝，明军的人员、军器、粮草、城防等还远远未完成战争准备状态。倘若这时蒙古来袭，结果就真的不好说了。

千等万等，也先还是来了，他走的是先前朱祁镇否定的蔚州—紫荆关路线，蒙古主力于十月初四到达紫荆关下。守城的是于谦调来的右副都御史孙祥和山东都指挥同知韩青，他们麾下有一万多士兵，在这里瓦剌同守军相持了四天，始终无法正面突破明军的防线。

这便是于谦派人加强紫荆关防守的原因，照此下去，守军还能坚持更长的时间。

在这种时候，也先要想迅速破关，就要指望另一种人的帮助，这种人叫叛徒。也先手下正好有这样一个叛徒：太监喜宁。

在土木堡那场惨剧里，像樊忠和三百锦衣卫这样抵抗到最后的人属于少数，大多数人四散逃命，也有一些投降的人，其中最出名的就是这个喜宁。

喜宁之前只是个名不见经传的太监，他投降后的种种表现让他成了历史上留下名字的一个小人物，但是是以一种耻辱的方式被记录下来。

喜宁，女真人，通晓蒙古语。投降后，喜宁就死心塌地为也先效劳。凭着自己的语言优势和对朝廷的了解，他立马成了也先的红人。喜宁作为瓦剌的全权代表，一趟趟地往来于京师带话，还给也先出主意怎么进行敲诈。明朝人都恨他入骨，整天想着怎么除掉他。

喜宁曾几次出使北方，对边关防务有一定的了解，他知道紫荆关周围有几条不为人知的小道，那里不会有重兵防守。他自告奋勇地引导蒙古人抄小道潜入，瓦剌兵终于攻上了城头。

紫荆关主关守将韩青是条硬汉，在守军已经开始溃散之时，硬生生地率领百余骑兵驰骋冲突，又坚持了两个时辰之久。最后在蒙古兵数重包围之下，韩青拒绝投降，引刀自刎，壮烈殉国。

韩青死后，右副都御史孙祥接过了指挥权。孙祥虽是文官，却一点不输武将，率领残兵且战且退，又坚守了四日之久，最后在巷战中力战身亡。

于谦算到了紫荆关易守难攻，所以他派出了正确的人选韩青和孙祥，可惜他算不到叛徒喜宁，否则也先还不知要被阻挡多久。

大好局面被叛徒喜宁打破了，紫荆关被突破后，蒙古军一路再无阻碍。蒙古骑兵得以纵马狂奔，两天时间就行军两百多公里，于十月十一日到达卢沟桥。这个后来被大众熟知的名字，在正统十四年（1449 年）的时候，成为蒙古进攻京师的通道。

第三十一章 京师保卫战

这个险必须冒

于谦站在西直门城头，望着北京城下黑压压列阵的蒙古大军，这一刻，他不会知道自己身后的历史会如何写就。他也不会想到，在山西时写成的那么多边塞诗，会以这种方式变为现实。

此时的时间是正统十四年（1449 年）十月十一日，距离大明京师保卫战还有两天。

北京城高防坚，城内有粮有兵，对手也先是野战高手，却不擅长攻打坚城。这种情况下，较为稳妥的做法是坚守城池以待援军，到时里应外合，不愁敌军不破。

石亨也是如此建议，他进言收兵固守，使敌兵劳累衰竭后，再择机出击。

北京城在“靖难之役”时已遭受过严峻考验，朱棣迁都后又进行了加固。正统元年（1436 年），朝廷再次下诏修建北京九门城楼、瓮城、角楼。北京城墙基宽达二十四米，墙高十四米左右，作为京师，北京城的防御无疑是顶级的，也先面对的是一座全副武装的宏伟城池。

也先最好的时机已经错过了，现在他攻城的胜率几乎为零，原因有四：

一、也先给了于谦长达五十多天的准备时间，从“土木堡之变”后的不到十万老弱残兵，到瓦剌兵临城下时，城内已集结了二十二万军队。且刃甲齐全、粮草充足，朝廷连军饷皆已预支半年，使得军心大振，明军以逸待劳、士气高涨。

二、蒙古兵长于野战，攻城虽然并非不会，但非其强项。一个仅有万余士兵把守，有多条不设防小道的紫荆关，也先都花了四天才打下。而北京城和紫荆关不是一个量级的防御，面对河宽城坚的北京，也先基本没什么好办法。

三、实力的此消彼长。蒙古攻下紫荆关后，经过两天急行军两百多公里赶到北京城下，已是人马疲乏，加上前面劫掠所得甚多，军队的战意已明显下降。

四、更可怕的是，大明各地的勤王军队还在源源不断地开来，到那时，别说攻破北京，也先就算想全身而退都难。

在这种情况下，北京显然是攻不破的。

石亨的建议很专业，然而被于谦一口拒绝了，他下令背城列阵，以攻为守，并且关闭城门，以示死战的决心。

这个选择是否正确呢？参照“靖难之役”时骑兵为主的北军的胜利，和也先在土木堡表现出的狠辣，从战术上讲有点冒险。万一明军在城下被蒙古击败乃至崩溃，后果将是灾难性的。

石亨是将领，军事上他的建议没错，于谦是主帅，他要考虑的不只是军事。

以今天的标准看，正统年间的北京只是个六十多平方公里的大县城，容纳不了多少人，散布在京师附近的还有数十个卫所和百万计的百姓。这些卫所的士兵大部分被调进京师了，遭到蒙古围攻的话，很难守得住。

如果于谦不出击吸引蒙古主力兵团，城外就成了不设防区域，也先可以不攻城而专注于劫掠。广大京畿地区的百姓将遭遇一场浩劫，财产将被洗劫，男女将沦为奴隶，更多的老幼会死于刀箭之下。

远道而来的蒙古兵，不捞到盆满钵满是不会收手的。

于谦的偶像除了文天祥，还有岳飞。朝堂上的喧嚣落定后，于谦曾写下一首《岳忠武王祠》以抒胸臆：

> 匹马南来渡浙河，汴城宫阙远嵯峨。中兴诸将谁降敌，负国奸臣主议和。
>
> 黄叶古祠寒雨积，清山荒冢白云多。如何一别朱仙镇，不见将军奏凯歌？

——于谦发誓，要做一个像岳飞、文天祥那样，以天下为己任的人。他的心愿不光是保全朝廷，更是拯救天下苍生。

这个险，必须冒。

于谦以明军最高统帅的身份亲自披甲阅兵，对众将士进行了深刻的战前动员，并且开出了高额赏格，以激励将士死战。同时，他颁布了一条著名的军令："凡守城将士，必英勇杀敌，战端一开，即为死战之时！临阵将不顾军先退者，立斩。临阵，军不顾将先退者，后队斩前队。"

于谦绝非莽夫，他敢于冒险的同时还留有后手，距北京最近的宣府总兵杨洪率两万精兵，辽东副总兵焦礼、施聚率三万人马已在日夜兼程赶路中，他们很快就将抵达北京，对也先进行前后夹击。

京师保卫战

于谦早就看穿了也先，这个人虽然会打仗，但政治格局终究有限，他没有恢复故元统治的实力和决心，满脑子想的还是抢劫而已。

对这样的人害怕是没用的，那只会助长他的气焰。别看他杀气腾腾，只要给他两次失败，他就会知道自己到底姓什么。

事情确如于谦所料，也先兵临北京城下后，想的不是与明军决战，居然还是想利用朱祁镇进行敲诈。他派人传话，只要明朝给他的军队赏赐金银布匹，他就立马放回朱祁镇，收兵撤退。

也先的胃口倒也不是太大，要求的数目只是“数以万万计”。

于谦的回答是，“妄想”。

一计不成，也先又生一计，他挟持着朱祁镇来到德胜门外的土城，让朱祁镇亲自叫门，要求朝廷派于谦、石亨等高级将领出迎。

这种把戏怎能骗得了于谦，为了照顾朱祁镇的面子，于谦还是派了两个低级官员出城朝见，并带去了一些慰问品。看着朱祁镇有些尴尬的面孔，使者转头告诉也先，太上皇的要求我们只能满足到这里，接下去该怎么办，你们看着办吧。

于谦的办法叫作“社稷为重，君为轻”，抵抗不是为了朱祁镇，也不是为了朱祁钰，而是为了江山社稷，天下苍生。如果是为了这个崇高的目标，谁都是可以牺牲的，包括他自己。

也先现在是骑虎难下，本来他对攻下北京就没多少信心，他的计划是吓到明军龟缩不出，再通过谈判或抢劫的方式大捞一把。谁知碰到个刚硬的于谦，非但不肯和谈，还敢放弃城墙优势和自己野战！

事到如今，不打一仗，面子上是过不去了。

拖延了两天后，也先下令发动攻击。

正统十四年（1449 年）十月十三日，北京保卫战正式开始，也先不败的神话将在这里遭到终结。

也先首先派出千余精锐试探性地进攻德胜门，由他弟弟博罗茂洛海亲自带队，只要这队人进展顺利，后面跃跃欲试的大队人马就会一拥而上。

德胜门是明军防守的重点，这个门外有大量的空房，不利于骑兵来往冲突，却非常有利于一支特殊的部队埋伏：神机营。

神机营，这支拥有光荣传统的大明精锐火器部队，在土木堡遭受了耻辱性的失败，在朱祁镇和王振的瞎指挥下，火器的威力丝毫没有得到发挥。于谦上任后，召集逃回的神机营士卒，补满了装备和兵力，以老带新苦练一个多月后，一支新的神机营又出现了。

于谦早已提前让神机营进入阵地，依托城门外的空房子为掩体，复仇的枪口对准了呼啸而来的蒙古骑兵。

博罗茂洛海带着部下越冲越近，德胜门的城门已依稀可见，他非常兴奋，没有留意到自己的骑兵已进入了一片民房之中。远处出现了一些障碍，好像是明军布下的战车和拒马。博罗茂洛海嘴角微微上扬，这点东西就想挡住我们的勇士？当他放慢速度，正想招呼后面的步兵上前时，“咚”，一声复仇的枪响撕破了寂静。

转瞬间，民房中四处出现了手持火枪的明军士兵，一道道火光喷出，不断有瓦剌骑兵倒撞下马，枪炮声夹杂着人喊马嘶，射击后冒出的大量烟雾又遮蔽了视线，蒙古兵顿时陷入一片混乱。

神机营的走位非常灵活，一枪打完立即消失，很快又在另一处地方露头再次射击，绝不给敌人冲上来攻击的机会。

这种战术现在叫城市巷战，是入侵者最头疼的打法，骑兵人高马大，在民房中掉个头都困难，却是神机营最显眼的目标。

当博罗茂洛海意识到不妙时已经来不及了，在四面八方的火力输出下，这个瓦剌高级将领被当场击毙，他的部下也被全歼。

也先傻了，弟弟的死让他无比痛心，他又不敢随便冲进去为弟弟报仇，那片地形实在太险恶了，到死都不知道子弹是从哪里飞过来的。

于谦，收起你那些枪炮，让我们真刀真枪地干一场吧！也先下令集结主力，全力进攻西直门，那里地形开阔，非常适合骑兵的发挥。

守卫西直门的将领是孙镗，这是个有传奇经历的将领，不过那是以后。在这年十月，孙镗刚刚办了件不太光彩的事，他通过贿赂太监金英，得以晋升为右都督，充任总兵官一职。

说来巧合，如果不是喜宁，孙镗可能已经死了。于谦原来的安排，是让孙镗带一万京军增援紫荆关。将要出发之际传来消息，紫荆关已被攻破，孙镗算是躲过一劫。

现在，孙镗的新任务是守卫西直门。

孙镗时年五十一岁，已到了知天命之年。面对来势汹汹的蒙古军团，孙镗毫无惧色，他一马当先地直冲敌阵，转眼间便手刃瓦剌前锋数人。

眼见硬拼不敌，蒙古军佯装退却，不知不觉间，立功心切的孙镗离城门越来越远。眼见孙镗入彀，蒙古军中旗帜招展，调来大批部队包围了孙镗，想要将他和部下歼灭。

要说孙镗确实是员猛将，在如此极端不利的情况下，硬是稳住阵脚没有崩溃，而是且战且退，一路退回了西直门下。

这时孙镗已是强弩之末，他朝城头大声呼喊，想要进城喘口气。但守城官给事中程信已得到于谦严令，坚决不开城门，只是在城上射箭、发炮给孙镗以协助。

到此地步，孙镗只得抱着必死之决心继续战斗，好在他的运气不错，终于撑到了毛福寿和高礼率兵前来救援。蒙古兵见久攻不克，明军援兵已到，只得退兵，也先的第一次大规模进攻没有获得成功。

这次进攻打得险象环生，但上天不会让孙镗这么早阵亡，十五年后，大明还有更重要的任务由他完成。

十月十四日，也先改变了进攻方向，变为从彰义门进攻，王敬、武兴率军在门前列阵迎战。明军的阵列是以神铳列于第一排，后排放置弓箭手与近战步兵，最后一排是以“报效内官”为主的数百骑兵。

“报效内官”不是军人，而是精选出来的一批武装宦官。他们不像王振那样沽名钓誉，国家危难之时，用人捉襟见肘，这些宦官不愿在深宫观战，他们也有一颗杀敌之心。从主动报名参军的宦官里，于谦经过选拔组成了一支骑兵队伍，号为“报效内官”。

明军的阵列还是比较讲究的，神铳第一轮齐射后，弓箭手射出第二轮箭雨，蒙古骑兵在经受两轮打击后，阵形已经散乱。同时，蒙古士兵还要在冲击过程中始终承受城墙上弓箭与火炮的打击，更是战意大减。

明军的战术奏效，蒙古军受到不停轰击后，开始后退。但这时出现了意想不到的情况，后排的“报效内官”在没有听到号令的情况下就跃马而出，直冲敌军而去。

这正中蒙古兵下怀，他们乘势杀回，与明军厮杀在一起。两军短兵相接时，远程武器没了用武之地。在敌人骑兵的冲击下，明军阵形大乱，被一路杀回门口的土城之下，连都督武兴也中箭而死。

这证明了在战场上，只有一腔热血是没有用的，没有经受过正规训练，再勇猛的人也只是一盘散沙。

这时城墙上的弓箭、大炮已成摆设，若是蒙古军乘势攻破城门，后果将不堪设想。在此紧要关头，一支明军援兵及时抵达了彰义门，为首的正是不久前在大殿上手撕马顺的户科给事中王竑。

经过那次血腥的斗殴，王竑现已名震天下，他被火线提拔为佥都御史，于谦让他督率毛福寿、高礼的部队作为一支机动力量。

王竑带着毛福寿率军来援，挡住了蒙古军的攻势。其余明军也纷纷向彰义门集结，死战之下，这才终于击退了蒙古军。

挡住了也先的两次猛攻，战局向着越来越有利明朝的方向发展。到了十月十五日，蒙古军已在城下与明军相持近五天，却未取得实质性进展，军心开始沮丧。眼见勤王军将至，再待下去，只怕城打不下来，自己都要死在城下，也先终于决定退军。

北京保卫战，也先的进攻雷声大雨点小，真正大规模的攻击只有两次，然后就草草收兵。也先退兵的原因是多方面的，既有明军战斗力超出想象，又有担心后路被切断，乃至还有怕损失太大，回去后无力维持对蒙古高原的统治，等等。

事实上在北京城下，战死的蒙古军人数并没有太多，根据捉到的俘虏供称，在万人左右，更多的蒙古兵则是死于明军的追击。

其实上面一直没有提到的，还有一个在北京保卫战中相当重要的人物，就是前面兵败被下狱，后又被于谦保举重新起用的石亨。

北京城下的战斗结束了，整个北京保卫战还远远没有结束，与城下的厮杀相比，更为激动人心的是明军对蒙古军的追击。

到这里，我们必须得讲讲石亨了，之前没怎么提到他，是因为他的戏份实在太重。除了军队统帅于谦，北京保卫战就是石亨表演的舞台。

石亨一战成名

石亨，渭南人，正统初年就已崭露锋芒。正统三年（1438 年），他升任左参将，与武进伯朱冕同守大同。记载中，石亨长髯至膝，善使大刀，每战奋勇当先，活脱脱一个美髯公的形象。

到了正统十四年（1449 年），石亨之名声已仅次于边关宿将、宣府总兵官杨洪，更被朝廷上下普遍视为未来边关大帅的人选。

然而失败来得很突然，也先大举进攻时，石亨与西宁侯宋瑛、武进伯朱冕一起率兵出击，与瓦剌大战于阳和，不幸兵败。宋瑛、朱冕皆亡于阵中，石亨单骑逃回，以失职之罪被押到京师下狱。

到了北京保卫战前夕，于谦向朱祁钰保举石亨，他得以戴罪立功，并被委任为京师总兵官的职务。

于谦的眼光是独到的，石亨果然在随后的战斗中大放异彩，彻底抹去了阳和兵败的耻辱。但于谦没有料到的是，这个石亨后来竟然恩将仇报，成为陷害他的人之一，此为后话。

回到北京保卫战，于谦的兵力分配是这样的：

总兵官石亨陈于德胜门，都督陶瑾陈于安定门，广宁伯刘安陈于东直门，武进伯朱瑛陈于朝阳门，都督刘聚陈于西直门，镇远侯顾兴祖陈于阜成门，都指挥李瑞陈于正阳门，都督刘得新陈于崇文门，都指挥汤节陈于宣武门。

以上诸将，皆受石亨节制，可见石亨之受倚重。

战场才是将星升起的舞台，在北京保卫战这个舞台上，石亨成了最耀眼的将星。

德胜门是明军主力聚集的地方，也是也先初次进攻的目标。在这里，石亨打了一次伏击获得胜利，直接使得敌人的主力转移了进攻目标。孙镗在西直门即将失败时，也是石亨分兵前去救援。在防御阶段，石亨的表现是合格的。

到了蒙古退兵时，石亨爆发了。他统兵冲出安定门追击，迎面正好遭遇瓦剌骑兵。石亨单骑直入，“独杀十数人”，其侄石彪带着亲兵紧随其后带头冲锋，蒙古军士气已泄，无法抵挡。

石亨如同撵兔子一般，将退却的蒙古军从城北一直撵到城南。

蒙古人此刻已无心再战，一路向南撤退，他们的撤退并非排成整齐队列的乖乖撤退，而是分成多路各自撤退，并且有不少游骑脱离大部队，自行劫掠。草原民族的习性决定了他们在撤退途中继续烧杀抢掠，能抢一点是一点，拿不走的就烧掉。

明军则整理部队，分路追击，石亨沿着也先主力撤退的路线追击不止。直到三日后，也先退到紫荆关下，眼见实在无法甩掉石亨，于是重整队形，转身迎战。

这正是石亨想要的面对面的决战机会，他纵马持斧带着石彪等人直冲敌阵，刀斧并举，迅斩敌军数百人。

也先本想击溃石亨，甩掉身后这颗钉子，没想到在紫荆关下遭遇了一次更惨痛的失败。要知道，这可是也先亲自统率的瓦剌主力。

此战石亨缴回之前被瓦剌人劫掠的大量人口、羊马、财物。忍痛甩掉这些包袱，也先逃跑的步伐顿时变得轻快许多，很快窜出紫荆关，逃回了塞外。

石亨一战成名，威名远播蒙古诸部，从此他在各部中多了个绰号“石亨爷爷”。杨洪成名已久，蒙古人也没叫他爷爷，石亨的名声已超越宿将杨洪，成为军界新星。

描述得再多，也不如杀敌数字来得实际，看一下石亨的战功有多大。《明实录》中有记载：以武清侯石亨缴功次。册内将当先一万九千八百八十人升一级，阵亡者三千一百一十八人升二级。

在中国古代历史上，秦朝和明朝都是以斩首数来作为衡量战功的硬指标。在北京保卫战期间，于谦也制定了严格的赏赐标准，具体是：敢勇当先，生获贼一名，或斩首一级，军民官总小旗甲军人升一级。也就是说，升一级的条件是杀死或生擒蒙古兵一名。对照这个标准，石亨所部杀伤和俘虏的瓦剌军人数在一万九千八百八十人以上。

草原民族上历来有个传统，在战场上要尽力救助受伤的同伴，如果谁能把伤员带回来，被救助者就要在回家之后，将自己牲畜的一半分给自己的恩人。

这是个很有人情味的传统，那么如果带回来的是个死人呢？答案有点离谱——“若蒙古人夺回战士的尸体，不仅能获得他们的牲畜，还能获得他们的妻妾”。此规定由成吉思汗在《大札撒》中以法律的形式予以确定，历来被执行得相当成功。

这就使得战友的尸体在其他蒙古人眼里意味着女人和财富。而若是在战场上救回来一个贵族或是抢回来一个贵族的尸体，那直接就是暴富，救助者可以在贵族的兵甲、装备、战马、钱财和牲畜中任意挑选。

正因如此，蒙古军历来重视同伴的尸首，不惜代价也要将尸首带回。一般蒙古骑兵作战时，每三个人为一个小组，其中一人使用一种名叫钩镰枪的武器，他的主要职责就是负责冲锋突刺以及勾走战死的同伴。

一旦战争中同伴落马，这个骑兵就会赶忙冲上去，用钩镰枪自带的小枝清场，不管是死是活，总之不能扔着不管。此外，蒙古人手中的套索也非常实用，能够将同伴从战场上拖走，让明军骑兵都追之不及，更别说那些步兵了。

因此，史书上明军每次作战所获的蒙古人首级数量都很少。经常出现成千上万人混战半天，明军斩获蒙古人首级是个位数的离奇数字。这不是记录错误，而是实在困难，所以说石亨的战绩远不止于此。

一战取得如此斩获，自洪武时代后就没人能做到，石亨之后也没有，这个纪录不只空前，也是绝后的。

除了石亨，另一员老将杨洪表现得也不错。

杨洪乃边关宿将，这员老将在“土木堡之变”中由于未及时通报军情而受到于谦等人弹劾，一度被下狱。但在用人之际，于谦并没有计较他之前的错误，杨洪被释放，继续统领军务。在北京保卫战中，杨洪知恩图报，他终于发挥出了自己第一良将的实力。

杨洪率部从宣府勤王而来，没赶上也先部的进攻，撤退时却被他抓了个正着。杨洪先是在北京城郊扫荡了未曾后撤及到处劫掠的蒙古军队残部，随后进军涿州，在霸州大破蒙古一部。然后继续追击，在固安又取得大胜，一路杀将过去，他不仅夺回了之前被掳走的大量人口和牛马，并且生擒瓦剌将领阿归。

与石亨一样，发挥正常的杨洪面对瓦剌难尝一败，明朝杨家将的名气更盛。

这两路兵马，加上据守居庸关的副都御使罗通所部，共同对蒙古军造成了极大的杀伤。

损失有多大呢？也先围攻北京时调动了几乎所有兵力，人数在十三万左右，最后落荒逃回草原的只有六万人左右，也就是损失了一半。

不过，也先方面承认的数字却有差距，他只承认自己损失了一万多人，其中包括他帐下干将平章卯那孩和弟弟博罗茂洛海。这种级别的将领战死，说明瓦剌的损失确实很重。双方统计数字差异巨大的奥妙在于，蒙古军并非全是瓦剌本部军队，它事实上是一个联军，其中还包括了鞑靼、兀良哈和女真、哈密等仆从军队。

也先的计算方式是只算自己瓦剌本部的损失，其他配合他进攻的部落的损失，是不被计算在内的。

至此，北京保卫战落幕了，明军用自己的忠勇和血肉，抵挡住了北方游牧民族对北京的第一次围攻。虽然在明朝剩下不到二百年的时间内，它还将承受一次又一次的进攻并最终沦陷。

一将无能，累死三军

正统十四年（1449年）十月，在于谦的指挥下，明军在京师保卫战中大获全胜，洗刷了在土木堡蒙受的奇耻大辱。

这再次说明，在冷兵器时代，北京这种防御等级极高的大城，只要城里的人不出内奸，是很难通过强攻攻破的。

套用一句后人的话，也先是在一个错误的时间、错误的地点，同错误的对手，打了一场错误的战争。

明军一路追杀到长城，在扬眉吐气的同时，也带来一个疑问：同样是二十多万明军，不久前主力刚刚覆灭，靠着七拼八凑的部队，为何又能反杀也先？

这个问题可以用另一句话解释：一将无能，累死三军。

有了好统帅的明军是啥样，于谦已经作出了回答。

军队的战斗力就摆在那，明军就算不如洪武、永乐时期那么强劲，战斗力也还是有的。只要朱祁镇出征时选个靠谱点的军师，一样不会败得如此之惨。

举个例子，郭登。

郭登现在成了大同总兵，之前他以参将挂都督佥事衔，辅助广宁伯刘安防守重镇大同。刘安懦弱无为，在此期间，大同的核心实际上就是郭登。也先退兵后，刘安被问罪，郭登正式接任大同总兵官。

京师保卫战两个月后，也先就杀了回来。从景泰元年（1450年）二月到六月，四个月的时间里，瓦剌连续三次以本部精锐犯边。第三次是也先亲自带队，目标都是重镇大同。

之前明军在塞外野战被也先暴打，稳妥之计是凭城固守，也先啃不动大同城墙，自然就会退兵。

然而，郭登的选择与于谦一样，出城野战。

战斗结果让也先崩溃，郭登毫不客气，第一次突袭、第二次设伏、第三次在正面直接将也先击垮，取得三连胜，斩首千余级，史称“沙窝大捷”。凭此优异战绩，郭登晋封定襄伯。

正统年间，明军战力未失，兵还是那些兵，缺少的只是好的统帅和将领。北京城下，于谦为明军统帅，任人得当，调度分明，石亨这样的败军之将成了最耀眼的将星；大同防御战，郭登有勇有谋，正面硬抗瓦剌也丝毫不怵。

这说明，一旦有好的统帅，明军立即就能发挥战斗力。

统帅是军队的灵魂，朱祁镇和王振这一对搭档，才是“土木堡之变”的罪魁祸首。

说了半天，太上皇朱祁镇现在如何了？

按照蒙古人的办事风格，失去价值的人质通常只有一个命运：被杀，如之前的本雅失里等。朱祁镇一定很危险吧。

第三十二章 朱祁镇的漫漫回家路

最危险的叛徒

正相反，朱祁镇的小日子现在过得不能说滋润，却也不算太差。

这位太上皇是明朝经历最复杂的皇帝，没有之一，从皇帝到人质，只是他人生的第一个大起大落。

世界上有些人，他们身上自带有一种亲和力光环，与他们相处，能让人感觉如沐春风，感受到温暖与关怀。朱祁镇就是这样的人，如果不做皇帝，他应该是个能给家人和朋友带来温暖的阳光男人。

成为战俘后，瓦剌人也感受到了他的这种魅力，不光是看守他的蒙古小兵，连负责安保工作的瓦剌二当家伯颜帖木儿也成了朱祁镇的支持者。他不但数次建议释放朱祁镇，甚至还提出由蒙古发兵帮助太上皇夺回帝位，仿佛他的亲大哥不是也先，而是这位太上皇。

有这样的魅力，朱祁镇虽然居住环境恶劣了点（蒙古包），吃喝还是不愁的，生活起居也有人照顾。

然而，危险毕竟是有的，还是那个叛徒喜宁。

进攻京师失败后，喜宁随也先灰头土脸地逃回塞外，他见识到了明朝的强大军力。京畿地区有于谦坐镇，已经重新集结起强大的部队，再要往那儿硬闯，只能被打得头破血流。

喜宁转念一想，既然南方的许多兵力都被抽到了北京，那江南不就又空虚了吗？为此，他想到了一个主意。

喜宁向也先绘声绘色地描述了大明南方膏腴之地的富庶，同时献上了他的计策：明朝的重兵都集结在北方，我们可以参考当年窝阔台大汗攻宋的西路军路线，绕开他们的九边重镇，从宁夏—甘肃南下，走四川—湖广，一路烧杀抢掠到南京，岂不快哉。

喜宁估计不知道地图是什么东西，这个方案让大家见识到了什么叫信口开河。按照这条路线，也先的人马要先经过宁夏、甘肃进入四川。如果只是旅行倒也罢了，现在瓦剌和大明是敌国，也先必须先纵后横击穿整个大明，到达东面的南直隶。

喜宁是个太监，他是有一些文化和历史功底的，但和王振一样，他对战争的概念还停留在个人的想象中。

末了，喜宁还不忘加上一句，要想计划成功，一定要带上朱祁镇，那里天高皇帝远，这块牌子很可能会管用。

朱祁镇同样是个对战争没什么概念的人。他从小在京城长大，唯一一次出征还当了俘虏，对这条进军路线他似懂非懂，一时竟没提出什么异议。

要知道，甘肃一带冬季的平均气温是零下三摄氏度到零下九摄氏度，早晚沙漠里的最低气温能达到零下三十摄氏度左右，不是长期生活在塞外的人，肯定抗不了那个冻。就算抗冻成功，这一路交战刀枪无眼，不识弓马的朱祁镇很可能死在路上。

喜宁在宫中当太监时，朱祁镇对他颇为宠幸。两年多前，喜宁还因侵占英国公田宅被张辅告了御状，朱祁镇的裁决明显偏向喜宁。之前喜宁也有过数次贪污行为，朱祁镇都宽宥了他。

按说这样的待遇，喜宁该向着朱祁镇才对，实在无法理解他为什么要做出如此彻底的叛国行为。史书上没有记载喜宁的出身，他极可能是以战俘身份被强行阉割入宫的，所以才对大明如此切齿痛恨。

朱祁镇能感动瓦剌人，却无法感化喜宁，按照喜宁的计划，太上皇这一行是十死无生。

幸运的是，朱祁镇身边既有喜宁这样的叛徒，也有对他忠诚的人。

在朱祁镇被瓦剌人包围的时候，大多数人都抛下他，仓皇逃命去了，最后留在他身边的是数百名锦衣卫，这些人抵抗到了最后。他们大部分阵亡在朱祁镇眼前，也有少数人活了下来，其中有两个人自告奋勇地要求照顾他们的皇上，他们的名字是袁彬、哈铭。

袁彬，江西新昌人，正统四年（1439 年）接替父亲的锦衣卫校尉之职。哈铭的身份更特殊一些，他是蒙古人，从小就跟着父亲为明朝效力。朱祁镇当了俘虏后，这两人成了比他亲人更亲的人。

哈铭精通蒙古语，他主要负责为朱祁镇与瓦剌人进行沟通，也先有什么话，也是请哈铭转达。

袁彬主要负责照料朱祁镇的生活起居，对皇上的照顾无微不至。朱祁镇被俘后，开始的待遇并不好，也先分配给他一顶破旧不堪的蒙古包。草原的夜晚寒风刺骨，养尊处优的朱祁镇难以入睡，袁彬便将他冻僵的脚裹入怀中取暖帮他入睡；每逢随军转移车马不能行，袁彬便背着朱祁镇而行；当落难皇帝情绪不稳定，对生活失去信心时，袁彬便反复开导，坚定他活下去的信心。

朱祁镇对袁彬的依赖到了片刻难离的地步。有一次，袁彬感冒发烧不省人事，朱祁镇急得不知所措，趴在袁彬背上大哭。不料经这么一压，袁彬出了身大汗，竟不治而愈。

朱祁镇思乡的时候，这两人想法让他开心；朱祁镇出行的时候，他们总有一个人寸步不离，时刻准备用自己的生命保护皇上。

为了逼迫朱祁镇彻底就范，喜宁还出了许多坏点子。也先听从喜宁的建议，派人前来提亲，想把他的亲妹妹许配给朱祁镇。这事一旦成功，大明皇帝就成了招赘给蒙古人的上门女婿，政治上再也别想翻身了。

袁彬规劝道："陛下是中原大国之君，您要当了蒙古人的女婿，不但气节丧失，尊严丢尽，今后还将处处受制于人。而且，您在当俘虏的时候娶亲，会让人觉得你身为流亡之君，不思返国，却在敌营贪图享乐，于大明，于您今后的声誉都很不利。望陛下能顾全大局，推掉这门亲事。"

朱祁镇点头赞许，以回国后再明媒正娶为由谢绝了也先。

喜宁一计不成又生一计，他唆使也先选了六名美女去服侍朱祁镇。袁彬又教朱祁镇回复说："待朕归国娶令妹时，再将六女纳为媵从，也算不负令妹了。"

听到喜宁远征的新计划，袁彬大惊失色，他立马分析出了这个叛徒的险恶用心，这一趟千里迢迢，路上的艰险可想而知。也先吃了败仗还能打马就跑，太上皇这一去，就算不被冻死，也别想活着回来了。

一番话说得朱祁镇冷汗直冒，他立即下定决心，绝不让喜宁得逞！

这个计划最后在朱祁镇的死活不答应和偏向他的伯颜帖木儿等人的进言下搁浅，喜宁又失败了。

经过几个回合的较量，喜宁深刻认识到，不先把袁彬搞死，自己的计划是不会成功的。

一天晚上，喜宁利用朱祁镇短暂离开的时机，带人冲入营帐，不由分说就把袁彬绑走拖到野外。袁彬明白将要发生什么，但他并没求饶，而是破口大骂，怒斥喜宁。

喜宁令人赶紧把袁彬绑到马上，想用最残酷的五马分尸之刑将他处死。

朱祁镇只离开一小会儿，回来就发现袁彬不见了。他知道大事不妙，立即狂奔到也先的营帐，置皇帝的尊严而不顾，哭求释放袁彬。也先虽然也很想除掉袁彬，但看到汗流浃背的朱祁镇，他也不禁为这种奋不顾身的兄弟之情动容，便下令释放了袁彬。

袁彬暂时安全了，但他和朱祁镇都明白，只要喜宁在，他们就永远无法得到真正的安定，为今之计，只有设法先除掉这个大叛徒。他们通过使者秘密往朝廷带话，要想实现和平，必须先除掉喜宁。

京师也早了解了喜宁的危害，紫荆关就是这个死太监带瓦剌兵抄小路攻破的，大家早就迫不及待地想要喜宁的项上人头。朝廷开出了通缉令，赏格达到两万两白银加一千两黄金，杀死喜宁者还能得到封侯的奖赏。

这个赏格有多高呢？北京保卫战里战功最卓著的石亨也不过是封侯，对喜宁的悬赏已经高到离谱，与也先亲弟弟伯颜帖木儿持平，仅次于对也先的通缉悬赏（赏银五万两，黄金一万两，封国公太师），说明明朝已经把对喜宁的重视程度放到了仅次于也先的位置上。

可是喜宁深受也先器重，身边又有瓦剌士兵保护，如何才能除掉喜宁呢？朱祁镇等人朝不保夕，靠自己的力量肯定是不可能的。

为此，朱祁镇与袁彬、哈铭密谋数次，终于想出了一个完美的方案。

景泰元年（1450 年）二月初，也先还没走出京师失败的阴影，朱祁镇告诉他：我到你这打了这么久的猎（北狩），你对我也不错，现在你和朝廷的关系弄得很僵，这对大家都不好。这样吧，我愿意做个和事佬，改善蒙古和大明的关系，你有什么条件都可以告诉我，我亲笔写在信上，想来北京会给我几分面子。

也先顿时大喜，他在北京城外丢掉不少好东西，还损失了万余精壮，正不知下一步该怎么走。朱祁镇愿意帮忙，那是再好不过了。

也先立即列出了自己的要求，主要内容还是求和求赏赐，只要大明愿意重开互市，大家还可以做好邻居。

朱祁镇告诉也先，为了提高信件的可信度，这次必须让他指定的人去送信，并且人已经选好了：高磐和喜宁。他们一个是自己的侍卫，一个是亲信的太监，朝廷里的人他们都熟，没有比他们更合适的人选。

也先和喜宁没有丝毫怀疑，朱祁镇的要求合情合理，而且两国相争不斩来使是连瓦剌也知道的规矩。在“土木堡之变”后的时间里，经常有使者来往传话，从没听说过使者会有什么危险。

喜宁眉开眼笑地答应下来，在他眼里，自己这趟是衣锦还乡。从宫中一个不起眼的太监，到蒙古太师手下的红人，正好叫那帮明朝大臣重新认识一下自己，还能趁机敲诈一笔财物，简直是天上掉下来的肥差。他当然不会知道，朱祁镇、袁彬和哈铭已经帮他把命运安排得明明白白。

将和喜宁一起出使的明军士兵高磐接受了另一项秘密任务，朱祁镇只跟他说了八个字：俾报宣府，设计擒宁。

在历史的洪流中，袁彬、哈铭都只能算小人物，高磐更是颗不起眼的沙粒，他并没有留下其他值得见诸史册的事迹。当历史使命来临时，许多人并不会表情坚毅地说出一番豪言壮语，只是忠实地履行使命。高磐显然也是深受朱祁镇信任的人，他没有留下只言片语，只知道这是他的职责所在。为皇上，为国家，务诛喜宁此贼。

喜宁带着书信出发了，他在瓦剌士兵的保护下，装模作样地进入宣府防区，首先到了独石城。

喜宁在城下叫门，守将都指挥江福对他们的到来并不热心，非但不肯送上礼物，连接待也懒得接待，只是派了几个士兵出来核验一下文件，就想打发他们赶紧走。

高磐见状，对大失所望的喜宁说："江福这人我熟，我来跟他们说两句，保证让江福对我们另眼相待。"

高磐走上前去，装模作样地与士兵们搭话，背对着喜宁不断挤眉弄眼，同时撩开了自己的衣甲。高磐是个粗人不会写字，考虑到这一点，袁彬和哈铭事先写好密信，缝在他的衣服里面，写上"俾报宣府，设计擒宁"八个大字。

高磐掀起甲胄，城头明军立即明白了他想表达什么。他们表示要禀告都指挥，让喜宁少安毋躁。

等江福再次出现，果然态度大变，不但亲自出城迎接，还在城外摆下酒宴，要给使者接风洗尘。

喜宁乐了，他大大咧咧地入座，打算胡吃海喝一顿再捞点礼物，只是他没有注意到高磐的眼神。

看到喜宁端起酒杯，高磐一个侧扑就把喜宁按倒在地，口中大喊：太上皇有密旨，要立即逮捕喜宁。早有准备的明军一拥而上，将瓦剌使团全部活捉，送往北京。

朝堂之上，高磐又声泪俱下地对喜宁进行了血泪控诉，朱祁钰和满朝文武大怒，最终喜宁被判凌迟，立即执行。他被押往闹市，在万千双眼睛注视下割足三千多刀，结束了他可耻的叛徒生涯。

喜宁被杀后，深感上当的也先勃然大怒，他立即兴兵犯境。事实证明有没有喜宁对也先影响很大，从景泰元年（1450 年）二月到六月，他对大同的三次进攻都被郭登轻松击退，反而送给郭登一个定襄伯的爵位，这就是前面提到过的“沙窝大捷”。

事情发展到这种地步是也先没有料到的，被郭登打得灰头土脸，这还是次要的。不久之后，从东面传来一个消息，让他不得不作出决定，释放朱祁镇。

这个消息与当时形势的变化有关。

形势的变化

朱祁镇能活着回去，还要感谢另一个蒙古人：脱脱不花。

明朝大臣们当殿打死马顺和两个宦官，听上去很骇人听闻。但蒙古高原上的恩恩怨怨，远比大明朝堂上的纷争更加血腥。

也先很强悍，奈何他身上没有孛儿只斤家族的血脉。按照蒙古规矩，再厉害的人，只要不是成吉思汗的子孙就不能称汗，故此他只能承认父亲脱欢拥立的脱脱不花为大汗。

脱脱不花的太爷爷是当初被李文忠俘虏的那个买的里八剌（蒙古名孛儿只斤·额勒伯克，爱猷识里达腊独生子）。爱猷识里达腊死后十六年

（1378 年），汗位几经争夺，瓦剌与鞑靼达成一个脆弱的协议，拥立买的里八剌为大汗，号“尼古埒苏克齐汗”，忽必烈家族宣告复辟。在此过程中，瓦剌绰罗斯部掌管军队的浩海达裕起到了主要的作用。

买的里八剌有两个儿子，长子为哈尔古楚克都古楞特穆尔鸿台吉，次子就是本雅失里。买的里八剌在位五年，其间毫无建树，只在史上留下了残忍好色的名声，就因为听到浩海达裕说自己的儿媳美貌，他竟然荒唐地杀死了长子，并霸占了儿媳鄂勒哲依图鸿郭斡妣吉。

这个名字很难记的女子不是个简单的女人，被霸占后，她忍辱负重，上演了一出为夫报仇的精彩大戏。

鄂勒哲依图鸿郭斡妣吉不断在买的里八剌枕边吹风，诉说浩海达裕对自己有不轨之心。等到火候差不多时，她又用计引诱浩海达裕进入内室，制造了逼奸不从的假现场。买的里八剌果然中计，当场与浩海达裕火并，可汗被射伤，浩海达裕被卫士擒杀。

为了安抚瓦剌，买的里八剌把女儿萨穆尔公主嫁给浩海达裕的儿子马哈木，并封马哈木为丞相，许愿他今后统领瓦剌四部。

此时瓦剌的首领仍然是乌格齐·哈什哈（《明史》中称鬼力赤），他得知瓦剌的统帅权将要被马哈木取而代之，不禁勃然大怒，愤怒地指责买的里八剌杀子霸媳，又妄杀大臣，淫虐乱法，还视己为无物——“乃既有我在，而令我属人巴图拉（马哈木）管辖四卫拉特耶？！”

于是在 1399 年，乌格齐·哈什哈带领他的瓦剌兵攻打汗廷。买的里八剌是由蒙古众部首领拥立的，没有多少实力，很快便被乌格齐·哈什哈袭杀，次子本雅失里逃往中亚帖木儿帝国避难，后来被阿鲁台迎回。

这场变故，使得好不容易复辟的忽必烈家族又失去了汗位，不但东蒙古鞑靼部损失惨重，乌格齐·哈什哈还“降蒙古人人众大半”，很多鞑靼部落不得不屈服于瓦剌绰罗斯部之下。

后来，马哈木果然成为瓦剌的一代枭雄，可惜强大起来的瓦剌招来了永乐皇帝的一顿打击，失去大半重装骑兵的马哈木不久被阿鲁台袭杀。萨穆尔公主被阿鲁台所纳，儿子脱欢沦为奴隶，这些前文都已有过说明。

买的里八剌被杀后，被强占的儿媳鄂勒哲依图鸿郭斡妣吉又被乌格齐·哈什哈所纳，哈尔古楚克都古楞特穆尔鸿台吉留下一个遗腹子阿寨台吉，被乌格齐·哈什哈收为养子。乌格齐不久后死去，其子额色库继位后，鄂勒哲依图鸿郭斡妣吉母子备受冷遇，被作为家奴役使。

洪熙元年（1425 年），额色库卒。在萨穆尔公主救助下，阿寨台吉和母亲逃回鞑靼部，与阿鲁台、阿岱汗合力大败瓦剌，俘虏马哈木之子脱欢。为报答公主的救命之恩，阿寨台吉力主不可杀死脱欢，并在后来放回脱欢一事中出了不少力。

阿鲁台已立了成吉思汗之弟孛儿只斤·拙赤合撒儿的后裔阿岱为大汗。为免夜长梦多，阿鲁台不久杀死了阿寨台吉。

阿寨是个命苦的台吉，他经历坎坷，只活了三十多岁，但他留下了强大的血脉。

阿寨有三个儿子：脱脱不花、阿噶巴尔济和满都鲁。阿寨被杀后，诸子逃往瓦剌，后来脱欢攻灭阿鲁台，杀死阿岱汗，立脱脱不花为大汗，汗位再次回到了忽必烈一系。

脱脱不花与脱欢父子怀着各自的政治目的暂时结合在一起，这种合作注定无法长久。蒙古在瓦剌势力的统治下实现了短暂的统一，结成了东、西蒙古政治联盟。在这个政治联盟中，“元裔”脱脱不花统治其祖先部众，脱欢、也先父子相继任太师，统治瓦剌部众，阿鲁台等北元汗廷旧贵族失去了把持朝政的权力，将太师官衔让与瓦剌贵族。

脱欢病故后，脱脱不花已开始表现出不甘受到控制的苗头。脱脱不花和也先分处东西，“君臣异处，常不相见”，各自统治其部众，遇有大事则以会盟形式开会，商议协调对内对外事务。

也先进行总动员进攻明朝时，脱脱不花这一路的任务是从辽东南下。脱脱不花不像也先、阿剌知院那么卖力，他虚张声势地攻打了一下广宁城，随后就退兵四处劫掠，掳走不少财物，进一步壮大了自己。

趁着也先对付明朝的机会，脱脱不花已经得到兀良哈部的支持，通过战争得到了大量女真人口。他把控制范围扩展到了嫩江、松花江流域，甚至以大元皇帝的名义遣使高丽，要高丽称臣纳贡。

强大起来的脱脱不花不甘再当傀儡，他觉得自己有力量与专横的也先较量一下。为了争取明朝的支持，脱脱不花绕过也先，派出使者与朱祁钰联系，想要先于也先与明朝讲和，争取政治上的先手。

明朝也察觉到了这种信号，分裂的蒙古才是好蒙古，于是重新利用起瓦剌和鞑靼之间的矛盾，故意与脱脱不花加强联系，对他厚加赏赐，离间他们之间的关系。

这对也先来说是非常危险的信号，万一明朝扶持起脱脱不花来，自己这个太师还怎么做?

朱祁镇非但不能杀，还是个重要的筹码，主动释放这个人质，明朝就没有了和脱脱不花讲和的理由。这是一石三鸟的妙棋，送回朱祁镇，使得明朝内部同时出现两个天子，必将引起争斗；同时可以打击脱脱不花的势力；自己还可以趁机提出互市的要求。

事实证明，也先的目的后来都达到了。

朱祁镇的未来出现重大转机，但他没想到的是，朝廷里有人并不想让他回来。这个人，就是他的好弟弟朱祁钰。

漫漫回家路

朱祁钰早就不是摄政了。

正统十四年（1449 年）临危受命后，他于次年改元景泰，正式启用自己的年号，坐稳了皇帝的位子。

皇帝坐龙椅没有任期，更拥有最大的权力，只要是个人，坐上那个位子后就不会再想下来。朱祁钰也不例外。

坐上龙椅半年多，朱祁钰已经充分体会到了权力带来的快乐。当初那个战战兢兢的郕王不见了，龙椅上的景泰帝一天比一天威严，他希望哥哥离得越远越好，最好再也不要回来。

潜意识里，朱祁镇回来是有可能威胁到他的帝位的，朱祁钰不希望这种事发生，哪怕只有一丝一毫的可能。

大臣们的想法却不是这样，他们觉得太上皇在敌人手里，总归是一件丢人的事，就算皇上不要亲情，大明难道不要面子吗？

以吏部尚书王直为首，一拨拨的大臣开始上奏疏，劝皇上迎回太上皇。朱祁钰开始是装傻充愣，置之不理，后来实在被逼急了，直接甩出了一句：你们老是拿这个说事，到底想干吗？

王直愣住了，他没想到皇上竟然会发这么大的脾气。这位吏部尚书也不是吃干饭的，当初王振当权时，他是少数不肯依附的大臣之一，为此还被贬官流放过。

在正统朝，礼部尚书胡濙年老，除了出任吏部尚书，礼部的实际工作也由王直兼管。在他看来，这是自己的职责所在，让太上皇流落在外，礼部还有什么脸面可言。

想到这里，王直竟然不管不顾，瓮声抗辩道："太上皇被俘，按照大明礼节，早就应该设法接回，现在也先示好正是机会，如果不做，将来一定会后悔的！"

朱祁钰更火了，他大叫道："我本来是不想当这个皇帝的，当初可是你们逼着我当的。"潜台词是，迎回朱祁镇，你们把我这个皇帝往哪里放？

朱祁钰的心思，无非就是当初宋高宗赵构的那点心思。假设朱祁钰是个将亲情看得比皇位更加重要的人，那他就要把皇位让给哥哥，继续当他的好弟弟。可是很显然，朱祁钰没那么善良也没有那么无能，他并不愿意这么做。这个王直却不为自己着想，一味地想着礼节上那点事，难怪朱祁钰要发火。

一直没有说话的于谦站了出来，他用一句话就解决了问题：天位已定，何必在乎其他呢？按照规矩，应当速速迎回太上皇（天位已定，宁复有他。

顾理当速奉迎耳）。

于谦的话不多，却点明了一个关键问题：朱祁钰的皇位来得很正。

国家危急之时，朱祁钰临危受命，否决了错误的南迁言论，任用贤臣，坚持抵抗。光这份功劳，就比他哥哥朱祁镇强了不知多少。

北京保卫战胜利后，朱祁钰已建立起了自己的威望。他这个帝位绝不是篡位篡来的，而是经过廷臣合议，太后批准，名正言顺得来的，一道道程序走得明明白白，没有一点政治阴谋的成分。

朱祁钰当局者迷，他并没有看明白这点，觉得大臣们是没事找事，甚至是在揭他的短。于谦的话让他吃下一颗定心丸，你已经坐稳位子了，何必在乎太上皇呢？

听了这话，朱祁钰终于放下心来，改变脸色，连声对于谦说道："依你，依你！"

说归说，朱祁钰还是不想让太多人知道迎回太上皇这件事。这也是可以理解的，朱祁镇被俘一年多，名义上是去北边打猎，但人人都知道是怎么回事。再加上朱祁钰的那点小心思，令这件事情不能大张旗鼓，只能悄悄地进行。

经过几拨使者来往，两个多月的交涉，其中主要是礼部都给事中李实、礼部右侍郎杨善的功劳。这两人靠着巧舌如簧加自掏腰包，硬是在没有圣旨的情况下，说服也先放人。

景泰元年（1450 年）八月，已经"北狩"一年的朱祁镇终于悄悄地回到了北京，待遇是两匹马，一台轿子。

朱祁钰在东安门迎接了他，兄弟俩行过拜见之礼后，朱祁钰拥抱了哥哥，并拉着他双手寒暄了很久。讲到动情处，两个人不禁相拥而泣。

然而亲情归亲情，权力归权力，这番程序走完后，朱祁镇被以"歇养"的名义送到了南内崇质宫，这座宫殿覆黑色琉璃瓦，俗称黑瓦殿。

在这座黑顶小南城里，他将度过漫长的一段时间。

也先的宿命

朱祁镇暂时消停了，在遥远的大漠，另外两个人还在争斗。大汗脱脱不花和太师也先。

在蒙古的权力游戏中，最容易丧命的有两种人：大汗和太师。

这种戏在草原上通常有两种剧本，剧本一：掌握实权的太师扶立傀儡大汗，大汗不甘被控制，反抗失败，卒。剧本二：傀儡大汗依靠第三方助力反抗太师，太师卒。事成后，大汗加封其首领为太师，接下去的事情参考剧本一。

脱脱不花是第一种。

也先在北京遭到惨败，损失了大量仆从军和本部人马，脱脱不花坐山观虎斗，还抢到了不少资源，他已不甘再当个傀儡大汗。

景泰三年（1452 年），到了蒙古该立皇太子的时间。按也先的意思，是立脱脱不花和其姐所生的也先猛可为太子，自己好以舅父的身份继续操纵大局。脱脱不花早有踢开也先之意，自然坚决不肯，一定要立其他妻子所生的儿子。

两人不和已经公开摆到了台面上，脱脱不花先发制人，发兵攻打也先。他这么多年暗暗积攒的实力果然强大，不可一世的也先一度被打得节节败退，手下直属的瓦剌四部竟然有头目开始投降。形势对脱脱不花一片大好，看上去他只要继续痛打也先，就能成为真正的大汗。

在极其危险的时刻，也先并没有惊慌失措，他只是叫来一个心腹吩咐道：是时候去找那个人了。这个人叫阿噶巴尔济，阿寨台吉的第二个儿子，脱脱不花的异母弟弟。

阿噶巴尔济在史书中记载很少，对他的性格描述只有两个字“性愚”。他的另一个身份是也先的亲家，其子哈尔固楚克娶也先之女齐齐克为妣吉。

姐夫脱脱不花脑子灵光，“有智，不可图”；亲家阿噶巴尔济“性愚”，那么是不是可以“图”一下。

带着也先事成之后立其为汗的许诺，使者秘密拜访了阿噶巴尔济。结果很理想，阿噶巴尔济不顾儿子的反对与也先达成协议，悍然从背后出兵攻打脱脱不花。

遭到背叛的脱脱不花力不能支，前后夹攻下被打得落花流水，部众全部溃败。他仅带着十余人逃往大兴安岭投靠前岳父——科尔沁的郭尔罗斯部首领沙不丹。

没有实力的大汗没有尊严，更没有继续活下去的权利，何况沙不丹还因女儿被休而心怀怨恨，脱脱不花很快被杀，时年三十七岁。

也先果然信守诺言，拥立阿噶巴尔济为汗。但是，这个大汗从即位开始就难逃傀儡的命运，瓦剌人讽刺地称他为“阿噶巴尔济之驴”。

看着眼前这个言听计从的阿噶巴尔济，也先很快冒出了新的想法，为啥自己非得按老规矩来，我已经这么强大了，自己当大汗不行吗？也先的创意非常新颖，也非常大胆，他不想当太师了，他要当大汗。

这个想法是非常危险的，非“黄金家族”血统成员不得称汗，这是蒙古各部落共同遵守的规矩。但在也先的武力面前，原有的约定变得苍白无力。

景泰四年（1453 年），也先设计擒杀阿噶巴尔济及其三十三名亲信，接着进行了大清洗，“凡故元头目苗裔无不见杀”，将“黄金家族”的直系子孙斩杀殆尽，为其称汗扫清了障碍。

做完这些，1453 年也先自立为汗，自称“大元天圣大可汗”，年号“天元”，成为蒙古历史上第一位非“黄金家族”的大汗。

也先在汗位上左顾右盼，一时得意无比。可他很快就发现，不光鞑靼各部落用仇恨的目光盯着他，连自己直属的瓦剌各部也开始对他不理不睬。道理很简单，也先利用大家帮助他破坏了规矩，事成之后又把兄弟们弃之不用。他把弟弟、儿子们都提拔到太师等重要职务上，却不肯把好处分给部下们，还变得越来越骄傲，史载“也先恃强，日益骄，荒于酒色”。

就连他最忠心和最得力的干将阿剌知院也受到不公正待遇，也先不但拒绝了阿剌知院成为太师的请求，甚至派人毒死了他的两个儿子。

也先妄自称汗不但导致东西蒙古的联盟彻底破裂，也失去了各部落对他的信任，很快便遭到反噬。

阿剌知院忍无可忍，起兵三万讨伐也先。在巅峰时期，也先一呼百应，三万人马根本无法伤到他，但此时他已人心尽丧，无兵可用，终于被阿剌知院袭杀（一说是被亲信刺杀）。

也先就这样悲催地离世，这位天才的军事家死于自己的野心，这也是很多蒙古太师的宿命。

也先的悲剧证明了，蒙古大汗的血统比实力更加重要。在后来的许多年里，蒙古太师和大汗这两个角色还将继续缠斗下去——生命不息，折腾不止。

得天下易，守天下难啊！

第三十三章 双面诡臣徐有贞

成功洗白身份

蒙古内斗这几年，朱祁钰得到了来之不易的和平。

“土木堡之变”之后，明朝的国运一度提前出现了分水岭。由于朱祁钰和诸位老臣的励精图治，短短数年就使明朝挽回了颓势，国势再次出现了向上的势头，远近诸国纷纷来北京向进贡的盛况又出现了。

在这之后的数年里，景泰帝朱祁钰并没有躺在功劳簿上，他在政治、军事、经济等各方面都有一定的建树。景泰一朝开局面临大考，朱祁钰交出了一份高分答卷，大明没在这次打击后就衰落下去，他有很大的功劳。

在朱祁钰手下，主持京师保卫战的于谦得到了最大的信任。朱祁钰论功行赏，要加封他为少保，总督军务。于谦坚决推辞，说：“京郊都成了战场，这是卿大夫的耻辱，怎么还敢求取赏赐呢？”

朱祁钰不准，于谦才勉强接受。作为兵部尚书，于谦始终住在一所破房子里，到了“仅蔽风雨”的程度。朱祁钰要在西华门外赐给他一间宅邸，于谦又说“国家多难，臣子何敢自安”，坚决不肯接受。

于谦的威望达到了顶点，同时他的危机也在发酵中。

比如那个在北京城外反杀也先，以军功封侯的石亨。

京师保卫战结束后，石亨晋封武清侯。当初石亨被下狱，于谦保举他戴罪立功，为了表示感谢，也是为了结交于谦这个炙手可热的文官，石亨上疏，推举于谦的儿子于冕出任都督府前卫千户。

朱祁钰没有意见，于谦却坚决推辞，他说：“石亨身为大将，没有听说他举荐一位隐士，提拔一个兵卒，却推荐了我的儿子。这让大家怎么想？我极力杜绝冒领军功，绝不敢为我儿子破例！”

于谦一番话说得光明磊落，却也得罪了石亨。石亨没想到自己马屁拍到了马脚上，他认为这是于谦对他的羞辱，把这件事记在了心里。

因为不守律令而被于谦铁面弹劾的，还有都督张軏、内侍曹吉祥，他们不约而同地恨上了于谦。

除了这几个人，还有位官员不得不提——徐珵。

当初廷议战守问题时，南迁派的骨干、占卜大师徐珵的建议被于谦等人否决，他只得到了满朝文武的耻笑。

徐珵的天命说成了朝廷的一个笑话，这件事让他名声败坏。吏部几次推荐他出任的提名，都因为天命论的坏影响而不被批准。徐珵此后的仕途，史料上是这么记录的：“（徐）珵急于进取，自创南迁议为内廷讪笑，久不得迁。”

徐珵转而求其次，既然直线晋级太难，那我曲线晋升行不行？当国子监祭酒职位出缺后，他开始谋求这个职位。

在当时的朝廷里，能得到于谦的推荐，成功的概率就会大很多。徐珵便托人找到于谦，想让他在皇上面前为自己美言几句，让自己得到这个职位。

应该说，作为宣德八年（1433 年）就高中庶吉士的才子，徐珵在翰林院埋头苦干十六年以后，投身教育行业是个明智的决定，以他的才华是能够胜任这个位置的。于谦也这样认为，他果然在朱祁钰面前推荐了徐珵。

朱祁钰没忘记徐珵这个名字，说这不就是当初那个建议南迁的家伙吗？这个人心术不正，让这样的人掌管国子监，怎么能为人师表呢？

于谦没有食言，徐珵却认为是他从中作梗，坏了自己的好事，他对于谦恨得咬牙切齿。

朱祁钰改元两年多了，徐珵这个名字已经在吏部和皇上那里上了黑名单，眼看无论他怎么努力，也只能耗在翰林院，成为笑话的代名词。大学士陈循及时给他指了一条明路，让徐珵的人生再次充满了无限可能。

陈循的建议其实很简单，他告诉徐珵，朝廷之所以不用徐珵，都是因为圣上和几位公公记着当年他动议南迁的事。为今之计，只有改一改尊讳，让内廷不知道徐珵是谁，准能越级超升。

这句话说起来容易做起来难。

作为朝廷挂名的官员，徐珵要改名可不像平头老百姓一样随便改。在明代，官员改名有一套复杂的流程。

要想改名，徐珵首先需要自己上改名疏，皇帝批准后，由外廷的尚宝司官员拿着圣旨，到宦官二十四衙门之一的尚宝监申请用宝（印章）。尚宝监核验无误后，派人到内宫负责保管印章的司宝女官处请宝，交给尚宝监官员盖章。结束后，尚宝监把印章送回，并留一份底簿备案。

如此，徐珵才能拿到新身份，正式告别旧名字。可按这个流程走下来，新徐珵就会先在皇帝那里挂号，也一样是不被任用的命，并不能让他的仕途进度重来。

陈循当然深谙此道，他同时给徐珵指出了一条捷径——你只要去找那个人就行了，记得带上礼物。此人就是时任尚宝监太监曹吉祥。

从改名流程中可以看出，本来外廷尚宝司和内廷尚宝监是个互相制约的运行机制。但是自从宦官势力增长后，太监的胆子就有点大了，他们虽然不敢假传圣旨，但要做点手脚，更换一个官员的名字，还是比较容易的。

而且，曹吉祥本来就是王振党羽，他曾数次担任监军跟随大军南征北讨，在外面见过点世面，胆子更是大得惊人。没什么是曹吉祥不敢干的，但有一个条件，给钱。

为了消除自己原名的负面影响，徐理写好了改名疏，咬咬牙备好了一份重礼，走太常寺少卿许彬的关系，争取到了拜见曹吉祥的机会。

一见面，徐理先送礼后说话，他解释道，近日他偶然发现，由于家里长辈的疏忽，导致自己的名字与族谱中某一代祖先的名字相同，犯了祖讳。为了避讳，现在他想改名为徐有贞，字元武。

曹吉祥收钱办事，一点也不含糊。很快徐理的改名疏上就盖上了御宝，并立即呈报备案。景泰二年（1451 年）年底，徐理申请改名的一切手续都已办妥，从此徐理这个人消失了，从现在开始他叫徐有贞。

徐有贞官运亨通

通过洗白身份，徐有贞消除了旧名的恶劣影响，他的官运果然亨通起来。当时，黄河沙湾河段决口已有七年，朝廷先后派多位官员治理，却收效甚微。景泰四年（1453 年），朱祁钰再次召集廷臣朝议，让他们推荐治水人才，陈循等大臣上疏推荐徐有贞。

朱祁钰并不知道这个徐有贞就是以前的徐理，批复表示同意，任命他为左佥都御史，到张秋（今山东阳谷）治理黄河。

陈循等人推荐徐有贞是有道理的，在他还叫徐理的时候，就不想像其他翰林那样一辈子当个书呆子，理想就是读书要经世致用，为此他的学习目标很讲究实际——“凡军旅、刑狱、水利之类，无不讲求其法而一欲通之”。

上次失败的天命说纯属意外，这次徐有贞终于能大显身手了。

来到水患现场，徐有贞仔细调查后明白了问题所在，他下令设置水门，并开凿数条支河。官员们不解，徐大人不是堵口而是凿河，这能解决决口问题吗？

徐有贞微微一笑，命人取两个水桶来，一个开个大口，另一个开五个小口。五个小口的大小，加起来要与大口相同。在众人的注视下，徐有贞命令两个水桶同时开始放水。结果大口水桶的水还未放完一半，小口水桶已经见底。

这就是水力学上的一个经典实验：水箱放水实验。徐有贞一生所学颇为庞杂，水利一直是他颇感兴趣的一门学问，至此终于发挥了实实在在的用处。

按此思路，徐有贞向朝廷上了治黄史上著名的《言沙湾治河三策疏》，其具体方案为：造水门、开分河、挑深运河。得到朝廷批准后，徐有贞征发民夫，亲自督率工程建设，在张秋到黄河、沁水之间开凿沟渠、修建水闸。采用了徐有贞的分洪放水法，疏、塞、浚并举，引黄入河，河患逐渐被平息下去。

当时，工部尚书江渊建议派五万京军前去支援，希望能在三个月内完工，尽早解决漕粮转运问题。徐有贞拒绝，他说："如果派驻军前往，需要耗费更多的钱粮，现在决口已经被堵住，只用现有的民夫就足够了。而且，心急吃不了热豆腐，即使派了军队，也无法在短时期内完工，要想长久地解决水患，必须给我更多的时间。"

在治水任上，徐有贞一干就是五百五十多天，经过一番努力后，他认为河堤已足够坚固。景泰六年（1455年）七月，徐有贞被召回北京，佐理都察院事务，后又出京巡视漕河。

景泰七年（1456年），山东地区发生洪灾，境内河堤多有毁坏，唯有徐有贞负责修筑的河堤依然完好。景泰帝便命徐有贞再到山东治理水患。徐有贞奏请朝廷，免除济宁十三州县河夫的官马徭役，又修复旧堤决口，在临清到济宁之间设置多处减水闸门，成功平息了水患。

徐有贞历经三年多的艰辛努力，终于圆满地完成了治河工程。朱祁钰对他大加赞赏，亲自召见慰劳，晋升他为左副都御史。

徐有贞的性格是"多智数，喜功名"，前一半让他咸鱼翻身，立下治水的丰功伟绩。徐有贞治水的业绩至今仍有遗存，当初他在张秋开挖的广济渠，就是如今的金堤河张秋至濮阳段，引黄河与沁河水入运河，给沿岸带去了几百年的繁荣和兴盛。直到咸丰年间黄河改道，那一段的运河漕运才开始衰败。

徐有贞性格的后一半，将让他成为千夫所指的千古罪人。这桩事儿还是和太上皇朱祁镇有关。

图书在版编目（CIP）数据

明朝果然很有料. 第二卷 / 小院之观著. —北京：中国工人出版社，2023.4
ISBN 978-7-5008-8176-6

Ⅰ. ①明… Ⅱ. ①小… Ⅲ. ①中国历史－明代－通俗读物 Ⅳ. ①K248.09

中国国家版本馆CIP数据核字（2023）第075632号

明朝果然很有料·第二卷

出版人	董　宽
责任编辑	刘广涛
责任校对	张　彦
责任印制	黄　丽
出版发行	中国工人出版社
地　　址	北京市东城区鼓楼外大街45号　邮编：100120
网　　址	http://www.wp-china.com
电　　话	（010）62005043（总编室）　62005039（印制管理中心） （010）62379038（社科文艺分社）
发行热线	（010）82029051　62383056
经　　销	各地书店
印　　刷	三河市万龙印装有限公司
开　　本	710毫米×1000毫米　1/16
印　　张	20
字　　数	302千字
版　　次	2023年7月第1版　2024年5月第2次印刷
定　　价	49.80元